价值投资进阶

选股核心指标
ROE

徐 浩——著

（@流浪行星）

中国铁道出版社有限公司
CHINA RAILWAY PUBLISHING HOUSE CO., LTD.

图书在版编目（CIP）数据

价值投资进阶：选股核心指标 ROE / 徐浩著 . —北京：中国铁道
出版社有限公司 , 2022.12（2025.4 重印）

ISBN 978-7-113-29644-5

Ⅰ. ①价… Ⅱ. ①徐… Ⅲ.①股票投资－基本知识 Ⅳ. ① F830.91

中国版本图书馆 CIP 数据核字 (2022) 第 168275 号

书　　名：**价值投资进阶：选股核心指标 ROE**
　　　　　JIAZHI TOUZI JINJIE: XUANGU HEXIN ZHIBIAO ROE
作　　者：徐　浩

责任编辑：王　宏　　　　　编辑部电话：（010）51873038　　　电子邮箱：17037112@qq.com
封面设计：宿　萌
责任校对：安海燕
责任印制：赵星辰

出版发行：中国铁道出版社有限公司（100054，北京市西城区右安门西街 8 号）
网　　址：https://www.tdpress.com
印　　刷：中煤（北京）印务有限公司
版　　次：2022 年 12 月第 1 版　2025 年 4 月第 2 次印刷
开　　本：710 mm×1 000 mm　1/16　印张：15.25　字数：269 千
书　　号：ISBN 978-7-113-29644-5
定　　价：69.80 元

前 言

写作缘起

股市有"一胜二平七负"的说法，很形象地形容了大部分股民投资亏钱的事实，这个现象背后的原因是什么呢？

投资股市，胜负取决于认知，亏钱的根本原因，是对股市的认知不够。很多股民到处打听小道消息，以此为交易的依据；或者阅读了一两本讲K线图的书籍，对各种K线图经典形态深深痴迷，很快发现K线图经典形态有时候行，有时候不行；或者在网上到处找打板技巧的文章，很快发现别人举的打板例子都涨停了，自己模仿的时候却行不通。这些行为，有一个共同的特点：无法对股市形成系统性的认知，直接后果就是投资亏钱。

如何提升自己对股市的认知，持续从股市获利呢？

我在2008年入市后，曾经历了长达5年的迷茫期，在这个阶段，我要么直接亏钱，要么赚到了钱，后面同样的操作思路，却又把赚到的钱亏了。2013年，在系统地学习了价值投资理念之后，我终于找到了出路，走上了复利累积之路。巴菲特一针见血地指出，买股票就是买公司，就是买公司背后的生意。提升对股市认知的一个最重要的思路，就是理解股票背后的生意，从辨别股票背后的生意是不是好生意开始。

实践表明，很多亏钱的投资者接受学习和采用了价值投资的理念之后，开始持续获利，其背后的原因是，辨别一门生意是不是好生意比猜测股票短期的涨跌要靠谱得多。价值投资最大的难点是需要一点耐心，因为公司经营的成果通常都是按年度评价的。

辨别一门生意是不是好生意，可以从学习财务指标开始。巴菲特曾说过，如果一定要我用一个指标进行选股，我会选择ROE（净资产收益率，return on equity）。那些ROE能常年持续稳定在20%以上的公司都是好公司，投资者应当考虑买入。ROE是巴菲特的首选财务指标。

本书内容

系统性地分析和讲解 ROE 正是本书的主题，为了把 ROE 这个重要财务指标讲透彻，全书内容分为以下五部分：

第一部分：介绍相关基础知识，主要是方便初入股市的投资者了解基本术语。

第二部分：系统地分析了 ROE 指标，使读者对 ROE 在理解和评判股票背后的生意属性中的作用形成全方位的认知。

第三部分：深入分析 ROE 的内涵。根据杜邦公式"ROE ＝销售净利率 × 资产周转率 × 权益乘数"拆解 ROE，从多个角度阐述毛利率、周转率、负债率三个财务指标，使读者进一步理解 ROE 的本质。

第四部分：分析 ROE 的外延。根据公式"ROE ＝ PB÷PE"，从另外一个角度拆解 ROE，系统地讲述 PB 和 PE 这两个估值指标的意义和在投资中的应用。此外，这部分内容系统分析了分红在分辨公司投资价值中的作用，以及讲解一种围绕 ROE 的简式财务报表分析方法，最后说明财务指标不是万能的，要活学活用。

第五部分：简单讨论个人、家庭的理财观念以及财务自由观。

以上五个部分的内容，深入浅出地分析了 ROE 指标，讲解了围绕 ROE 的财务指标体系，介绍了围绕财务指标的交易系统构建的原理。

编写特色

● 理论和实战相结合：在介绍财务指标的过程中，分析了以该财务指标为核心的投资大师的交易系统，并列举以该财务指标为核心的简单交易系统的构建方案，为投资者架起通向复利之路的桥梁，具有高度实用性。

● 易于理解：本书在保证基本概念正确的前提下，尽量避免使用专业术语，力求通俗，以易于理解作为写作的核心导向。

● 图解指标：在讲解财务指标的过程中，把所分析的公司财务报表的多年指标数据可视化为柱状图，形象生动，避免了枯燥的描述，更容易被读者接受。

● 实例众多：在分析财务指标高或低的优缺点过程中，会举一个或几个简单的例子，把抽象的概念具象化，通过这些例子，读者能更好地理解、更深刻地记忆。

读者对象

- 业余投资者；

- 新入门的价值投资爱好者；

- 其他对股票技术指标有兴趣的各类人员。

本书内容是我学习以 ROE 为核心的财务指标过程中的心历路程。从第一次接触某个财务指标到真正理解它，是一个漫长的过程。我在不断思考的过程中有所顿悟，之后就对指标的理解更加深刻并把这些顿悟记录下来，就形成了这本书。人类的思维体系是相似的，希望我理解财务指标的过程，对渴望学习这部分内容的投资者能有所启发，使大家少走弯路，快速入门。

最后，希望本书的读者能提升对股市的认知，开启稳健的复利累积之路。

编　者

2022 年 10 月 20 日于广州

目 录 ‖

第一章　与公司估值相关的
　　　　基本术语

一、股价和市值................2
　　了解股价................2
　　了解市值................2
　　相关公式................2
二、净资产和市净率............3
　　了解净资产................3
　　了解市净率................3
　　相关公式................3
三、净利润和市盈率............3
　　了解净利润................3
　　了解市盈率................4
　　相关公式................4
四、净资产收益率..............4
　　了解净资产收益率..........4
　　相关公式................4
五、毛利率..................5
　　了解毛利率................5
　　相关公式................5
六、周转率..................5
　　了解周转率................5

相关公式................6
七、负债率..................6
　　了解负债率................6
　　相关公式................6
八、本章小结................6

第二章　评价公司的全能指标
　　　　——ROE

一、理解 ROE 的参考价值........9
　　ROE 数据的可靠来源.........9
　　ROE 的通俗解释...........10
　　好公司的 ROE 指标.........11
　　同行业公司 ROE 比较.......13
　　不同行业龙头公司 ROE 的
　　　比较................14
　　ROE 并不是一个判别公司
　　　优劣的绝对指标..........15
二、分红对 ROE 的影响........15
　　恒瑞医药和双汇发展的
　　　分红策略..............15
　　分红策略对 ROE 的影响......17
　　分红政策哪里查...........18

分红比例哪里查...............19

客观看待分红...............20

三、举债对 ROE 的影响...............20

公司举债的原因...............21

举债过程中可能面临的负面

因素...............21

客观看待公司举债行为...............23

四、其他非常规因素对 ROE 的

影响...............24

资产减值损失...............24

银行的信用减值损失...............27

识别非常规因素的影响...............28

五、参考 ROE 建立优质股票池...............29

一定要看多年 ROE 数据...............29

ROE 常年持续稳定在 20%

以上的公司...............32

周期性公司 ROE 的特点...............33

参考 ROE 在行业里选择

好公司...............35

ROE 不是包打天下的选股

指标...............36

六、参考 ROE 发现股票重大

历史事件...............36

汤臣倍健 2019 年 ROE 指标...............36

伊利股份 2008 年 ROE 指标...............37

上海机场 2020 年 ROE 指标...............39

山西汾酒 2014 年 ROE 指标...............39

七、杜邦公式定义及运用...............40

杜邦公式的定义...............41

理解杜邦公式...............41

以利润率见长的公司...............42

以周转率见长的公司...............43

以杠杆率见长的公司...............44

三类公司的对比分析...............44

生意模式...............45

高毛利＋巨大量＋低负债的

公司...............45

八、如何判断 ROE 的持续性...............47

毛估巴菲特的套路...............47

判断 ROE 持续性的 5 个套路...............48

九、围绕 ROE 构建交易系统...............48

如何选股...............49

如何买入及持续跟踪...............51

卖出和换股的时机...............51

十、本章小结...............52

第三章　毛利率分析与选股

一、毛利率的意义...............54

毛利润、净利润及其关系...............54

财务报表里的毛利率...............56

毛利率数据的可靠来源...............58

选择毛利率高的公司...............59

一些好公司的毛利率...............59

二、毛利率的稳定性分析...............62

毛利率波动的原因...............62

周期性导致的毛利率波动...............64

毛利率稳定的公司更值得

投资...............66

三、高毛利的双重意义...............70

毛利率高低的第一重意义...............70

毛利率高低的第二重意义...............70

四、高毛利率的生意也需要量...............71

没有量的毛利率...............71

一些高毛利小规模的生意...............71

五、毛利率和净利率的比较..........72
　　毛利率可以排除非常规因素的
　　　影响..........72
　　税费对毛利率和净利率的
　　　影响..........73
六、参考毛利率选股..........76
　　通过毛利率进行行业比较..........76
　　通过毛利率进行公司比较..........77
七、分析不适用毛利率的行业..........78
　　银行财务报表不披露毛利率..........78
　　商品流通类公司的低毛利..........79
　　高毛利和低毛利共存的公司..........79
八、走低毛利路线的典型公司..........80
　　龙头连锁超市竞争优势的
　　　形成..........80
　　比龙头连锁超市更低的
　　　毛利率..........81
　　小米..........81
九、本章小结..........82

第四章　周转率的意义与分析

一、周转率的意义..........83
　　周转率的分类及其意义..........83
　　提升周转率的途径..........85
　　两个角度看周转率..........87
　　盈亏平衡点..........88
二、需求波动导致的行业周期性....89
　　啤酒行业和白酒行业..........89
　　有色金属行业..........90
　　个人电脑行业..........90
三、周转率数据的跟踪分析..........90
　　周转率数据的查询..........91

周转率的偏差..........91
周转率数据的跟踪价值..........92
四、本章小结..........92

第五章　负债率的意义
　　　　及相关常识

一、负债率的意义..........93
　　负债是把双刃剑..........93
　　了解权益乘数..........96
二、借钱炒股是最大的错误..........96
　　借钱炒股的危险性..........96
　　负油价事件..........98
　　美股 10 天 4 次熔断..........98
　　为什么深思熟虑后加杠杆
　　　还是会爆仓..........99
三、良性负债..........99
　　良性负债举例..........99
　　多赢的杠杆..........101
四、如何看待高负债率的公司.....102
　　高负债公司举例..........102
　　负债率虚高的辨别..........105
　　合理看待高负债的公司..........107
　　排除两类高负债的公司..........107
五、债务的信用..........108
　　钱是什么..........108
　　货币的信用..........108
　　债务的利率..........109
　　债务违约..........109
六、流动性魔法..........110
　　关于阿凡提分马..........110
　　关于小镇的债务问题..........111
七、本章小结..........111

第六章 两个重要的股票估值
指标 PB 与 PE

一、运用 PB 估值..............112
从资产负债表中看资产....113
让人迷惑的资产..........114
PB 在估值中的应用......116
不适用 PB 估值的场景....117
以 PB 估值的股票特征....118
二、围绕 PB 构建交易系统....118
沃尔特·施洛斯..........118
构建低 PB 交易系统......120
PB ＋ ROE 策略..........121
三、运用 PE 估值..............123
净利润的复杂性..........123
让人迷惑的利润..........125
净利润真实性的评估......127
好公司 10 年的净利润
数据..................128
净利润需要修正的例子....132
不适用 PE 估值的场景....133
为什么 PE 不能取代 PB
和 ROE................133
PE 在估值中的应用......134
四、围绕 PE 构建交易系统....135
低 PE 策略..............135
约翰·涅夫的投资之道....136
PE ＋利润增长率策略......136

五、本章小结..............142

第七章 分红以及围绕股息率的
交易策略

一、深入理解分红的意义..........143

合伙做生意的本意是获取
红利..................143
了解股息率..............144
分红金额高、高分红比例、
高股息率..............144
了解现金分红比例........147
自由现金流与分红........148
重视分红是一种意识形态....148
股息率的保底作用........149
高分红持续性判别........150
规避股息率异常..........153
财报中的分红金额........154
分红还是不分红..........156
另类的分红：回购股份....158
二、分红和成长的关系..........159
初创型公司..............160
正在成长的龙头公司........160
不需要保留大量现金也能
成长的公司............163
成长性体现在分红上..........163
三、围绕股息率构建投资
策略..................164
红利策略..............165
高股息率股票策略和保本
可转债策略比较........166
股息的成长型投资策略....169
四、一种以股息为核心的"佛系"
策略..................171
了解"佛系"策略..........171
"佛系"策略的问题解答....172
五、本章小结..............174

第八章　围绕 ROE 的简式财务
　　　　报表分析法

一、ROE 和利润增长率...............175
　　不同公司的情况...............175
　　ROE 和利润增长率的不同...176
二、三大报表的阅读方法.........176
　　简化阅读报表的理由.........177
　　阅读报表的心得体会.........177
三、简式财务报表分析法.........178
　　数据来源分析...............178
　　数据观察流程...............181
四、本章小结.....................199

第九章　财务指标不是万能的

一、指标与分析...................200
　　没有完美的指标...............200
　　没有完美的分析...............201
二、风险分析.....................201
　　看得见的风险...............201
　　"黑天鹅"和"灰天鹅"......205
　　不必要考虑的风险...........207
三、净值回撤.....................207
　　净值回撤过大是重要风险.....207
　　净值稳稳向上的模式.........208
四、风险控制.....................208
　　扩大能力圈.................208
　　选择优质的投资标的...........209
　　仓位管理...................210
五、投资大师如何防范风险.........211
　　格雷厄姆的风险控制
　　　方法.....................212
　　巴菲特的风险控制方法.........212

沃尔特·施洛斯的风险控制
　　方法.....................213
约翰·涅夫的风险控制方法...214
六、概率思维.....................215
　　投资的世界，没有 100%.......215
　　凯利公式的启示.............215
　　凯利公式和杜邦公式.........218
　　学会科学管理失败.........219
　　勇于认错...................219
　　量子力学的启示.............221
　　投资成功的概率.............222
　　布莱克 - 斯科尔斯方程.......223
七、本章小结.....................223

第十章　关于你的 ROE

一、家庭的 ROE....................224
　　家庭 ROE 的核算.............224
　　关于家庭 ROE 的思考.........225
二、证券账户的 ROE................225
　　证券账户 ROE 的核算.........226
　　关于证券账户 ROE 的思考....226
三、财务自由.....................226
　　财务自由的误区...............226
　　关于财务自由的浅见.............227
四、本章小结.....................227

参考文献　229

后　　记　220

第一章
与公司估值相关的基本术语

　　本章主要介绍这本书中所用到的基本术语，包括净资产和市净率（price-to-book ratio，简称 PB）、净利润和市盈率（price earnings ratio，简称 PE）、净资产收益率（简称 ROE）等，在阅读本书之前，这些股票涉及的基本概念需要先了解一下。

主要涉及内容如下：
- 股价和市值的基本概念。
- 净资产和市净率的基本概念。
- 净利润和市盈率的基本概念。
- 净资产收益率的基本概念。
- 毛利率的基本概念。
- 周转率的基本概念。
- 负债率的基本概念。

注意： 本章内容是股票相关基本概念的简介，对 PB、PE、ROE 等概念熟悉的读者可以跳过。

一、股价和市值

本节主要围绕股价和市值的基本概念进行专题讲解。

了解股价

股价通常是股民入市之后接触的第一个和股票有关的指标，是投资者买入 1 股的股票要付出的钱。

投资者买入股票之后，股价涨了，投资者就赚了；股价跌了，投资者就亏了。因此，股价看上去很像是股票最核心的指标。其实这是一种错觉，只看股价，投资者无法判断一只股票估值的高低，通俗来讲，就是无法判断一只股票的价格是便宜还是贵。

需要新股民特别注意的是，由于"送转"这个操作的存在，股价有可能产生断层。举个例子，某股票 3 月份收盘价是 30 元 / 股，4 月初实施了"10 转 20"操作。如果 4 月底该股票的价格是 15 元 / 股，实际上这个 15 元 / 股的价格比 3 月份的收盘价 30 元 / 股高，原因是 10 转 20 的操作，把 1 股拆成了 3 股，送转操作之后的 15 元 / 股，相当于送转之前的 45 元 / 股。把 15 元 / 股还原为 45 元 / 股的这个过程，则叫作复权。

了解市值

股票的市值，即股票的市场价值。

股票的市值是股价和总股本的乘积，送转操作导致股价降低，总股本增加，相乘后抵消，所以市值不受送转操作的影响，用市值来看一个上市公司的价值，不会出现断层现象。

相关公式

股票的市值是股价和总股本的乘积：

$$市值 = 股价 \times 总股本$$

二、净资产和市净率

了解净资产

净资产的含义是，公司控制的全部资产，减去不属于公司的那部分，得到的所有者权益。钱也是一种资产，所以赚钱本质上是在赚资产。

了解市净率

市净率（PB）是公司所有者权益和市场赋予公司的市值的比值，包含了价格因素，可以用来衡量股票是便宜还是贵，是一个非常重要的估值指标。

PB 低于 1 的股票，称为破净股，这类股票的资产打折在市场上交易，是非常特殊的一类股票。

相关公式

净资产的计算公式如下：

$$净资产 = 资产 - 负债$$

市净率（PB）的计算公式如下：

$$市净率 = 市值 \div 净资产$$

三、净利润和市盈率

了解净利润

净利润，即税后利润，简单来讲就是，公司赚到的钱，扣掉所得税后，就是公司的净利润。

了解市盈率

市盈率（PE）是公司上一个年度净利润和市场赋予公司的市值的比值，包含了价格因素，可以用来衡量股票是便宜还是贵，是一个非常重要的估值指标。

根据 PE 的定义，PE 的倒数，就是股票的收益率。比如某股票的 PE 为 10，那么这只股票的收益率就是 10%。因此，PE 也被称为指标之王。

相关公式

净利润的计算公式如下：

$$净利润＝利润总额－所得税$$

市盈率（PE）的计算公式如下：

$$市盈率＝市值÷净利润$$

四、净资产收益率

了解净资产收益率

净资产收益率（ROE）是净利润和净资产的比值，是衡量一个公司经营效率的核心指标。

ROE 不包括价格的因素，股价的变化不会影响它，因此只看这个指标无法衡量股票是便宜还是贵。ROE 是一个选股指标，股票是否值得买入，具体还要结合公司的 PB、PE 等估值指标综合判断。

相关公式

净资产收益率（ROE）的计算公式如下：

$$净资产收益率＝净利润÷净资产$$

五、毛利率

了解毛利率

毛利率是毛利润和营业收入的比值，反映公司的获利能力。毛利润是营业收入扣除营业成本之后的数值。营业收入即主营业务收入，是公司生产经营收入。营业成本是生产经营的直接成本，主要包括原材料和直接生产人员薪酬。

毛利率的定义表明，毛利率不受营业外收入、费用、资产减值损失等不稳定因素的影响，是评价公司获利能力最稳定的指标，不管是企业主，还是投资人，都非常关心毛利率。

相关公式

毛利率的计算公式如下：

毛利率＝毛利润 ÷ 营业收入＝（营业收入 － 营业成本）÷ 营业收入

六、周转率

了解周转率

周转率反映公司资产的使用效率、公司的运营能力。我们先来看看下面三种情况：

（1）A 公司的生产线满产满销；B 公司的生产线长时间无法开工生产。

（2）A 公司库存不断被清空；B 公司的库存长时间积压。

（3）A 公司的尾款在项目完成后总是顺利收回；B 公司的尾款被客户长时间拖欠。

以上情况中，B 代表运营效率低下，A 才是投资者喜欢看到的情形，这三种效率，可以分别用"固定资产周转率""存货周转率""应收账款周转率"来描述，具体内容将在第四章详细介绍。

相关公式

周转率的计算公式如下：

$$周转率＝总营业额÷总资产$$

本节的公式，计算得到的周转率是总资产周转率，它是衡量公司总资产经营效率的综合指标。

七、负债率

了解负债率

负债率反映公司经营的杠杆。公司可以通过举债的方式，将更多的资产纳入控制，条件是为债务付出一定的利息。

举债的本意是通过控制更多的资产，扩大经营规模，从而提升公司的利润。然而，如果公司举债之后经营不善，举债获得资产的经营利润无法覆盖举债的利息，那么举债反而会导致公司的利润下降。

举债经营是把双刃剑，运用得当，可以增厚利润。如果经营不善，举债也可能扩大亏损。极端情况下，过多的债务会导致公司资不抵债，从而破产。一般情况下，投资者应选择负债少的公司。

相关公式

负债率的计算公式如下：

$$负债率＝负债÷总资产$$

八、本章小结

总结一下本章内容：

（1）股价是投资者购买 1 股股票付出的钱。

（2）市值是股票的市场价值。

（3）净资产是公司控制的全部资产，减去不属于公司的那部分，得到的所有者权益。

（4）市净率（PB）是公司所有者权益和公司市值的比值。

（5）净利润即税后利润。

（6）市盈率（PE）是净利润和公司市值的比值。市盈率的倒数即股票收益率。

（7）净资产收益率（ROE）是净利润和净资产的比值，是衡量一个公司经营效率的核心指标。

（8）毛利率是毛利润和营业收入的比值，反映公司的获利能力。

（9）总资产周转率是衡量公司总资产经营效率的综合指标。

（10）负债率反映公司经营的杠杆。

第二章

评价公司的全能指标——ROE

如果一定要我用一个指标进行选股，我会选择 ROE。那些 ROE 能常年持续稳定在 20% 以上的公司都是好公司，投资者应当考虑买入。

——沃伦·巴菲特

ROE，即净资产收益率，是巴菲特的首选指标，可见 ROE 这个指标的分量。本章主要讨论如何理解 ROE、参考 ROE 选股、围绕 ROE 建立交易系统。

主要涉及内容如下：

- 理解 ROE 的参考价值。理解 ROE 的本质，以及 ROE 在公司研究中的作用。
- 分红对 ROE 的影响。理解分红对 ROE 的长期重大影响。
- 举债对 ROE 的影响。理解举债对 ROE 的长期重大影响。
- 其他非常规因素对 ROE 的影响。学会剔除资产减值损失等非常规因素对 ROE 的干扰。
- 参考 ROE 建立优质股票池。通过考察股票的历年 ROE，建立优质股票池。
- 参考 ROE 发现股票重大历史事件：通过对股票历年 ROE 的考察，了解行业风险。
- 理解杜邦公式。深入研究杜邦公式，更深入地理解 ROE。
- 如何判断 ROE 的持续性。投资是投未来，讨论如何对 ROE 的持续性做出判别。
- 围绕 ROE 构建交易系统。介绍一种围绕 ROE 制定的交易系统。

注意：讲解过程中，在保证基本概念正确的前提下，尽量避免使用专业术语，力求通俗，牺牲一些严谨性，使读者更容易理解 ROE 等技术指标。书中应用的财务指标数据，如非特殊说明，均来自上市公司年度报表。本书所有举例的股票，均为论述文中观点服务，无推荐之意。

一、理解 ROE 的参考价值

本节先讨论如何获得可靠的 ROE 数据，然后给出 ROE 的通俗解释；理解 ROE 之后，讨论参考 ROE 判别股票背后公司质量的方法。

ROE 数据的可靠来源

ROE 数据是上市公司年度报表必须披露的内容，年度报表是 ROE 数据最可靠的来源。ROE 在年度报表里的"主要财务指标"表格中披露，一般情况下，"加权平均净资产收益率（%）"一栏中的数值可以看作上市公司该年度的 ROE。

举个例子，宝钢股份 2020 年度报表的"主要财务指标"表格，如图 2-1 所示。

（二）主要财务指标					
主要财务指标	2020年	2019年		本期比上年同期增减（%）	2018年
		调整后	调整前		
基本每股收益（元/股）	0.57	0.56	0.56	1.79	0.96
稀释每股收益（元/股）	0.57	0.56	0.56	1.79	0.96
扣除非经常性损益后的基本每股收益（元/股）	0.56	0.50	0.50	12.00	0.93
加权平均净资产收益率（%）	7.03	7.09	7.05	减少0.06个百分点	12.68
扣除非经常性损益后的加权平均净资产收益率（%）	6.90	6.27	6.27	增加0.63个百分点	12.16

图 2-1　宝钢股份 2020 年主要财务指标

从图 2-1 中可以得知，宝钢股份 2020 年的 ROE 是 7.03%。下面一行的"扣除非经常性损益后的加权平均净资产收益率（%）"，不是所有公司的年度报表都会披露，如果其数值和"加权平均净资产收益率（%）"差异较大，才需要关注，要找出背后的原因。如何排除资产减值损失等非常规因素对 ROE 的影响，在本章第四节专题讨论。

ROE 数据的其他来源，例如巨潮资讯和雪球网，提供表格形式的 ROE 数据供投资者查阅，投资者可一次性查看上市公司历年 ROE 数据。巨潮资讯和雪球都是优质网站，其提供的 ROE 数据是比较可靠的，这些网站的 ROE 数据，其最终来源还是上市公司的财务报表。

除了披露的财务指标数据之外，年度报表里面的一些文字描述也有很重要的参考价值。投资者从年度报表收集整理包括 ROE 在内的财务指标数据时，可以顺便浏览年度报表其他有价值的部分，一举两得。所以，建议以阅读年度报表来收集财务指标数据。

年度报表一般会同时披露上市公司前两年的 ROE，以及本期比上年同期增减（%），这样可以了解公司近两年 ROE 的变化，见图 2-1 中倒数第二列。另外，上市公司一季报、中报、三季报也会披露 ROE 数据。一般来说，对于经营稳健的公司，投资者查看年度报表就可以了。

ROE 的通俗解释

先看一下 ROE 的计算公式：

$$净资产收益率＝净利润 \div 净资产$$

这个公式只是一个比率，只看它很难对 ROE 有深刻的理解，下面举个例子解释一下。

假设某公司年初净资产为 100 亿元，经过一年的经营，获得 30 亿元净利润，那么这一年，该公司的 ROE ＝ 30÷100 ＝ 30%，这里的关键点如下：

（1）产生 30 亿元净利润，所使用公司自身的资产是 100 亿元；

（2）30 亿元净利润是通过经营实现的。

总结一下，ROE 数值是公司净资产的经营效率，通俗来讲，ROE 数值是公司净资产的战斗力。下面再用一个简单的例子，方便读者进一步体会 ROE 的意义。

如果某年：

（1）A 公司用 100 亿元资产赚了 30 亿元；

（2）B 公司用 100 亿元资产赚了 15 亿元；

（3）C 公司用 50 亿元资产赚了 15 亿元。

那么，在这一年里 A 公司的经营优于 B 公司，A 公司的经营效率是 B 公司的两倍。由于 C 公司获得了 B 公司同样的收益，但 C 公司只用了 B 公司一半的资产，所以 C 公司的经营优于 B 公司，C 公司的经营效率是 B 公司的两倍。

通过这个例子，想必读者对 ROE 的本质及其意义已经有了直观的理解，这样一来，巴菲特为什么把 ROE 当作选择公司的首选指标，就好理解了。

> **注意：** 为了降低复杂性，便于理解，在不影响正确性的前提下，本书对概念做了适当的简化。本小节中 ROE 的计算方法和年度报表披露的"加权平均净资产收益率（%）"的计算方法并不一致，这个特点会贯穿全书，后面不再重复申明。

好公司的 ROE 指标

如果问一个问题，我国有哪些公司是好公司？答案一般会包括贵州茅台酒股份有限公司（简称贵州茅台）、佛山市海天调味食品股份有限公司（简称海天味业）、江苏恒瑞医药股份有限公司（简称恒瑞医药）、腾讯控股有限公司（简称腾讯控股）这些公司。

下面看看在 A 股上市的贵州茅台、海天味业、恒瑞医药三家公司在 2011—2020 年之间 10 年的 ROE 数据。

1. 贵州茅台

贵州茅台 2011—2020 年这 10 年的 ROE 平均值超过 30%，且最低的年份也超过了 24%，满足巴菲特"ROE 能常年持续稳定在 20%"的要求，如图 2-2 所示。

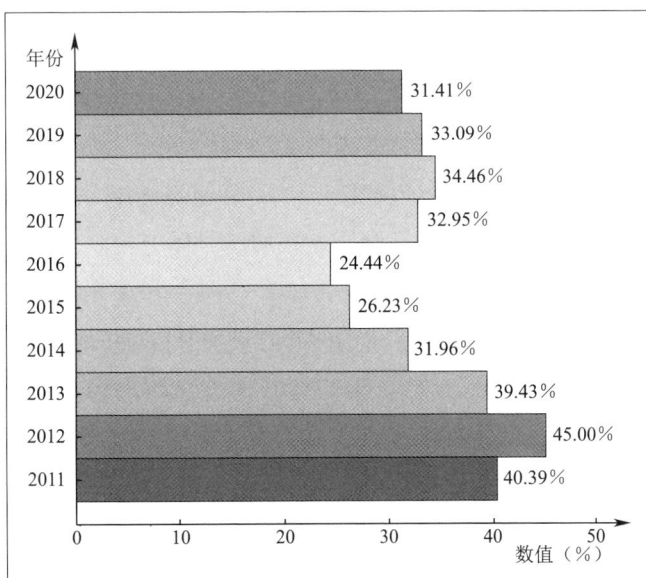

图 2-2 贵州茅台 2011—2020 年 ROE 指标

2. 海天味业

海天味业 2011—2020 年这 10 年的 ROE 平均值超过 30%，且所有年份 ROE 均大于 30%，非常稳定，满足巴菲特的要求，如图 2-3 所示。

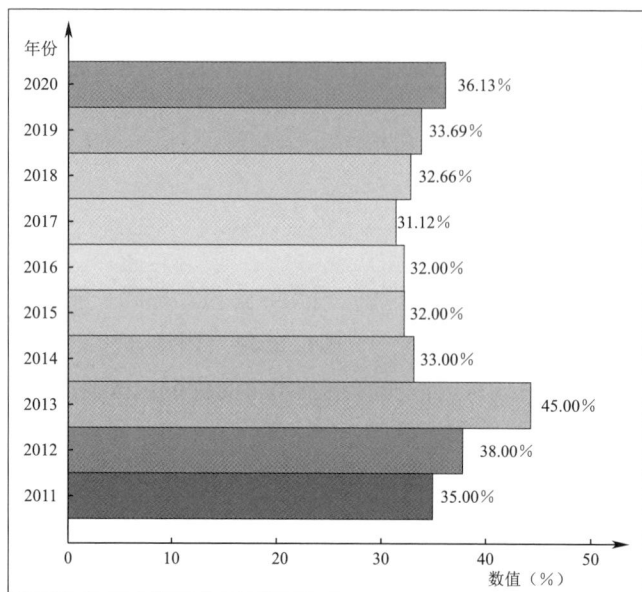

图 2-3　海天味业 2011—2020 年 ROE 指标

3. 恒瑞医药

恒瑞医药 2011—2020 年这 10 年的 ROE 平均值超过 20%，且所有年份 ROE 均大于 20%，非常稳定，满足巴菲特的要求，如图 2-4 所示。

本章开头引用了巴菲特的观点 "那些 ROE 能常年持续稳定在 20% 以上的公司都是好公司，投资者应当考虑买入"。从图 2-2、图 2-3、图 2-4 可以看出，贵州茅台、海天味业、恒瑞医药三家公司在 2011—2020 年这 10 年，所有年份的 ROE 均高于 20%，符合巴菲特的选股标准。

一旦问起 A 股有哪些好公司，这三家公司总是会被提到，其靓丽的 ROE 数据是一个印证。在香港上市的腾讯控股 2011—2020 年，ROE 一直高于 20%。

一般来说，ROE 持续高于 20% 的公司都是优秀的公司，鲜有例外，理解了 ROE 的意义，这个结论就很容易理解了。

注意：ROE 只能辨别公司质量，不能指导股票是否适合买入，这是因为 ROE 里面不包括价格因素。比如贵州茅台，不论市价是 100 元 / 股还是 1 000 元 / 股，ROE 保持不变。要判断股票是便宜还是贵，需要结合 PE、PB 等估值指标来判断。

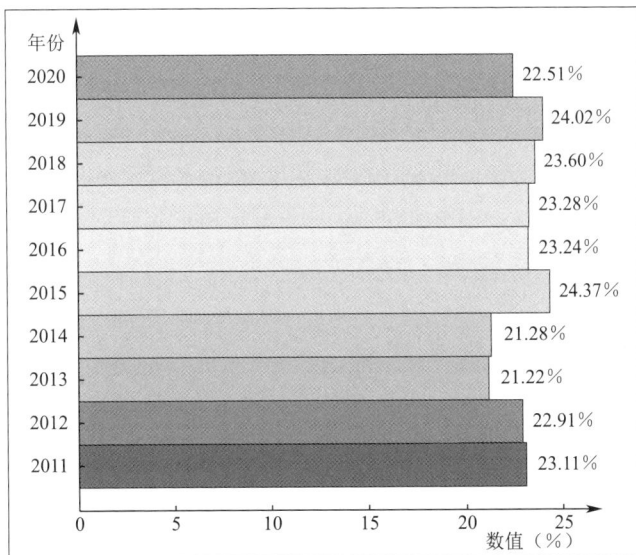

图 2-4 恒瑞医药 2011—2020 年 ROE 指标

同行业公司 ROE 比较

提到白酒行业上市公司，投资者马上会想起贵州茅台、宜宾五粮液股份有限公司（简称五粮液）、泸州老窖股份有限公司（简称泸州老窖）等老字号。看一下贵州茅台和泸州老窖 2016—2020 年 ROE 的对比，如图 2-5 所示。

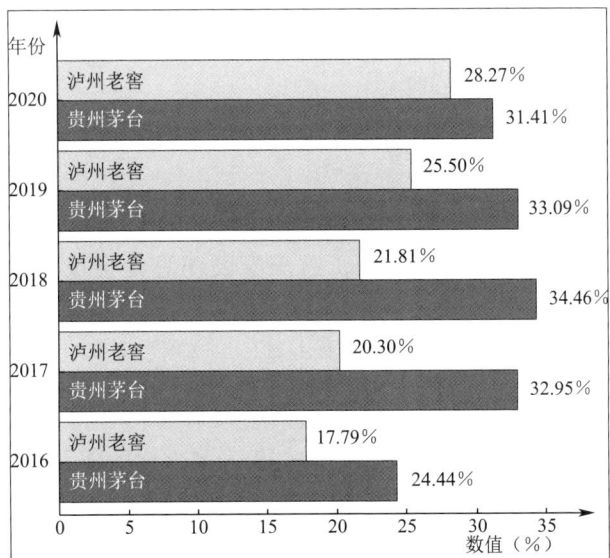

图 2-5 贵州茅台和泸州老窖 2016—2020 年 ROE 对比

这张 ROE 对比图，揭示出两个公司之间经营效率的差距，泸州老窖的 ROE 很高，也是好公司，但贵州茅台更胜一筹。如果两个公司主营业务相同，一般来说，ROE 高的公司更优秀。

注意：投资的世界没有完美指标。同一行业内，ROE 高的公司大概率比 ROE 低的公司优秀，但并不是 ROE 高的公司绝对比 ROE 低的公司优秀，后续在本章第二节和第三节会对此专题讨论。

不同行业龙头公司 ROE 的比较

各行业的龙头公司是各自行业的典型代表，是各自行业竞争力最强的公司，研究行业龙头公司，对行业研究有重要意义。

比较一下白酒行业的龙头公司贵州茅台和石化行业的龙头公司中国石油化工股份有限公司（简称中国石化）在 2016—2020 年 ROE 数据，如图 2-6 所示。

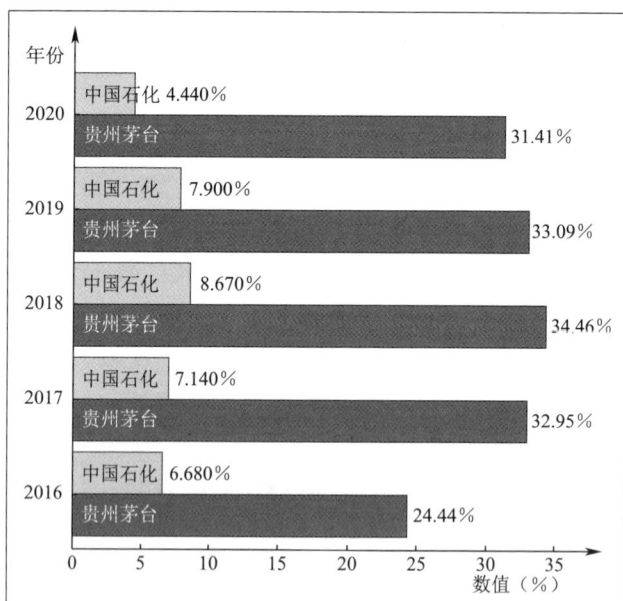

图 2-6 贵州茅台和中国石化 2016—2020 年 ROE 对比

贵州茅台和中国石化 2016—2020 年的 ROE 差别非常之大，如果 2016 年初相同的两笔钱，一笔投资贵州茅台，另一笔投资中国石化，投贵州茅台的钱的投资收益率比投中国石化的投资收益率高很多倍。

芒格说过"长期来看，一只股票的回报率约等于它的 ROE"，这个观点，可以近似的作为 2016—2020 年贵州茅台和中国石化涨幅差异的解释。

由于贵州茅台和中国石化是各自行业的绝对龙头，代表性很高，这张图很好地反映了白酒行业和石化行业 2016—2020 年经营效率的差异。

一般来说，选择高 ROE 行业内的龙头公司，长期持有，相对来说更容易获利。投资高 ROE 行业内的龙头公司，就算买贵了一点，长期持有，投资者也大概率能赚到钱。

ROE 并不是一个判别公司优劣的绝对指标

如果只用 ROE 一个指标就能断定公司的好坏，那么投资者之间就不存在水平的差异了，这显然和实际情况不符。要用好 ROE 这个指标，必须更深入地理解 ROE，不只是 ROE，任何指标，都要活学活用。

两个公司 ROE 数值相同，其 ROE 的质量仍然可能有很大的差别，对 ROE 质量有长期重大影响的因素主要是分红和举债。

分红对 ROE 质量的影响，将在本章第二节专题讨论。举债对 ROE 质量的影响，将在本章第三节专题讨论。此外，还有很多对 ROE 产生一次性影响的因素，将在本章第四节专题讨论。

二、分红对 ROE 的影响

本节主要讨论分红对 ROE 质量的影响。两个公司 ROE 等同，一个高比例分红，一个低比例分红，那么这两个公司 ROE 的性质截然不同。因此，不能只简单对其 ROE 数据做对比，就得出 ROE 高的公司更优秀的结论。

恒瑞医药和双汇发展的分红策略

ROE 高的公司经营效率有可能不如 ROE 低的公司，分红，是引发这个现象的一个至关重要的因素。

为了解释这个看上去比较反常的现象，我们先对比一下恒瑞医药和河南双汇投资发展股份有限公司（简称双汇发展）2016—2020 年这 5 年的 ROE，如图 2-7 所示。

2016—2020 年这 5 年，只从 ROE 数值上看，双汇发展的 ROE 比恒瑞医药高出一大截，而且每年都高。从数据上看，双汇发展的经营效率比恒瑞医药有很大的优势，然而，真实情况和数据对比相反。

事实上，恒瑞医药 2016—2020 年的利润增长率高于双汇发展，这 5 年恒瑞医药的投资回报率也比双汇发展高一大截。

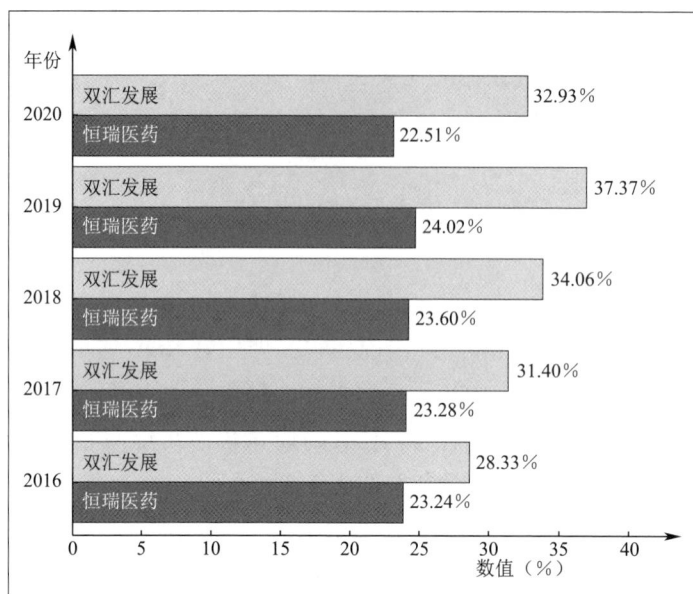

图 2-7 恒瑞医药和双汇发展 2016—2020 年 ROE 对比

这个反常的现象，主要是分红政策差异导致的，看一下 2016—2020 年两个公司分红比例的对比，如图 2-8 所示。

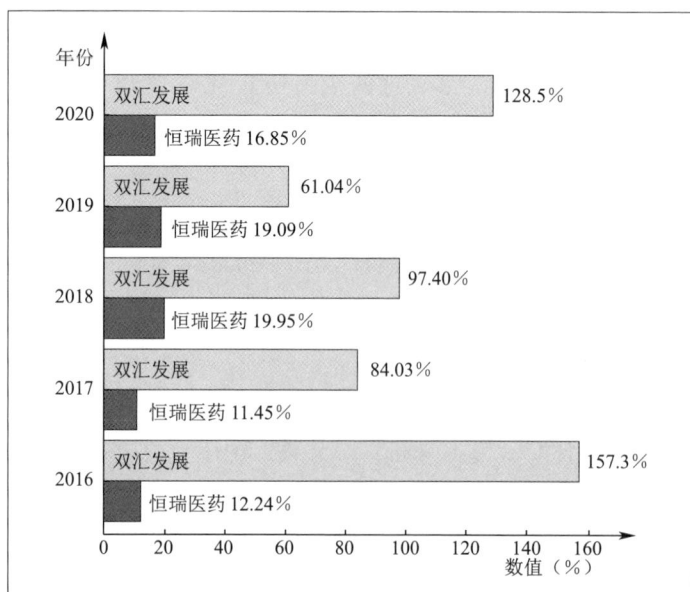

图 2-8 恒瑞医药和双汇发展 2016—2020 年分红比例对比

从图 2-8 中可以看出，2016—2020 年这 5 年，恒瑞医药赚到的钱几乎没有分多少，而双汇发展几乎把赚到的钱都分完了，这是两种截然不同的分红策略。

分红策略对 ROE 的影响

从分红的角度看，公司赚到的利润有两个去处：

（1）分给股东；

（2）留在公司继续参与经营。

第一种方式，把利润分给股东，分红分去的钱，本质上是把公司的资产分给股东，因为钱也是资产的一种。分红降低了净资产，从 ROE 计算公式看，分红减小了 ROE 计算公式的分母。

双汇发展的分红策略是赚到的钱基本上都分完，相当于其净资产的规模得到控制，只要净利润不下滑，那么 ROE 就可以一直保持在较高水准。双汇发展的 ROE 一直保持在极高水准的原因有二：其一是双汇发展的资产经营效率确实很高；其二便是超高比例分红。

第二种方式，把利润留在公司，继续参与经营，这种方式会导致公司的净资产越滚越大，从 ROE 计算公式看，留存利润会让 ROE 的分母不断变大。

恒瑞医药分红比例很小，要保持 ROE 在较高水准，公司的净利润必须持续高增长，使净利润的增长率和净资产的增长率保持在相近的水平。

这样看来，双汇发展 30% 多的 ROE，似乎并不难，只要保持其经营方针，稳扎稳打即可。恒瑞医药 20% 多的 ROE，其实很不容易，要不断创新，创造增量。为了佐证上述观点，看一下恒瑞医药和双汇发展 5 年的利润增长率对比，如图 2-9 所示。

从图 2-9 中可以看出，双汇发展从 2016—2020 年的利润累计增长，比我国 GDP 的累计增长高一些，但也高不了多少。而恒瑞医药，2016—2020 年净利润增长了将近 200%，远超我国 GDP 的增长幅度，是成长型公司的典型代表。

由此可见，比较两个公司只看 ROE 数值是不够的，至少要了解两个公司的分红政策。

公司的分红政策往往是有延续性的，大量的优秀公司，分红比例往往多年保持在某个水平，不会轻易改变。所以，分红对 ROE 质量的影响是长期的。

投资者如果喜欢用 ROE 作为投资的参考，那么公司的分红比例是必须要了解的，分红比例的不同，导致 ROE 的性质不同。

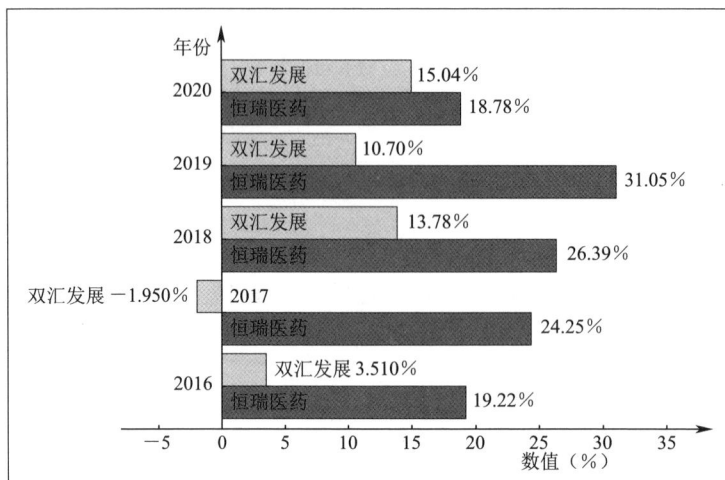

图 2-9　恒瑞医药和双汇发展 2016—2020 年利润增长率对比

注意： 从本小节的分析看，似乎不分红的公司更好，其实不然，留存的利润能运用到恒瑞医药这样效率的公司，凤毛麟角。

分红政策哪里查

分红政策，一般在公司章程里面可以找到，部分上市公司在年度报表披露分红政策。以双汇发展为例，图 2-10 是双汇发展的分红政策描述，来自双汇发展 2020 年度报表。

二、本报告期利润分配及资本公积金转增股本情况	
√适用　□ 不适用	
每10股送股数（股）	0
每10股派息数（元）（含税）	16.80
分配预案的股本基数（股）	3,464,661,213.00
现金分红金额（元）（含税）	5,820,630,837.84
以其他方式(如回购股份)现金分红金额（元）	0.00
现金分红总额（含其他方式）（元）	5,820,630,837.84
可分配利润（元）	10,284,817,369.31
现金分红总额（含其他方式）占利润分配总额的比例	100%
本次现金分红情况	
公司发展阶段属成熟期且无重大资金支出安排的，进行利润分配时，现金分红在本次利润分配中所占比例最低应达到80%	
利润分配或资本公积金转增预案的详细情况说明	
拟以公司现有总股本3,464,661,213股为基数，向全体股东按每10股派16.8元（含税）的比例实施利润分配，共分配利润5,820,630,837.84元，尚余4,464,186,531.47元作为未分配利润留存	

图 2-10　双汇发展的分红政策

"公司发展阶段属成熟期且无重大资金支出安排的，进行利润分配时，现金分红在本次利润分配中所占比例最低应达到80%。"双汇发展的分红政策，就是绝大部分净利润都分红分了，年报里写得清清楚楚。

分红比例哪里查

实际的分红比例，比分红政策更具参考价值。分红政策只是口号，实际的分红才是用真金白银来表态。图2-11是恒瑞医药的2018—2020年分红比例数据，来自恒瑞医药2020年度报表。

第五节　　重要事项

一、普通股利润分配或资本公积金转增预案

（一）现金分红政策的制定、执行或调整情况

√适用　□ 不适用

报告期内，公司严格执行《上市公司监管指引第3号——上市公司现金分红》《关于进一步落实上市公司现金分红有关事项的通知》等法律法规和公司章程的相关规定，在综合考虑公司的盈利情况、资金需求等因素的基础上，经公司于2020年4月16日召开的股东大会审议批准，以总股本4,422,291,951股为基数，向全体股东每股派发现金红利0.23元（含税），每股派送红股0.2股。

该利润分配方案符合公司章程及审议程序的规定，经独立董事发表同意的意见，保证了股利分配政策的连续性和稳定性，同时兼顾了公司的长远利益、全体股东的整体利益及公司的可持续发展，切实维护了中小投资者的合法权益。现金红利已于2020年5月25日发放完毕。

（二）公司近三年(含报告期)的普通股股利分配方案或预案、资本公积金转增股本方案或预案

单位:元　币种:人民币

分红年度	每10股送红股数（股）	每10股派息数（元）（含税）	每10股转增数（股）	现金分红的数额（含税）	分红年度合并报表中归属于上市公司普通股股东的	占合并报表中归属于上市公司普通股股东的净利润的比率（%）
2020年	2	2.00	0	1,066,343,408.20	6,328,383,219.69	16.85
2019年	2	2.30	0	1,017,127,148.73	5,328,027,519.56	19.09
2018年	2	2.20	0	810,889,652.54	4,065,609,716.04	19.95

图2-11　恒瑞医药2020年度报表披露的分红比例

恒瑞医药2018、2019、2020年的分红比例分别为19.95%、19.09%、16.85%，分红比例没有重大变化。

喜欢ROE的投资者，最好顺便关注股票的分红比例，这样一看到股票的ROE，立刻就能联想到该股票的分红比例，可以对ROE的质量做一个下意识的修正。

注意：投资最重要的参考是公司的年度报表，很多投资者到处查上市公司的资料，殊不知，投资最好的参考资料，正是公司的年度报表。

客观看待分红

本节对恒瑞医药和双汇发展分红策略的讨论，很可能给读者一种错觉，即"大比例分红对 ROE 质量产生负面影响""不分红的公司比分红的公司好"。

以上两个观点大多数情况下是错误的，一个公司长期大比例分红，一般来说向投资者传递了三个至关重要的信息：

（1）公司不需要留存利润也能经营好；

（2）公司的管理层回报股东意识较强，有诚信；

（3）公司大股东和小微股东利益相对来说较为一致。

公司赚到的利润，很大比例被分配给投资者，往往是对 ROE 真实性最好的确认，分红分的都是真金白银，直接打到投资者的账户，无法造假。

把赚到的钱分给投资者，而不是随意浪费或者挥霍，这往往是管理层品德最好的确认。

因此，大比例分红，绝对不是公司的负面因素。

最好的公司，就算把利润全部分完，业绩一样能上涨。最典型的例子就是贵州茅台，如果贵州茅台把利润 100% 分配给投资者，会影响业绩吗？应该不会。

此外，在行业空间趋向饱和的情况下，公司的利润留着，要么买理财产品，要么投向公司不擅长的领域，这两种情形，一个效率低下，一个风险巨大，把利润分配给投资者，其实是非常理性的选择。

本节举的例子，恒瑞医药和双汇发展的分红情况对比，是为了说明分红对 ROE 的影响，特意挑选出来的最极端的情况。

双汇发展确实是一家非常好的公司。恒瑞医药从上市到 2020 年这个阶段，确实太优秀了，在 A 股是凤毛麟角的存在，这个阶段，很少有公司能媲美恒瑞医药。公司的分红本身是一个很大的话题，本书在第七章将专题讨论分红。

注意：从某种意义上说，分红是散户的守护神。分红一方面给小投资者带来了现金流，另一方面不少优秀的公司每年大笔分红的同时还能不断成长。

三、举债对 ROE 的影响

举债，即借钱经营、加杠杆经营，众所周知，杠杆和爆仓紧紧相连。举债有利于提升 ROE 的同时，也带来了风险，杠杆倍数越高，风险越大。因此，要客观地看待公司举债的行为。

公司举债的原因

我们先看一种公司经营中很常见情形的简化版本。假设 A 公司拥有一条价值 10 亿元的生产线，生产线满产满销，1 年可以得到 2 亿元净利润，期初公司无负债、无现金。

公司的主要资产就是这条生产线，净资产 10 亿元，总资产也是 10 亿元，负债是 0，ROE 为 20%。

由于生产线满产满销，公司的管理层自然而然会想，如果扩产能，产品肯定也能卖出去，那么公司能赚更多的钱。

但公司手里没现金，怎么办？只要公司信用好，这很好办，可以很轻松地借到钱。假设公司的信用很好，市场利率也很低，借钱的利率很低，可以忽略不计。

公司决定借 10 亿元，再建一条生产线，假设生产线建成后，产品还是满产满销，产品价格不变，参考净资产计算公式：

$$净资产＝总资产 － 负债$$

借钱后，总资产变成了 20 亿元，负债变为 10 亿元，净资产是 20 亿元总资产减去 10 亿元负债，还是 10 亿元，保持不变。

由于假设新生产线还是满产满销，价格不变，因此又给公司带来了 2 亿元利润，净利润变成了 4 亿元，ROE 变成 40%。

从以上过程来看，一切都是那么的轻松。管理层是不是很英明？为什么不再借它 10 亿元，再扩一条生产线？这样一看，举债有利于 ROE 的提升？

事实上，举债经营并没有那么美好，上面的情形只是理想情况，动用了很多实际情况不可能出现的假设。下面专题讨论公司举债过程中可能面临的负面因素。

举债过程中可能面临的负面因素

接上一小节中的例子，公司扩一条生产线，真的能带来和已有的那条生产线同等的 2 亿元利润吗？在大部分情形下，答案是否定的。下面我们分析举债的负面因素。

1. 借来的钱要支付利息

钱的借出方把钱借给公司，本金承担了风险，肯定要利息作为风险的补偿。所以，新生产线带来的 2 亿元利润，肯定是要被钱的借出方以利息的形式拿走一部分。

至于钱的借出方拿走多少，和当时的市场利率以及公司的信用有关。市场利率越高，公司借债付出的利息越多。公司的信用越低，借债付出的利息越多。

2. 产品利润率可能下滑

公司生产线满产满销，意味着该公司的产品在景气周期，供不应求。如果公司产品不是拥有专利壁垒、垄断经营权的独家产品，必定会引来大量的资本蜂拥进入该产品的领域。

激烈的竞争，会导致利润率下滑，很可能公司的新生产线还没有建成，别的公司的生产线已经投入生产，别的公司还可能不止一家。等公司的新生产线投入生产之后，为了应付竞争，不得不降价获取更多的市场份额，如果产品降价促销，新生产线带来的利润，肯定大幅低于 2 亿元的预期。

3. 举债对 ROE 产生负贡献的可能

如果竞争十分激烈，价格下滑到一定的程度，导致新生产线带来的利润不足以支付举债的利息，那么这个举债行为，实际上会对公司的利润造成负面影响，从而对 ROE 产生负贡献。

此外，还有一个时间推移的渐变过程。对 ROE 产生负贡献可能并不是举债当年就发生的，可能新生产线投入第一年，带来了还算不错的效益，但是随着时间的推移，竞争越来越激烈，产品利润率逐渐恶化，最终导致举债对 ROE 产生负贡献。

更严重的情况是，如果新生产线第一年带来了不错的效益，公司决定再举债扩建一条甚至两条生产线，进一步扩产能，那么等到竞争加剧的时候，会对公司更加不利。

4. 举债导致公司破产的可能

如果产品价格进一步下滑，产品售价被压缩到成本线附近，甚至有可能暂时被打到成本线之下。

这种极端情况，如果持续的时间较长，那么财务脆弱的公司会因为资金链断裂，以破产或者被收购方式退出竞争。直到竞争者减少到某个界限，业内的公司恢复理性，停止价格战，这种情况才有可能缓解。

什么样的公司是财务脆弱的公司呢？举债多的公司显然就是。如果债务到期无法偿还，通常有如下三个选择：

（1）借新债，还老债。既然债务无法偿还，那么借新债的难度肯定很大，很难借到，就算借到，利率肯定也是出奇的高。老债还上了，利率更高的新债，拿什么去还呢？

（2）变卖资产还债。公司都还不起债了，那么名下的资产，一般不会被评定为优质资产，很难卖出去，就算卖出去，价格也肯定惨不忍睹。

（3）违约。这个就不多说了，违约，意味着公司走上了崩溃之路。

5. 光伏逆变器行业

上面描述的现象，其实是同质化竞争产业的普遍现象，在现实中已经发生过很多次，下面举个实际的例子。

我国的光伏发电产业在 2010 年左右开始爆发，当时管理机构给出了太阳能发电每度 1.15 元的超级电价。

产业刚爆发的时候，逆变器供不应求，其价格超过 2 元 / 瓦，此时的逆变器制造业属于暴利产业，逆变器生产厂商如雨后春笋般的出现。

经过几年的竞争，价格迅速跌落至不到 0.3 元 / 瓦，在这个过程中，政策的扶持也逐渐退出。到了 2020 年，光伏逆变器行业只剩下为数不多的寡头，绝大部分厂商，都退出了竞争。

举债越多的公司，如果没有财力强大的大股东支撑，一般会越早达到资不抵债的境地，退出竞争。在一个同质化竞争的行业，负债率过高的公司，一般不适合长期持有。

客观看待公司举债行为

适度举债，能提高公司的 ROE；举债过度的公司，很可能扛不过行业的低谷。如果公司破产，那么投资者手中的股票基本上就归零了。

本节使用举债这个词，而不是用负债，是因为负债虽然是财务报表里面的会计科目，但会计准则里面的负债，并不能和公司借钱经营行为画等号。

比如，白酒龙头公司的预收款也属于负债，但这个负债和借钱经营完全是两码事。再比如，一些强势公司对上下游公司的占款，财务报表里面也算负债，但这是无息负债，和普通意义上的借钱经营性质完全不同。

四、其他非常规因素对ROE的影响

非常规因素，字面上看，是上市公司年度报表里面不是每年必须出现的项目。非常规因素层出不穷，它们的主要影响是调节净利润，净利润是ROE计算公式的分子，因此ROE也受到非常规因素的影响。投资者看公司ROE的时候，要去除非常规因素的影响，还原真实ROE。

资产减值损失

本小节以汤臣倍健为例，详细分析资产减值损失对ROE的影响，以及还原公司真实ROE的过程。看一下2016—2020年汤臣倍健的ROE，如图2-12所示。

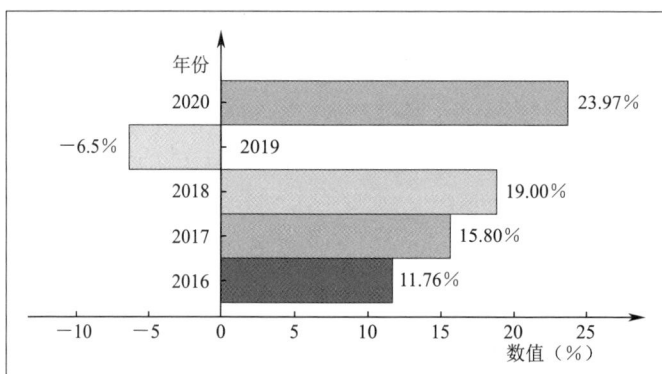

图 2-12　汤臣倍健2016—2020年ROE指标

从图2-12中可以看出，汤臣倍健2019年的ROE是负值，为−6.5%，参考ROE的一般计算公式：

$$净资产收益率＝净利润 \div 净资产$$

由于汤臣倍健的净资产不可能是负值，必定是净利润为负，导致ROE变负。至少，从会计准则的角度看，汤臣倍健2019年亏钱了。

从常识来看，保健品是一门高毛利、比较稳定的生意。另外，汤臣倍健是保健品行业龙头，且2019年期间，没有任何迹象表明汤臣倍健丢掉了保健品行业的龙头地位，也没有迹象表明汤臣倍健出现其他危机。

因此，拿到2019年汤臣倍健的年报，看到负值的ROE，有经验的投资者的第一反应便是这个ROE需要修正。看一下2016—2020年汤臣倍健的营业收入，如图2-13所示。

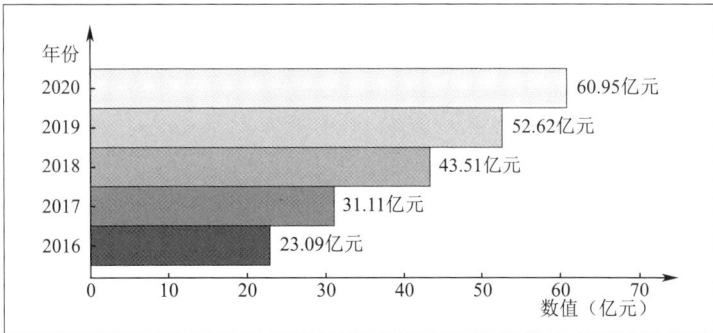

图 2-13 汤臣倍健 2016—2020 年营业收入

由图 2-13 中可以看出，汤臣倍健 2019 年营业收入正常。2017、2018、2019 年汤臣倍健的营业收入保持了逐年增长的态势，实现三连增，营业收入数据可以说是完美。再看看 2016—2020 年汤臣倍健的毛利率，如图 2-14 所示。

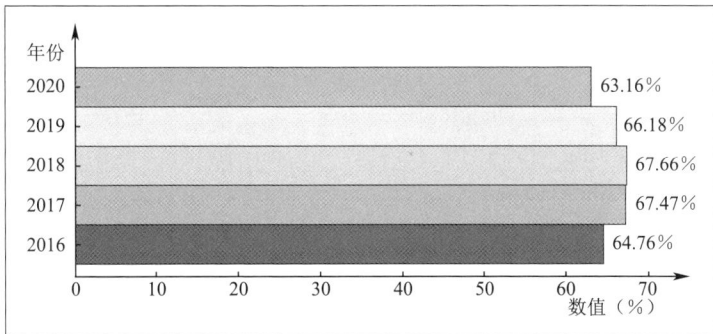

图 2-14 汤臣倍健 2016—2020 年毛利率

由图 2-14 中可以看出，汤臣倍健 2019 年毛利率正常。汤臣倍健的毛利率 2016—2019 年中最低 63.16%，最高 67.66%，非常稳定，一点问题都没有。再看看汤臣倍健 2016—2020 年的净利润，如图 2-15 所示。

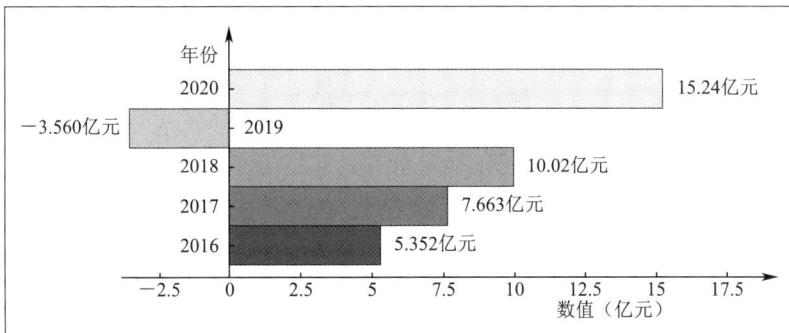

图 2-15 汤臣倍健 2016—2020 年净利润

汤臣倍健 2019 年的净利润却是负的，显得非常突兀，这也是导致 ROE 为负的原因。总结一下，汤臣倍健 2019 年度报表，营业收入正常，毛利率正常，净利润却是负值。

仅从数据上看，有经验的投资者会非常确信，必定是非常规因素导致了汤臣倍健 2019 年 ROE 的异常，而且是某项金额很大的非常规因素。

把汤臣倍健 2019 年的年度报表翻到"合并利润表"，直接找到负金额最大的科目，如图 2-16 所示。

汤臣倍健	汤臣倍健股份有限公司		2019 年年度报告全文
净额	提取保险责任合同准备金		
	保单红利支出		
	分保费用		
	税金及附加	58,838,887.81	63,129,906.17
	销售费用	1,650,399,754.51	1,280,078,079.79
	管理费用	429,626,755.08	400,911,499.60
	研发费用	126,041,296.39	103,489,887.46
	财务费用	10,665,253.96	−21,200,744.40
	其中：利息费用	44,498,900.36	17,586,256.06
	利息收入	40,891,064.20	43,550,846.14
加：	其他收益	30,761,247.56	26,332,186.35
	投资收益（损失以"—"号填列）	18,447,741.70	47,982,281.87
	其中：对联营企业和合营企业的投资收益	−10,638,506.59	−5,535,140.58
收益	以摊余成本计量的金融资产终止确认		
	汇兑收益（损失以"-"号填列）		
	净敞口套期收益（损失以"—"号填列）		
	公允价值变动收益（损失以"—"号填列）	−4,952,050.16	
	信用减值损失（损失以"-"号填列）	−1,926,053.91	
	资产减值损失（损失以"-"号填列）	−1,693,108,961.18	−89,001,682.46
	资产处置收益（损失以"-"号填列）	−167,958.28	−160,902.22

图 2-16　汤臣倍健 2019 年资产减值损失

"资产减值损失"一栏，2019 年高达 − 1,693,108,961.18 元，将近 17 亿元，而 2018 年资产减值损失金额 − 89,001,682.46 元，不到 1 亿元，这便是导致汤臣倍健 2019 年净利润变负的原因。

从图 2-13、图 2-14、图 2-15 可以推测，如果没有这一笔将近 17 亿元的资产减值损失，那么 2019 年汤臣倍健的 ROE 应该在 15%~20% 之间，这才是汤臣倍健 2019 年的真实 ROE 数值。

那么，这一笔大额资产减值损失到底是什么原因引起的呢？这个操作，肯定属于重大事项，诚信的公司，肯定会在年度报表非常显眼的位置披露。

汤臣倍健的 2019 年度报表开头，在目录之前，对这个操作做了披露，原因是此前汤臣倍健收购的 LSG（全称 Life-Space Group Pty Ltd）公司业绩未达预期，公司在 2019 年进行大额计提，如图 2-17 所示。

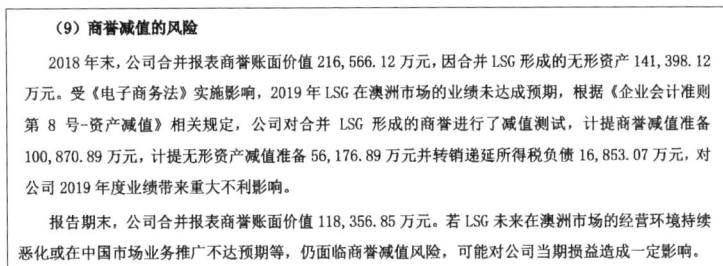

（9）商誉减值的风险

　　2018 年末，公司合并报表商誉账面价值 216,566.12 万元，因合并 LSG 形成的无形资产 141,398.12 万元。受《电子商务法》实施影响，2019 年 LSG 在澳洲市场的业绩未达成预期，根据《企业会计准则第 8 号-资产减值》相关规定，公司对合并 LSG 形成的商誉进行了减值测试，计提商誉减值准备 100,870.89 万元，计提无形资产减值准备 56,176.89 万元并转销递延所得税负债 16,853.07 万元，对公司 2019 年度业绩带来重大不利影响。

　　报告期末，公司合并报表商誉账面价值 118,356.85 万元。若 LSG 未来在澳洲市场的经营环境持续恶化或在中国市场业务推广不达预期等，仍面临商誉减值风险，可能对公司当期损益造成一定影响。

图 2-17　汤臣倍健 2019 年商誉减值

至此，汤臣倍健 2019 年 ROE 异常波动的原因已经分析清楚，总结如下：

（1）汤臣倍健此前收购了澳大利亚公司 LSG；

（2）2019 年 LSG 公司在澳洲市场的业绩未达预期；

（3）汤臣倍健在 2019 年对收购 LSG 公司形成的商誉进行大额计提操作，导致公司 2019 年净利润变成了负值。

投资者不能只看数据本身，听风就是雨，对于明显的异常，要刨根问底，把数据背后的含义找出来。如果某公司数据有异常，通过查阅财务报表也无法基本分析清楚原因，可以考虑排除该公司。

财务数据不必追求 100% 精确，不必精确到每一分钱，对于财务数据的异常，找到合理的解释即可。

注意： 本小节引用的汤臣倍健毛利率数据，在其年度报表没有披露综合毛利率的年份，使用的是主营业务毛利率数据。

银行的信用减值损失

有一项重要的会计科目，信用减值损失，这个科目在银行业中的本质就是银行的坏账。例如，贷款人破产了，无力偿还贷款，贷款给他的银行就会形成信用减值损失。

这个科目和公司当年的经营情况一般不直接挂钩，这是因为一笔贷款很少当年就确认是坏账的，当年的信用减值损失，很可能是若干年前贷出去的钱收不回来了，在当年集中计提。信用减值损失的标准有调节空间，因此可以用来合法地调节当年净利润，从而影响 ROE，通过控制计提力度，既可以调高净利润，也可以隐藏净利润。

读银行财务报表，需要重点关注"信用减值损失"这个科目，并注意和往年的数值对比。由于银行的坏账会不断生成，所以虽然信用减值损失看上去像是一次性的操作，实际上已经是银行业财务报表的必备科目。例如，建设银行、招商银行的年度报表披露，2020 年信用减值损失分别为 1 934 亿元、648 亿元。

> **注意：** 非常规因素不止资产减值损失、信用减值损失两种，由于本书主要研究好
> 公司，所以列举的公司非常规因素都是减少当年净利润的，还有很多非常
> 规因素是用来增加当年净利润的，比如一次性的补贴，这种情况并不是公
> 司本身竞争力的体现，ROE 数值要做相应减扣。

识别非常规因素的影响

判断非常规因素对 ROE 造成的影响的性质，主要看公司有没有粉饰业绩的意图，所以，分析非常规因素背后的出发点非常关键。

1. 无粉饰业绩意图的一次性操作

汤臣倍健 2019 年度报表的计提操作，使得公司 2019 年的净利润变负，其结果是让公司的年度报表变得很难看。

这个操作，相当于向所有投资者声明，本公司收购澳大利亚 LSG 公司没有取得预料中的成功，收购 LSG 公司的这笔钱，大部分打水漂了。毫无疑问，汤臣倍健的这个操作，并无粉饰意图，比较客观，就事论事。

一笔收购，已经证明达不到预期，相关的资产仍然留在资产项里面，不肯计提，这反而是粉饰业绩的行为。

类似汤臣倍健 2019 年度报表的这种情况，投资者只要找到 ROE 异常波动的原因，还原真实情况即可。上面小节对汤臣倍健 2019 年度报表 ROE 数值异常的分析，就是一个分析异常的过程。

一份年度报表，表面上看上去很糟糕，引起股价大幅下跌，实际上公司运作一切正常，这种情况往往是很好的投资机会。

2. 具有粉饰业绩意图的一次性操作

粉饰业绩这个领域，水就太深了。一般来说，粉饰业绩的主要意图是做高净利润，让公司的业绩变得好看。这个话题，并不是本书讨论的重点，所以只是提醒投资者注意一下，投资者可以找专业解读财务报表的书籍深入

研究。

　　一般来说，如果某公司出现了粉饰业绩的行为，那么研究的价值就不大了，遇到这类公司，一般将其移出股票池，不再跟踪关注即可。投资者的时间、精力、资金都是有限的，何必浪费在这样的问题公司上呢？

　　至于财务造假的公司，建议一经发现，直接屏蔽。投资财务造假的公司，如果赚了钱，反而不是好事，因为这个结果给了投资者不正确的反馈。

五、参考 ROE 建立优质股票池

　　本节主要讨论参考公司的 ROE 选股，建立优质股票池的方法。此外，本节重点讨论周期性行业公司 ROE 波动大的现象。

一定要看多年 ROE 数据

　　细心的读者已经留意到，本章列举的上市公司 ROE 数据，都不是单独某一年的 ROE 数据，而是把公司最近几年的 ROE 数据一起分析。

　　一个公司优秀，肯定不是优秀一年两年，而是持续优秀很多年。投资者要找的，肯定也是持续优秀的公司。所以，看 ROE 数据至少要看 5 年。

　　某些周期性行业，行业周期较长，最好看 10 年以上的 ROE 数据，具体时间长度，应能覆盖行业完整周期，否则容易形成片面的观点，得出错误的结论。

　　回顾本章开头引用的巴菲特的观点，"那些 ROE 能常年持续稳定在 20% 以上的公司都是好公司，投资者应当考虑买入。"请务必注意"持续"二字，巴菲特的观点，给了投资者一个选股思路，选择那些 ROE 持续稳定在高水平的公司。

　　公司某一年的 ROE，很可能被一次性因素大幅提高或者降低，参考意义较小。例如，某一年某公司收到一大笔政府补助，导致公司当年的 ROE 达到 30% 以上，这个 ROE 可以比肩贵州茅台的水准，但这并不是公司自身强大，这种一次性因素，不具备持续性，只要看多年的 ROE，很容易过滤。

　　看多年 ROE，一个简简单单的改变，可以排除很多非经营性因素对 ROE 的影响，何乐而不为？

　　读者可能会抱怨财经网站个股主页或者财经类手机 App 的个股主页上面显示的 ROE 都是一个数字，而自己动手做图表太麻烦，其实查询连续多年的包括 ROE 在内的主要财务指标并不困难。下面分别介绍电脑端和手机端一次性查询上市公司多年 ROE 的方法。

电脑端的多年 ROE 查询方法，以巨潮资讯为例。巨潮资讯网是深圳证券交易所下属网站，具有官方背景，具备沪深两市的信息披露业务资质，其披露的数据非常可靠。投资者在浏览器搜索栏输入“巨潮资讯网”，即可搜索到巨潮资讯网站，在其首页的“公告速查”栏的搜索框输入股票的代码、简称或者拼音，如图 2-18 所示。

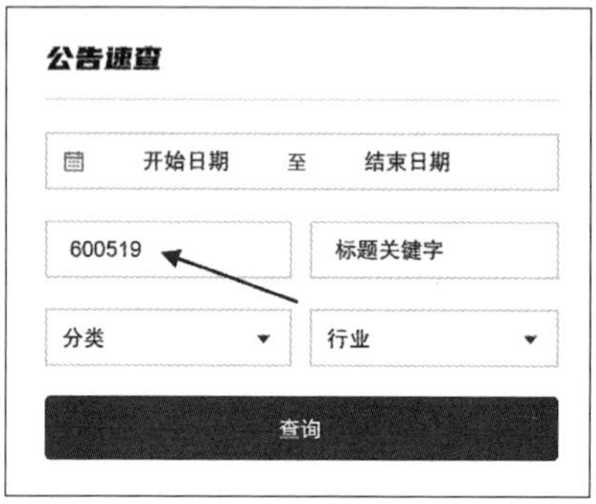

图 2-18　巨潮资讯首页公告速查栏

点击“查询”按钮，即可显示股票的公告列表，如图 2-19 所示。

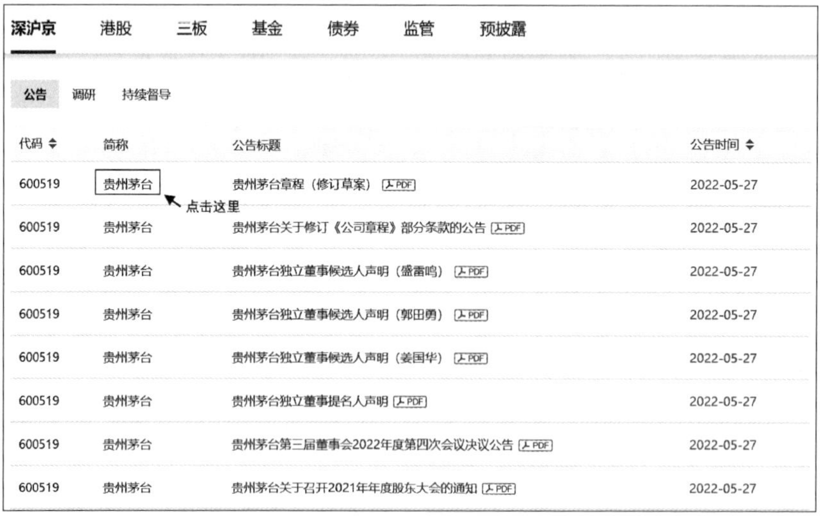

代码	简称	公告标题	公告时间
600519	贵州茅台	贵州茅台章程（修订草案）	2022-05-27
600519	贵州茅台	贵州茅台关于修订《公司章程》部分条款的公告	2022-05-27
600519	贵州茅台	贵州茅台独立董事候选人声明（盛雷鸣）	2022-05-27
600519	贵州茅台	贵州茅台独立董事候选人声明（郭田勇）	2022-05-27
600519	贵州茅台	贵州茅台独立董事候选人声明（姜国华）	2022-05-27
600519	贵州茅台	贵州茅台独立董事提名人声明	2022-05-27
600519	贵州茅台	贵州茅台第三届董事会2022年度第四次会议决议公告	2022-05-27
600519	贵州茅台	贵州茅台关于召开2021年年度股东大会的通知	2022-05-27

图 2-19　巨潮资讯股票公告查询结果

点击图 2-19 所示股票“简称”栏，进入股票的信息页，如图 2-20 所示。

依次点击图 2-20 所示“财务数据”和“主要指标”标签，页面刷新后，再点击右侧的“年报”按钮，即可查询股票最近 5 年的 ROE 数据，如图 2-21

所示。

整个过程非常简单，只要输入股票代码或简称，点击几下鼠标即可，这样能查询的数据不止 ROE，其他主要的财务指标都有展示。

手机 App 端多年 ROE 的查询方法，以雪球 App 为例。雪球 App 查询的方式更简单，打开雪球 App 的个股主页，下滑少许距离，如图 2-22 所示。

找到“财务”一栏，点击“财务”标签，切换至财务信息页如图 2-23 所示。

点击 ROE 按钮，即可查询股票最近 5 年 ROE 的数据和柱状图，如图 2-24 所示。

在雪球 App 上可以随时查询主要财务数据，而且还可以很方便地查询最近 5 年的数据，避免因公司某一期数据的异常波动导致误判。

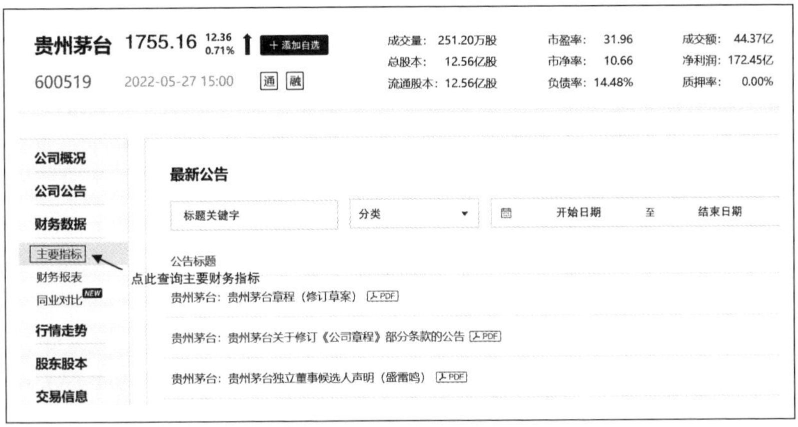

图 2-20　巨潮资讯股票信息页

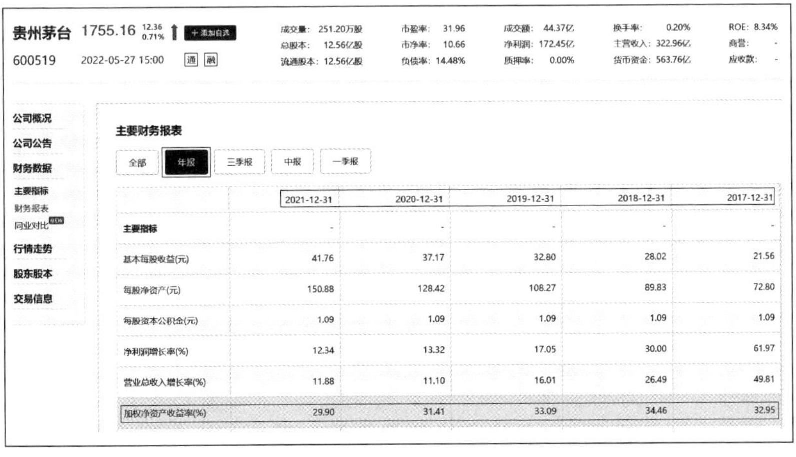

	2021-12-31	2020-12-31	2019-12-31	2018-12-31	2017-12-31
主要指标	-	-	-	-	-
基本每股收益(元)	41.76	37.17	32.80	28.02	21.56
每股净资产(元)	150.88	128.42	108.27	89.83	72.80
每股资本公积金(元)	1.09	1.09	1.09	1.09	1.09
净利润增长率(%)	12.34	13.32	17.05	30.00	61.97
营业总收入增长率(%)	11.88	11.10	16.01	26.49	49.81
加权净资产收益率(%)	29.90	31.41	33.09	34.46	32.95

图 2-21　巨潮资讯最近 5 年的股票 ROE 查询

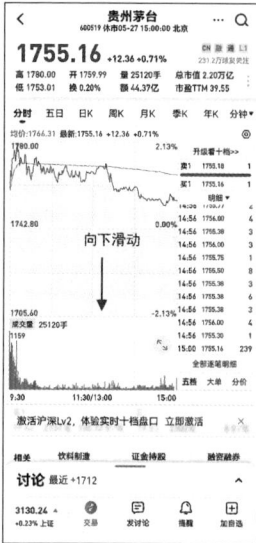

图 2-22　雪球 App
个股主页

图 2-23　雪球 App
个股财务信息页

图 2-24　雪球 App
个股 ROE 查询结果

ROE 常年持续稳定在 20% 以上的公司

巴菲特的"ROE 能常年持续稳定在 20% 以上"这个筛选条件是非常苛刻的。笔者筛选了自己核心股票池里面的 50 只股票，如果以 2011 年—2020 年这 10 年 ROE 一直大于 20% 为过滤条件，那么符合的股票清单如下：

（1）海天味业；

（2）贵州茅台；

（3）双汇发展；

（4）海康威视；

（5）伊利股份；

（6）美的集团；

（7）老凤祥；

（8）洋河股份；

（9）恒瑞医药。

一共才 9 只股票符合巴菲特的选股条件，参考这 9 家公司的业务性质、行业地位、品牌力、经营状况、2010 年来的涨幅，可以确定这 9 家公司都是非常优秀的公司。

如果在 2010 年全仓平均买入这 9 只股票，持有 10 年，收益不菲。此外，港股的腾讯控股，也符合巴菲特的条件，2010—2020 年，腾讯控股涨幅巨大。当然，投资真正的难点在于 2010 年就能预见这 9 家公司未来 10 年的 ROE 均大于 20%。

ROE 一直在 20% 以上，确实是一个非常苛刻的要求，很容易把优秀公司排除。比如五粮液，如图 2-25 所示。

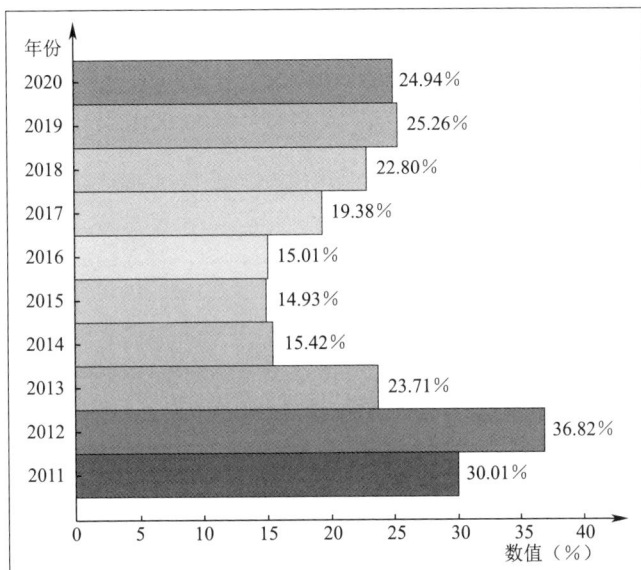

图 2-25　五粮液 2011—2020 年 ROE 指标

五粮液在经营情况欠佳的年份 ROE 也都在 15% 左右，15% 的 ROE 肯定不算低。再则，五粮液 2011—2020 年这 10 年的平均 ROE 大于 20%。五粮液上市以来给投资者带来了巨大回报，毫无疑问是一家好公司。

投资者可以根据实际情况，适当调整选股策略，把更多的好公司纳入研究范围，这方面没有标准答案，追求模糊的正确是比较合理的理念。

周期性公司 ROE 的特点

周期性行业内的公司，业绩波动幅度比较大。周期性业绩波动，一般是原材料价格波动、产品售价波动引起，就算周期性公司本身经营得很好，其业绩也会大幅波动。

比如燃油价格的波动导致航空业公司业绩波动，这是典型的原材料价格波动引起的业绩波动。而猪肉价格的波动，导致生猪养殖业公司业绩剧烈波动，这是典型的产品价格波动引起的业绩波动。

如果严格按照 ROE 持续稳定在 20% 以上标准筛选，基本上没有周期性行业内的公司能入选。事实上，周期性行业里也有好公司。一个典型的例子是万华化学集团股份有限公司（简称万华化学），如图 2-26 所示。

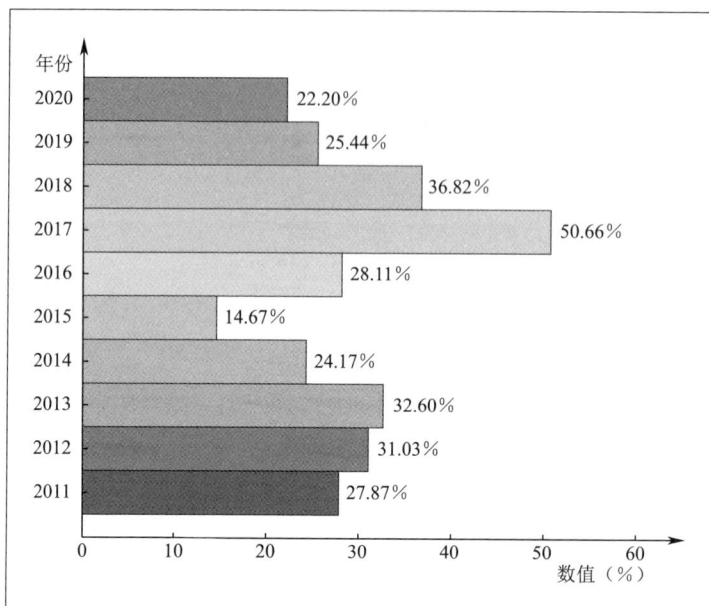

图 2-26　万华化学 2011—2020 年 ROE 指标

万华化学在从 2011—2020 年，只有 2015 年 ROE 为 14.6%，不到 20%，其余 9 年 ROE 均大于 20%。

2015 年，正好是万华化学的业绩低谷，也是业绩爆发前夜。2015 年买入万华化学，一直持有至今，收益巨大。

万华化学这个案例，为股票买入时机，提供了一种逆向买入的思路。需要注意的是，这种思路，只适用于好公司，经营情况差的公司，未必能扛过萧条期。

对于周期性行业内的公司，或许把筛选条件改为过去 10 年 ROE 平均值在 20% 以上更为合理。

当然，也有不少投资者选择不投资周期性行业，这也无可厚非，投资的世界里，没有标准答案，追求"模糊的正确"更合理。

投资有两个取向：一是深度，二是广度。对于以广度见长的投资者而言，多关注一类股票，就多一些机会，是否关注周期性行业，取决于投资者的风格，没有好坏之分。

参考 ROE 在行业里选择好公司

本小节以银行业为例。先看一下招商银行股份有限公司（简称招商银行）和中国工商银行股份有限公司（简称工商银行）在 2016—2020 年这 5 年期间 ROE 的比较，如图 2-27 所示。

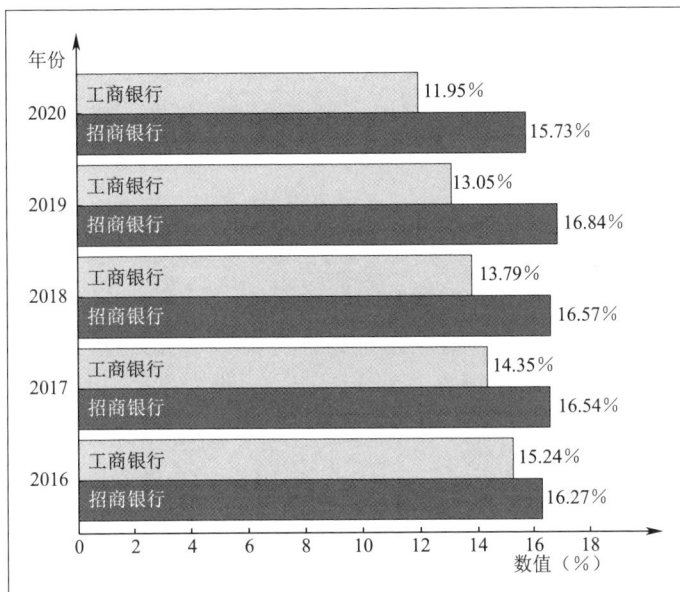

图 2-27　招商银行和工商银行 2016—2020 年 ROE 对比

股价长期来看是称重机，招商银行在 2016—2020 年之间的涨幅远大于工商银行，享受着更高的估值，从 ROE 对比图上看，招商银行的 ROE 比工商银行高不少。其实不只是银行业，其他行业一般也是 ROE 高的公司经营效率更高一些。

这就产生了一个选股思路，如果投资者对某个行业感兴趣，那么可以把行业内的公司过去 5~10 年的 ROE 全部收集，进行一个横向比较，然后选择排在前面的 1~3 只深入研究。

投资者的时间和精力是有限的，这个思路，可以直接利用数据把经营情况欠佳的公司剔除，节约大量时间和精力。

一般来说，ROE 持续多年低迷的公司，如果不是周期性很长的行业内的公司，必定是经营不善的公司，不值得投入精力研究，这类公司要改变，除非更换管理层、变更主营业务等翻天覆地的变化，否则业绩很难有根本改善。

ROE 不是包打天下的选股指标

没有任何单一指标是万能的，ROE 虽然是一个比较靠谱的选股指标，但也不是一个万能的选股指标。下面看一种极端情况。

如果公司的净资产为负，那么 ROE 的数值也就没有意义了，ROE 这个指标就失效了。公司的净资产真的可能为负吗？答案是肯定的。

截至 2022 年 5 月 27 日收盘，麦当劳这个大多数人耳熟能详的公司的每股净资产，是负值，－8.10 美元，那么以此为分母计算出来的麦当劳的 ROE 自然没有意义。

至于如何把净资产做成负的，方法很简单，大笔借钱，以分红的形式分配给投资者，如果涉及的金额大于公司的净资产，那么净资产就变成负值了。由于制度原因，这种现象在 A 股并不存在。

而麦当劳公司每年的分红是正常的，这表明麦当劳公司是持续赚钱的，那么，ROE 这个指标对于麦当劳来说失效了，也就是说，只依靠 ROE 这个指标，根本选不出来麦当劳这个好公司。所以，ROE 不是万能的选股指标。

顺着这个思路，一些资产很轻的公司，ROE 的参考价值也会打折扣，因为 ROE 计算公式的分母太小了，计算出来的 ROE 数值太高，从而也失去了参考价值。

此外，一些资产快亏完了的公司，某年忽然盈利，赚了一些小钱，但由于其净资产数值很小，导致 ROE 变得很高，这样的高 ROE 肯定没什么参考价值。

六、参考 ROE 发现股票重大历史事件

如果某公司的历年 ROE 某一年或两年出现了明显的异常，如果异常是 ROE 大幅降低，此后又恢复正常，那么这个异常的背后，往往存在一个重大历史事件。这类异常，往往和"黑天鹅"事件有关，对于公司研究具有重大价值，对于防范公司类似风险再次发生具有重大意义。

汤臣倍健 2019 年 ROE 指标

汤臣倍健 2019 年的 ROE 数值突然变成负值。本书第二章第四节，已经对汤臣倍健 2019 年 ROE 异常做了详细的分析，分析结果如下：

（1）汤臣倍健此前收购了澳大利亚 LSG 公司；

（2）2019 年 LSG 公司在澳洲市场的业绩未达预期；

（3）汤臣倍健在 2019 年对收购 LSG 公司形成的商誉进行大额计提操作，导致公司 2019 年净利润变成了负值。

这个异常意味着，管理层有通过收购做大、做强的倾向。历史表明，大部分收购，由于业务性质、企业文化等因素，是达不到预期的。因此，收购是风险较大的操作。

汤臣倍健的这次收购，导致超过 15 亿元资产灰飞烟灭，属于收购"黑天鹅"。至于收购行为到底是好是坏，没有明确的判别标准。

总之，分析汤臣倍健 2019 年 ROE 异常的过程，可以发现汤臣倍健经营历史上一次重大的事件，投资者需要思考的是：

（1）管理层是不是会再次发起其他收购？

（2）再次发起收购，会不会再次业绩不达预期，引发大额资产计提？

这两个问题，没有标准答案，不同的投资者，有不同的看法，部分对公司收购行为十分厌恶的投资者，会选择规避此类公司。

汤臣倍健的主要业务并未受大额计提的影响，在 2019 年汤臣倍健股价低迷之时逆势配置的投资者，在 2020 年取得了不错的收益。

注意：本书论述引用公司的历史经营情况、经营数据，只是出于论述需要，绝无推荐公司之意。

伊利股份 2008 年 ROE 指标

先看一下伊利股份 2006—2020 年之间 15 年的 ROE，如图 2-28 所示。

如果只看 2011—2020 年这 10 年，伊利股份的 ROE 数据无可挑剔，完美的符合本章开头巴菲特的筛选条件。如果把时间拉长到 15 年，那么伊利股份 2007—2008 年的 ROE 异常波动就非常显眼了。

原因可以参考伊利股份 2008 年年度报告的"八、董事会报告"章节，部分内容摘抄如下：

2008 年，是世界经济及中国乳业发展历程上极不平凡的一年。由金融危机引发的全球性经济危机、"三聚氰胺事件"致使消费需求下降，乳制品消费市场受到了巨大冲击。面对种种不利因素和复杂的外部环境，公司董事会带领经营班子及全体员工发奋努力，克服种种困难，使企业经受住了严峻的考验，全年完成主营业务收入 215.38 亿元，较上年增长 12.13%。

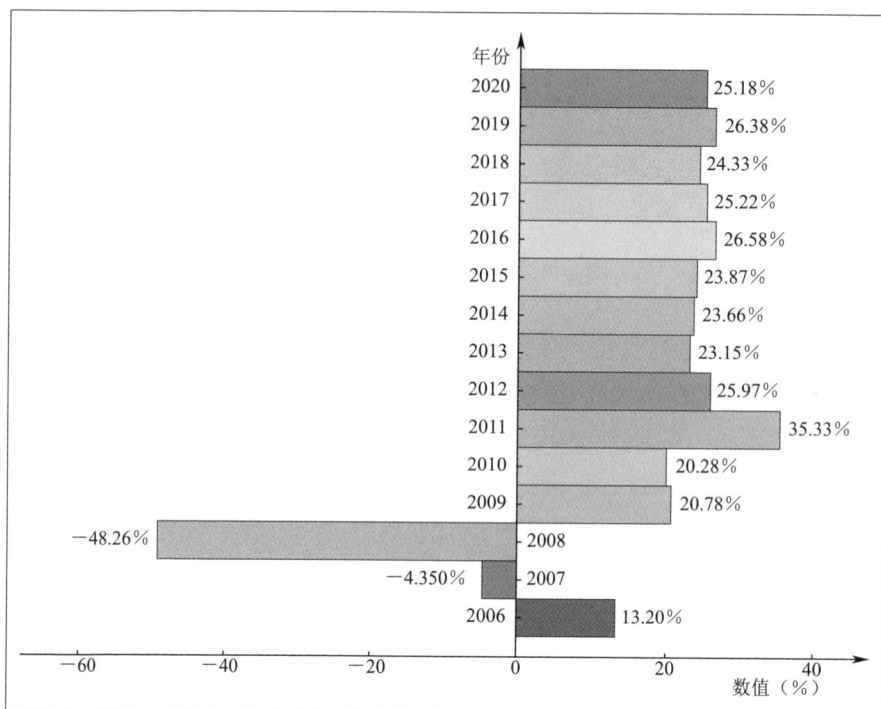

图 2-28　伊利股份 2006—2020 年 ROE 指标

从 ROE 数据来看，2008 年一年，伊利股份损失了将近一半资产。

通过对伊利股份 2007—2008 年 ROE 异常背后的原因追根溯源，可以了解食品饮料行业特有的"黑天鹅"事件。

全球范围内，食品饮料行业的安全问题层出不穷，只不过影响大小不同而已。投资者需要思考的是：

（1）所研究的食品饮料类公司如果发生过危机事件，同样的事件，还会再次发生吗？

（2）所研究的食品饮料类公司如果发生过危机事件，万一再来一次此类"黑天鹅"事件，极有可能把公司置于死地，如何防范？

食品饮料的安全，牵动着所有消费者的神经，一旦发生重大负面影响的事件，引起信任危机，后果非常严重。虽然我国的食品饮料越来越安全，但谁也不能保证不会发生类似事件。

"黑天鹅"事件无法预测，防范"黑天鹅"事件，唯一的办法是分散投资，鸡蛋不要放在一个篮子里。食品安全事件的影响，往往局限在某个细分行业，或者某个公司，不会影响所有公司。

上海机场 2020 年 ROE 指标

先看一下上海机场 2016—2020 之间 5 年的 ROE，如图 2-29 所示。

随着我国 GDP 的快速增长和国际地位的快速提升，作为我国桥头堡机场的上海虹桥机场和上海浦东机场发展迅猛。

2016—2019 年，上海机场的 ROE 稳中有升，一直是资本市场的宠儿，然而 2020 年突如其来的新冠肺炎疫情，暂时打断了上海机场发展的势头。

早在 2003 年，旅游相关产业曾遭受类似疫情的重创。为了应对这类公共卫生事件，各国都会控制人员流动，因此，受疫情直接影响最大的是机场、高速公路、旅游、酒店等行业。

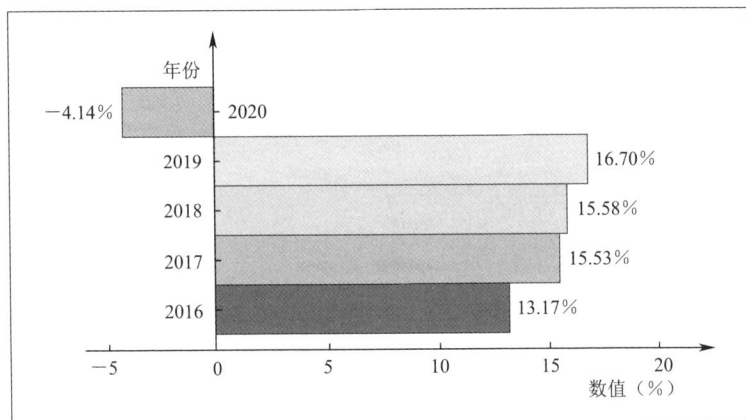

图 2-29　上海机场 2016—2020 年 ROE

再说一次，"黑天鹅"事件无法预测，防范"黑天鹅"事件，唯一的办法是分散投资，鸡蛋不要放在一个篮子里，尤其是爆发过"黑天鹅"事件的行业，而且"黑天鹅"事件属于不可抗力，需要避免重仓。旅游酒店业在 2003 年和 2020 年两次遭受公共卫生事件的重创，对投资者是一个很好的警示。

不少投资者在疫情期间趁着大跌买入上海机场，但由于低估了疫情的严重程度、持续的时间长度，还是遭受了一定的损失。避免对这类行业公司重仓，是最后一道防线。

山西汾酒 2014 年 ROE 指标

先看一看山西汾酒 2011—2020 之间 10 年的 ROE 指标，如图 2-30 所示。

山西汾酒 2014 年的 ROE 异常跌落程度没有汤臣倍健、伊利股份、上海机场变成负值那么明显。

事实上，山西汾酒 2014 年的 ROE 低于 10%，这在白酒龙头公司中很罕见。此外山西汾酒 2014、2015、2016 年连续 3 年 ROE 低于 15%。

白酒股在 2012 年之前发展得顺风顺水，尤其是龙头公司，一直是资本市场的宠儿，和医药股一起，获得了喝酒吃药的名头。

后来，白酒行业遭遇了业内危机，暂时打断白酒行业高歌猛进的进程，不少实力不强的白酒公司甚至出现了亏损，这里值得思考的还是两个问题：

（1）此类危机是不是会再次出现？

（2）如何防范危机再次发生？

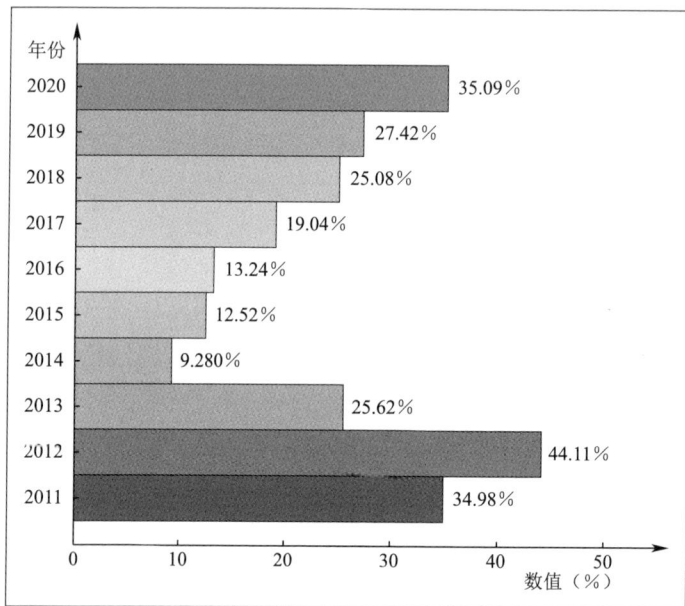

图 2-30　山西汾酒 2011—2020 年 ROE 指标

此外，危机发生的时刻非常关键，如果在行业高景气度、估值位于历史高位时刻发生危机，那么危机的影响会被放大，这种情况，就是投资者经常听说的戴维斯双杀，股票的跌幅可能远超投资者预计。

七、杜邦公式定义及运用

只有读懂杜邦公式，才算是真正读懂 ROE。本节内容，是全书的核心，如果读者对 ROE 感兴趣，务必仔细阅读深入思考这部分内容。

杜邦公式的定义

先给出杜邦公式：

> 净资产收益率（ROE）＝销售净利率 × 资产周转率 × 权益乘数

其中：

（1）销售净利率，即净利润占销售收入的百分比，销售收入即营业收入。

（2）资产周转率，即销售收入和总资产之比。

（3）权益乘数，即资产总额是股东权益总额的倍数，其实就是经营的杠杆倍数。

杜邦公式也可以这样写：

$$净资产收益率 = \frac{净利润}{销售收入} \times \frac{销售收入}{总资产} \times \frac{总资产}{净资产}$$

采用这种写法，杜邦公式和本书开头第一章第四节的 ROE 计算公式就在数学上等效了。只看杜邦公式的写法，入市不久的投资者肯定无法理解其意义，下面通俗地解释杜邦公式的含义。

理解杜邦公式

杜邦公式告诉我们，公司 ROE 由三个因子组成，分别是销售净利率、资产周转率、权益乘数。

下面做一个不严谨，但和杜邦公式本意接近，且易于理解的解释。如下三个做法，可以提升杜邦公式的三个因子，从而推高公司的 ROE。

（1）提高产品利润率；

（2）提升产品出货量；

（3）借钱做生意。

这样一来，就算没有财务基础的人也知道杜邦公式的三个因子大概起什么作用了。ROE 的因子分解，不止杜邦公式一个形式，但杜邦公式对 ROE 的分解方式是最经典的。

不少公司，三个因子中的某一个表现非常突出。杜邦公式三个因子表现突出的典型公司，可以形象地分别用下面三句口号来描述：

（1）我提价，我提价，我再提价；

（2）我薄利多销，以量取胜；

（3）我尽量多借钱，把生意规模扩大。

这样一形容，三类侧重不同的公司形象跃然纸上。三类公司的侧重点各不相同，其差异非常明显，所以杜邦公式很经典，下面分别讨论这三类典型的公司。

注意：本小节对杜邦公式三个因子的描述不是严谨的，只是为了方便读者更好地理解杜邦公式，易于理解是本书写作的核心。

以利润率见长的公司

以利润率见长的公司最典型的代表毫无疑问是贵州茅台。我们看一看贵州茅台 2016—2020 年的毛利率和净利率，如图 2-31 所示。

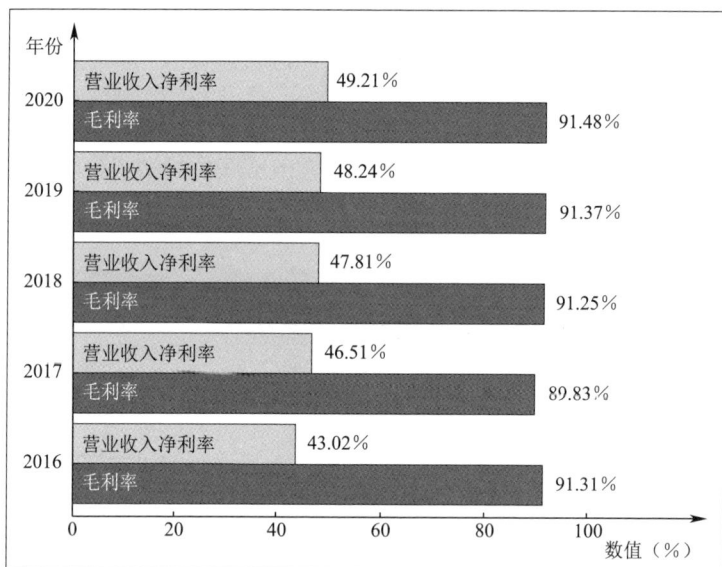

图 2-31　贵州茅台 2016—2020 年毛利率和净利率

对毛利率和净利率有一定认知的读者肯定很清楚，贵州茅台的利润率是多么让人震惊，贵州茅台是最典型的以利润率见长的公司。

杜邦公式的第二个因子——周转率，这是茅台酒的短板。一方面，茅台酒的生产流程十分苛刻，生产一瓶茅台酒要用 5 年，短时间无法提升产量；另一方面，茅台酒受生产环境所限，提升产能并不容易。所以多销这一条路，茅台走不通。

杜邦公式的第三个因子——杠杆率，对贵州茅台也没有意义。贵州茅台自身的现金储备充足，根本不需要借钱；再说，就算借了很多钱，也扩不了产能，对经营没有丝毫帮助。所以举债这一条路，和茅台无关。贵州茅台提升 ROE 的主要途径，是提价，依靠提价，贵州茅台的业绩可以逐渐提升。贵州茅台高利润率的原因如下：

（1）独家生产。茅台酒的利润率如此之高，如果其他公司也能生产茅台酒，那么资本肯定挤破头，竞争必定导致利润率下滑。茅台酒不面临激烈的直接竞争，不存在价格战，所以才能维持高毛利。茅台酒最大的竞争者是五粮液，五粮液生产的是浓香型的白酒，而茅台酒是酱香型的，两者虽然有竞争关系，但竞争关系较弱。

（2）绝对龙头。贵州茅台是白酒文化的代表，是获得最高认同度的白酒品牌，是当之无愧的白酒行业龙头，具有最强行业竞争力。

（3）不需要持续再投入。茅台酒不需要研发，只要恪守茅台酒的酿制工艺，保证酒质即可。

（4）稀缺性。茅台酒产能有限，一瓶难求。

（5）提价权。不属于生活必需品，不面临严格的价格管制，享有提价权。

以上原因，是贵州茅台成为以利润率见长的公司最典型的代表的主要原因。参考以上分析可见，贵州茅台竞争力的形成非常苛刻，无法复制，所以，这一类公司一般都是稀缺的优质投资标的。

仅有高利润率，产品销售量很小的公司，根本达不到上市条件，普通投资者无法参与投资。一个高毛利，但规模很小的生意，对普通投资者没有意义。

> **注意：**本小节图表的贵州茅台净利润率是营业收入净利率，其计算方法是净利润÷营业收入×100%，其中净利润和营业收入均是年度报表披露的数据，净利润是年度报表"归属于母公司股东的净利润"。

以周转率见长的公司

以周转率见长的公司典型代表是商业类公司，例如商超连锁、药店、电商平台。以京东为例，贵州茅台的提价策略，对于京东而言，是行不通的。京东提价太多，用户会去天猫或者其他电商平台购物，毕竟各电商平台卖的都是同样的商品。

京东自营物流服务和其他电商平台物流服务比起来确实有优势，但也只能支撑很小的毛利率差异，要提升 ROE，京东只能靠销售更多的商品来实现。

在京东购物的用户越多，京东赚得越多，跟踪电商平台类公司，用户规模一直都是需要关注的核心指标。

此类公司还有一个典型的代表就是开市客（Costco）。开市客的标志性措施是严格控制毛利率的上限，靠低毛利筑起公司的护城河，堪称经典。开市客是芒格"死了想带进棺材里的公司"，可见其商业模式之优秀。

在 A 股上市的老凤祥也是这类公司。黄金饰品本质上同质化的，老凤祥靠品牌效应，可以获得更大的销量，从而提升 ROE。老凤祥的 ROE 在2011—2020 年连续 10 年超过 20%，符合巴菲特的 ROE 筛选标准。

> **注意：** 本小节的举例，是为了让读者对三类典型公司有直观的了解。周转率指标的分母是总资产，其中可能包含一定比例对生产没有直接帮助的资产，这会导致周转率数据失真，本书第四章将专题讨论。

以杠杆率见长的公司

以杠杆率见长的公司典型代表是银行、保险公司。银行业的本质是向存款的用户借钱，然后再提高利率把钱出借给需要资金的人或者公司，赚取利差。

银行只有借更多的钱，才能赚更多的钱。如果银行拿不到足够的存款，那么其业务的根基就不存在了。所以，银行业揽储，实际是借钱的行为，保险业卖掉保单和银行揽储类似。

以杠杆率见长的公司的共同点是，借得越多，才能赚得越多，至于毛利率，金融股的财务报表根本不披露。我国存贷款的利息都是有规定的，所以这一块高度同质化。

高杠杆，常常伴随高风险，银行业除了多吸收存款扩大生意规模之外，更重要的是控制贷款的质量，减少坏账。高杠杆的行业，风控能力是公司的核心能力。

三类公司的对比分析

以利润率见长的优秀公司，属于天之骄子，这一类公司跟踪研究的重点是看高利润率能不能保持；当然，销量也是很重要的，没有销量，再高的利润率也无济于事。

以周转率见长的优秀公司，一般都是平台类巨头，这一类公司跟踪研究的重点是看卖出去的产品数量或者提供出去的服务规模是不是能保持。

以杠杆率见长的公司，高杠杆的背后是高风险，需要警惕。只要想一想，2008 年金融危机，像雷曼兄弟公司这种百年老店都轰然倒塌，这一类公司的危险性可想而知，这类公司的研究重点是风控水平，其研究难度比其他两类公司更大，建议不要重仓高杠杆类公司。

生意模式

买公司股票，本质上是买公司背后的生意。笔者在研究杜邦公式之前，一直对生意模式这个概念一知半解，自从深入研究了杜邦公式之后，才真正开始理解生意模式。

参考上一小节中对以利润率见长的、以周转率见长的、以杠杆率见长的三类公司的分析，不同的公司，赚钱的方式是截然不同的。因此，杜邦公式是理解生意模式很好的入口。

有的公司躺着赚大钱，有的公司拼命干活赚大钱，也有的公司拼命干活还赚不到钱，不同的公司，赚钱的难度，赚钱的辛苦程度差异巨大。投资者要学会买入赚大钱的公司，买入"印钞机"。

> **注意：** 并不是理解了杜邦公式就理解了生意模式，而是杜邦公式是理解生意模式的绝佳入口。

高毛利＋巨大量＋低负债的公司

几年来，笔者对部分长牛的高 ROE 股票，做了一个总结，发现他们的特点可以用 9 个字来形容：

（1）高毛利；

（2）巨大量；

（3）低负债。

这三个特征，分别对应杜邦公式的三个因子，这三个特征，简称两高一低，也就是说这些长牛股的高 ROE 是高利润率和高周转率带来的，而不是靠高负债率。

低负债，是公司长牛的关键因素，负债率太高，碰到大风大浪，很容易破产或者被收购。所以，如果要长持一家公司的股票，最好还是选择低负债的，除了银行等少数必须借钱经营的，其他行业内的公司，应尽量选择负债率低的。

由于我国股市才 30 年，历史不够长，所以本小节列举几家符合高毛利、巨大量、低负债的长牛美国公司，作为读者思考的入口：

1. 谷歌公司（代码：GOOG）

数据表明，用户在谷歌（英文 Google）的每次搜索，虽然不用直接给谷歌付钱，但却可以给谷歌公司带来几分钱的收益。谷歌的直接成本，就是服务器、电费，这些服务器，为所有的谷歌用户提供服务，是重复使用的，服务器可以使用 10 年以上，这奠定了谷歌公司高毛利的基础。

而谷歌公司搜索条的使用频次，毫无疑问属于巨大量。实际情况，谷歌的市值整体一路向上，截至 2021 年 7 月 24 日，谷歌公司的市值高达 1.78 万亿美元。可惜，个人认为在国内 A 股上市的公司，没有能和谷歌对标的。

2. 宝洁公司（代码：PG）

宝洁的主营业务是个人护理类产品，这个行业早已是寡头竞争格局，个人护理类产品的毛利率，虽然不及茅台，但也是比较高的。

个人护理类产品，例如牙膏、洗发水、化妆品等，使用的频率是每天，所以销售量肯定是巨大量。

宝洁旗下拥有众多耳熟能详的品牌，比如海飞丝、舒肤佳、欧乐 B 等，都是被高频重复使用的快消品知名品牌。

实际情况，宝洁是百年长牛股，宝洁公司是快速消费品公司的典型代表。可惜，宝洁在 A 股没有对标的龙头公司，国内的牙膏、洗发水、化妆品产品市场，被国际巨头占据了最大的份额。

3. 味好美公司（代码：MKC）

味好美是调味品龙头公司，产品销往全世界，在我国的超市里面，也有很多味好美的产品在售。

相对于昂贵的食材，调味品的成本可以忽略不计，买一瓶调味品可以用上一段时间，所以基本没人会省调味品的钱，这保证了调味品龙头公司的毛利率能稳定在较高水平；而调味品的使用频率，也是以天为单位的，肯定是巨大量。

在 A 股上市的对标味好美的公司是海天味业。海天味业上市不到 10 年，下结论说是长牛股为时过早，不过有味好美为参照，考虑我国巨大的人口数量、菜系多样化、口味多样化的背景，海天味业长牛可期。

本小节为选股提供了一个思路，就是参照发达国家长牛的公司，在国内寻找与他们类似的公司，寻找有长牛基因的公司。

注意: 高毛利＋巨大量＋低负债的公司容易出牛股,但并不一定会成为长牛股。

反之,长牛的公司,也不止高毛利＋巨大量＋低负债这一类。

八、如何判断 ROE 的持续性

投资者看到的 ROE 数据,都是来自财务报表,也就是说,都是历史数据。数据属于过去,而投资是投未来,如果某公司历史 ROE 数据靓丽,一旦经营恶化,历史数据毫无意义。

有没有办法判断公司 ROE 的持续性? 这个问题显得非常关键,直接关系投资成败。这个问题的答案大概是:

答案 1: 没有 100% 可靠的办法判断 ROE 的持续性。

答案 2: 有人基本做到了判断 ROE 的持续性。

毛估巴菲特的套路

先说答案 2——有人基本做到了判断 ROE 的持续性。

这个人,正是巴菲特,虽然巴菲特没有做到 100% 判断 ROE 持续性的成功率,但是他判断 ROE 持续性的成功率很高。

巴菲特之所以是典型,是因为他管理的伯克希尔·哈撒韦买入股票,都是以长持为主,所以,判断 ROE 的持续性,是巴菲特投资的核心。这里毛估一把巴菲特的套路:

(1)一生只研究投资一件事,拥有巨大的能力圈。只选择自己有把握判断 ROE 持续性的公司,坚守能力圈。

(2)在估值合理,最好低估的情形下买入。

(3)长期持有,不断跟踪。

(4)免费的杠杆。

注意: 别垂涎巴菲特的杠杆,老人家的杠杆是保险浮存金,成本接近于零,一般

投资者学不来。我等散户,每个月有工资这个现金流,可以源源不断地投入,

这才是我们增量资金的可靠来源。

判断 ROE 持续性的 5 个套路

再来说答案 1——没有 100% 可靠的办法判断 ROE 的持续性。

那么提高判断 ROE 持续性成功率的办法有没有呢？答案是肯定的。下面总结了 5 个套路，可以有效提升判断 ROE 持续性的成功率。

（1）选择自己熟悉的行业，熟悉的公司，这就是巴菲特说的坚守能力圈。巴菲特说的"我到处找的是 1 英尺的栏杆，而不是 7 英尺的栏杆"就是对能力圈最生动的阐释。

（2）尽量选择竞争少的行业内的公司。竞争少的公司，包括独家经营的公司，还有已经形成寡头格局的行业内的龙头公司等。价格战是利润也是 ROE 的杀手，投资者应尽量避开深陷价格战泥潭的公司。

（3）选择历史上 ROE 持续优秀的公司，这就是本章开头引用的巴菲特的观点的含义。

（4）对标发达国家资本市场长牛的标的，在国内选择与这些长牛标的相似的、经营情况良好的公司。

（5）只选择管理层诚信的公司，这个说起来容易，做起来难，尤其是对于非专业投资者，退一步，管理层出现过劣迹的公司，建议投资者不要碰。

以上都是基于"白名单"思维，也就是说找投资者自己能分析明白的行业、公司来研究和投资，可以有效提升投资的成功率。

想通吃所有行业、所有公司的思路是行不通的，仅 A 股就有超过 4 000 家上市公司，不可能跟踪得过来。而且大部分公司的专业性很强，产品一般人根本接触不到，不是外行能分析清楚的。

千万别追求 100% 的成功率，巴菲特一辈子就干投资这一件事，研究过的公司、看过的财务报表不计其数，仍然做不到 100% 的成功率，更何况非专业投资者。

九、围绕 ROE 构建交易系统

围绕 ROE 构建交易系统，具备简单、实用的特点，几个简单步骤即可。构建交易系统的步骤包括选股、买入、长期持有持续跟踪、卖出和换股。

如何选股

按照巴菲特的思路，选择"ROE 能常年持续稳定在 20% 以上的公司"，至于 ROE 的门槛放在 15% 还是 20% 或者是其他数值，这可以按个人喜好而定，门槛一般不能低于 15%，这个步骤可以用雪球网提供的筛选器实现，如图 2-32 所示。

点击图 2-32 所示的筛选器，进入雪球股票筛选器页面，设置好参数，选出 2020 年度报表 ROE>20% 的公司，如图 2-33 所示。

图 2-32 雪球网首页的股票
筛选器入口

图 2-33 雪球网的股票筛选器

筛选出 497 家公司，筛选结果如下，如图 2-34 所示。

2020 年度报表有 497 家公司 ROE 大于 20%，497 这个数字很明显是虚高的。别忘了巴菲特的"ROE 能常年持续稳定在 20% 以上的公司"之中的"持续"二字，偶然一年高 ROE 的股票，肯定是要排除的。

一般 ROE 达到三位数的股票，大部分可以直接排除，道理很简单，如此高的 ROE 肯定是不可持续的，ROE 上蹿下跳，意味着经营不稳定，建议至少看 5 年的 ROE 数据。

可以直接利用雪球网提供的 ROE 数据，做进一步筛选，以图 2-34 筛选结果 ROE 排第一的宁波东力为例。点击图 2-34 所示的"宁波东力"名字，打开宁波东力在雪球网的个股主页，选择左侧导航栏的"财务数据"下面的"主要指标"，选择右侧标签栏的"年报"标签，如图 2-35 所示。

符合条件股票 497 只

股票	当前价	当日涨跌幅	♦净资产收益率	操作
宁波东力	5.19	0.58%	238.51%	关注
*ST博信	5.87	-1.01%	231.30%	关注
金迪克	84.86	-4.82%	231.10%	关注
獐子岛	2.97	-0.67%	208.57%	关注
中红医疗	113.75	1.94%	176.19%	关注
株冶集团	9.10	1.56%	161.34%	关注
英科医疗	109.97	1.91%	129.51%	关注
东方生物	193.36	0.35%	124.35%	关注
重庆啤酒	174.00	-1.58%	107.47%	关注
奥泰生物	135.28	0.37%	107.31%	关注
*ST天润	1.45	2.84%	105.59%	关注
圣湘生物	81.38	-1.66%	98.69%	关注
田中精机	23.50	3.98%	97.66%	关注
振德医疗	36.58	-0.25%	92.01%	关注
之江生物	64.21	0.27%	91.62%	关注
飞乐音响	3.03	-0.66%	81.02%	关注
达安基因	21.39	0.99%	80.16%	关注
东瑞股份	36.79	-0.97%	76.91%	关注
牧原股份	46.85	-1.37%	74.68%	关注
*ST升达	3.62	2.84%	70.11%	关注
昆仑万维	15.76	0.45%	69.50%	关注
中颖达	16.95	3.23%	67.84%	关注
致远新能	47.08	20.01%	65.56%	关注
神农集团	38.90	-1.49%	65.37%	关注
蕾奥规划	45.09	2.15%	64.32%	关注
天微电子	93.58	0.62%	63.36%	关注

1 2 3 4 5 … 17

图 2-34　雪球网的股票筛选器筛选结果

公司概况
公司简介
公司高管
IPO文件
股权信息
股本结构
十大股东
十大流通股东
基金持股
高管增减持
股东人数
限售解禁
股票交易
成交明细
分价表
大单统计
大宗交易
龙虎榜数据
融资融券
公司公告
最新公告
年度报告
公司运作
股东大会
收入构成
重大事项
分红送配
增发一览
内部交易
IR活动记录
财务数据
业绩预告
主要指标

宁波东力(SZ002164)

上一页 下一页

全部 年报 中报 一季报 三季报

同比

财报币种：人民币(CNY)

报告期 ▾	2020年报	2019年报	2018年报	2017年报	2016年报
关键指标					
营业收入	12.38亿	10.20亿	117.61亿	128.70亿	5.15亿
营业收入同比增长	21.31%	-91.32%	-8.62%	2399.84%	2.73%
净利润	14.61亿	2186.08万	-28.01亿	1.59亿	1156.72万
净利润同比增长	6581.02%	100.78%	-1857.90%	1277.33%	3.72%
扣非净利润	8687.03万	8163.40万	-17.65亿	1.55亿	509.80万
扣非净利润同比增长	6.41%	104.62%	-1238.60%	2940.84%	2681.64%
每股指标					
每股收益	2.37元	0.03元	-4.00元	0.29元	0.03元
每股净资产	1.18元	0.86元	0.82元	4.89元	2.45元
每股资本公积金	2.03元	3.36元	3.38元	3.36元	0.98元
每股未分配利润	-1.94元	-3.56元	-3.59元	0.46元	0.36元
每股经营现金流	0.52元	0.14元	0.67元	0.01元	0.35元
盈利能力					
净资产收益率	238.62%	3.72%	-139.20%	7.91%	1.07%
净资产收益率-摊薄	233.11%	3.65%	-485.97%	4.67%	1.06%
总资产报酬率	81.56%	1.30%	-30.98%	1.76%	0.63%
人力投入回报率	67.25%	27.06%	-1862.80%	148.80%	30.21%
销售毛利率	28.79%	30.08%	2.74%	3.37%	24.36%
销售净利率	118.08%	2.18%	-23.83%	1.24%	2.17%
财务风险					

图 2-35　雪球网宁波东力 5 年 ROE 指标

由图 2-35 中可见，虽然宁波东力 2020 年度报表的 ROE 高达 238.6%，但此前 4 年的 ROE 分别为 3.72%、－139.2%、7.91%、1.07%，非常不稳定，显然不符合巴菲特的持续性要求。

如此反复甄选，得到最近 5 年 ROE 稳定在 20% 以上的公司，然后剔除一些不符合主观偏好的公司。例如，对管理层不放心的公司、负债率高的公司等，最后得到一个高 ROE 组合。股票数量一般控制在 10~30 只股票为宜，并适当控制行业的分散性。股票数量太少，防范"黑天鹅"事件的效果会变差；数量太多，一方面股票质量会下降，另一方面跟踪起来难度大。

选股是一个持续的过程，例如 2014 年海天味业上市之后，跟踪几年，就可以纳入组合了。

如何买入及持续跟踪

由于选出来的基本都是优质股，所以，只要在市场没有明显泡沫的时候等权买入这个筛选出来的组合即可，没必要追求极端的低估值。

既然千辛万苦选出了优质股，买入的出发点肯定是长期持有，在标的没有出现明显泡沫的时候，就不需要卖出。

持续跟踪非常有必要，主要目的是防止标的基本面变坏，比如丧失竞争优势，或者核心产品被新技术取代。

卖出和换股的时机

有以下两种情形可以考虑卖出股票：

（1）基本面变坏；

（2）股价出现明显的泡沫。

换股分为主动换股和被动换股两种情形。被动换股，就是以上两种情形出现后，部分股票卖出了，切换为其他股票，切换的标的，符合本节"如何选股"小节的标准。主动换股，主要考虑以下两种情形：

（1）优中选优。发现比当前组合内股票更佳的标的，把组合内的股票切换为新的标的；

（2）定期换股。我国的规定是，上市公司必须在每年 4 月 30 日之前发布上一年度财务报表，投资者可以选择在 5 月初，按照本节"如何选股"小节的标准，构建一个新的高 ROE 组合，以此替代当前组合。

主动换股，并不是必选项，也可以只考虑被动换股。围绕 ROE 构建交易系统，出发点考虑的是长期持有，切忌频繁换股。

十、本章小结

总结一下本章内容：

（1）ROE 的本质是公司资产的运营效率。

（2）ROE 持续高于 20% 的公司都是好公司，鲜有例外。

（3）尽量选择高 ROE 的行业内的龙头公司。

（4）分红和举债对公司 ROE 质量有长期影响，需要重点关注。

（5）分析公司，建议看多年的 ROE 数据，尽量排除一次性因素对 ROE 的影响。

（6）ROE 不是包打天下的选股指标，仅依靠 ROE 一个指标，选不出所有的好公司。

（7）公司某一年 ROE 的异常波动，往往能昭示公司遭遇的"黑天鹅"事件，具有重要研究价值。

（8）深入理解杜邦公式，对价值投资入门具有重要意义。

（9）没有判断 ROE 持续性 100% 可靠的办法，但可以提高判断 ROE 持续性的成功率。

（10）了解围绕 ROE 构建交易系统的原理和方法。

第三章

毛利率分析与选股

"1－毛利率＝公司赚钱的辛苦程度"，笔者曾在雪球网提出这个比喻，虽然这并不是非常严谨的说法，但却非常生动形象地反映了毛利率的本质。

杜邦公式的第一项是销售净利率，但年报里面直接披露的却是毛利率，这表明，一般来说投资者更关注的利润率指标是毛利率。

毛利率是一个非常关键的指标，不少投资者把毛利率作为筛选股票的重要参考，有的投资者会排除低毛利率的公司。鉴于毛利率的重要性，本章主要对其做专题分析。

主要涉及内容如下：

- 理解毛利率的意义。理解毛利润、净利润的差异，然后讨论毛利率的意义。

- 毛利率的稳定性分析。分析毛利率波动的原因，阐述毛利率稳定的意义。

- 高毛利的意义。讨论高毛利率的正面影响。

- 生意规模和毛利率相辅相成。高毛利率的生意具备一定的规模，对于普通投资者才有意义。

- 毛利率和净利率。比较毛利率和净利率之间的差异。

- 参考毛利率选股。以毛利率为参考，比较行业和公司，选出优秀公司。

- 不适用毛利率的场合。毛利率不是万能的，列举一些不适用毛利率的场合。

- 低毛利路线。分析一类压低毛利率获得竞争优势的特殊公司。

一、毛利率的意义

应用毛利率筛选、比较公司，首先要理解毛利率的意义，本节以万科企业股份有限公司（简称万科）2020 年度报表的合并利润表为例，逐步把毛利率的含义简化，论述毛利率的本质。

毛利润、净利润及其关系

利润是一个很宽泛的概念，年报里面直接披露的利润就包括三种，分别是营业利润、利润总额、净利润。要理解毛利率，先要理解毛利润。

为了避免空洞的讲述，本小节结合相对简单紧凑的万科 2020 年度报表中的合并利润表来论述毛利润、净利润及其之间的关系，如图 3-1 所示。

合并利润表

编制单位：万科企业股份有限公司	2020 年	单位：元	币种：人民币
项目	附注五	2020 年	2019 年
一、营业总收入	41	419,111,677,714.12	367,893,877,538.94
减：营业成本	41	296,540,687,975.27	234,550,332,806.05
税金及附加	42	27,236,909,916.23	32,905,223,898.57
销售费用	43	10,636,899,699.87	9,044,496,840.07
管理费用	44	10,288,052,823.20	11,018,405,286.60
研发费用		665,687,472.79	1,066,676,028.92
财务费用	45	5,145,102,736.17	5,735,941,711.58
其中：利息费用	45	8,757,579,925.42	9,255,269,023.67
利息收入	45	4,680,643,358.10	3,530,404,983.55
加：投资收益	46	13,511,869,972.98	4,984,126,780.28
其中：对联营企业和合营企业的投资收益	46	9,739,656,204.22	3,790,598,202.87
公允价值变动收益（损失以"( )"填列）	47	5,333,532.39	(68,518,913.61)
资产减值损失（损失以"( )"填列）	48	(1,980,813,041.07)	(1,648,756,785.74)
信用减值损失（损失以"( )"填列）	49	(224,461,716.05)	(216,850,482.95)
资产处置收益（损失以"( )"填列）		48,381,265.04	(9,665,523.59)
二、营业利润		79,958,642,103.88	76,613,136,041.54
加：营业外收入	50	999,497,308.64	714,732,128.72
减：营业外支出	51	1,282,386,489.13	788,578,652.67
三、利润总额		79,675,752,923.39	76,539,289,517.59
减：所得税费用	52	20,377,636,478.86	21,407,674,945.50
四、净利润		59,298,116,444.53	55,131,614,572.09
（一）按经营持续性分类：			
1. 持续经营净利润		59,298,116,444.53	55,131,614,572.09
（二）按所有权归属分类：			
归属于母公司股东的净利润		41,515,544,941.31	38,872,086,881.32
少数股东损益		17,782,571,503.22	16,259,527,690.77

图 3-1 万科 2020 年合并利润表

毛利润的计算方法如下：

$$毛利润＝营业收入 － 营业成本 － 税金及附加$$

也有人这么算：

$$毛利润＝营业收入－营业成本$$

营业成本、税金及附加，分别位于图 3-1 中表格的第三行和第四行。毛利润的计算方法其实是有争议的，例如万科 2020 年度报表的毛利率计算采用的是第一种算法，而贵州茅台 2020 年度报表的毛利率计算采用的是第二种算法。

营业收入可以理解为公司年度的货币收入，这个相对简单，要理解毛利润，主要是要理解营业成本。为了降低理解的门槛，这里以制造产品的业务为例，并做适当简化。对于制造产品的业务，营业成本主要包括：

（1）原材料；

（2）生产人员的薪酬。

一句话概括，营业成本是制造产品的直接成本。直接成本，就是生产环节必不可少的成本，比如生产产品用到的原材料，没有原材料没法生产。生产要靠人去生产，所以生产人员的薪酬也是直接成本。

做个比喻，巧妇难为无米之炊，要烧饭，必须要有米；此外，饭要巧妇去烧。所以，对于烧饭这项业务，营业成本主要包括米和巧妇，这样一解释，什么是毛利润，相信读者已经大致理解。

注意：本小节对毛利润的计算过程做了简化，有意规避严谨定义带来的复杂性，适度简化对理解毛利润非常有帮助。希望了解毛利润精确定义的读者，可以查阅相关教材。

对比是增进理解深度最有效的方法，为了进一步说清楚毛利润，下面论述一下什么是净利润，并和毛利润做对比。净利润是财务报表的披露科目，图 3-1 中表格的倒数第六行披露了万科 2020 年的净利润。净利润扣除"少数股东损益"之后得到的"归属于母公司股东的净利润"才是上市公司股东享有的净利润。万科 2020 年的"归属于母公司股东的净利润"位于图 3-1 中表格的倒数第二行。

有了图 3-1，理解起来就容易了，只要把该图中表格第二行的营业总收入，按照表格里面"加"、"减"的提示，从第三行开始一路加减下去，一直到表格倒数第七行，最后得到的数值，就是净利润，位于倒数第六行。

从图 3-1 的这份万科 2020 年度报表的合并利润表来看，净利润和毛利润的差别是，表格第四行至倒数第七行之间的所有会计科目，即净利润是毛利润的一部分。

下面给出关于毛利润和净利润的一个简化的关系，方便读者理解：

$$净利润 ＝ 毛利润 － 费用 － 税 － 非经常性损益$$

费用，一说"三费"，即销售费用、财务费用、管理费用，现在的财务报表里面，还会披露研发费用。税，就是合并利润表里面的所得税，税务系统对同一行业的课税是固定的。费用、税，对公司而言是相对固定的成本。非经常性损益，这个部分涉及科目众多，有很大的不确定性。

为了说清楚毛利润和净利润的关系，举一个例子。比如某公司的业务是生产铁锅，某年该公司的经营情况如下：

（1）营业收入：500 万元；

（2）生产铁锅的材料费，包括生铁、加热生铁的燃料煤炭：100 万元；

（3）生产铁锅人员的薪酬：100 万元；

（4）在门户网站购买广告位宣传铁锅产品：20 万元；

（5）所得税：125 万元；

（6）当年获得政府补贴：10 万元；

（7）当年公司炒股亏损：5 万元。

公司的毛利润计算过程如下：

$$毛利润 ＝ 500 － 100 － 100 ＝ 300（万元）$$

公司净利润计算过程如下：

$$净利润 ＝ 300 － 20 － 125 ＋ 10 － 5 ＝ 160（万元）$$

其中，（2）和（3）属于营业成本；（4）属于费用，销售费用；（5）是所得税；（6）和（7）属于非经常性损益。

写到这里，相信读者对于毛利润和净利润已经有了比较直观地了解，有了这个基础，就可以开始讲述毛利率了。

注意： 实际情况，净利润相对于毛利润的扣减，比本小节列举的项目复杂得多，这里以方便读者理解为导向，只列举了部分典型的科目。

财务报表里的毛利率

一般来说，投资者最关注的是净利润，因为净利润是股票最重要的估值指标市盈率的分母。正是由于净利润的重要性，财务调节的核心自然是围绕净利润的。

净利润率的计算方法如下：

$$净利率＝净利润 \div 营业收入$$

利润率相关指标，财务报表里面通常披露的却是毛利率，投资者关注毛利率胜过净利率。毛利率比净利率更稳定，因为毛利率不受非经常性损益等非常规因素的影响。正是这个原因，使毛利率的干扰因素更少，更能反映公司的盈利能力，这就是毛利率比净利率更受关注的原因。

下面举一个实际例子，说明毛利率比净利率更具稳定性。我们先看一下汤臣倍健 2016—2020 年之间的 5 年净利润，如图 3-2 所示。

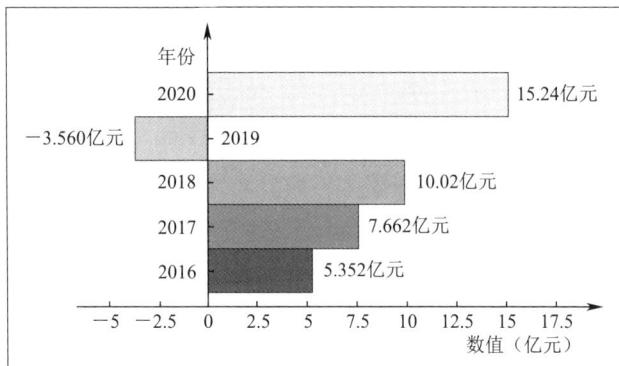

图 3-2　汤臣倍健 2016—2020 年净利润

参考第二章第四节的分析，由于非经常性损益的影响，汤臣倍健 2019 年净利润是负值，净利润率数值也是负值，这样，汤臣倍健 2019 年的净利润率就失去了意义。再看一下汤臣倍健 2016—2020 年之间的 5 年毛利率，如图 3-3 所示。

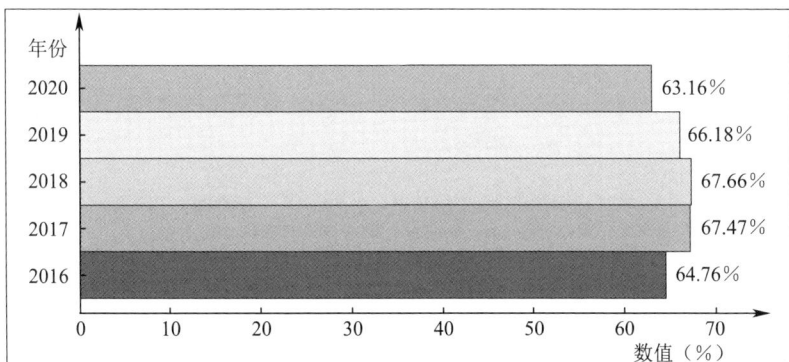

图 3-3　汤臣倍健 2016—2020 年毛利率

对比图 3-2 和图 3-3，参考本书第二章第四节的分析可见"资产减值损失"不会影响毛利率。通过这两张图，想必读者已经非常理解毛利率的意义了。跟踪毛利率，本质上是跟踪公司的盈利能力。

毛利率明显下滑，是投资者非常关注的事情，一般来说，财务报表里面会对毛利率的显著变化做出说明。

注意： 本小节引用的汤臣倍健的毛利率数据，在其年度报表没有披露综合毛利率的年份，使用的是主营业务毛利率数据。

毛利率数据的可靠来源

毛利率是非金融类公司年度报表一般会披露的科目，通常在"经营情况讨论与分析"的"主营业务分行业、分产品、分地区情况"表格中披露，以海天味业 2020 年度报表为例，如图 3-4 所示。

(1). 主营业务分行业、分产品、分地区情况

单位:元　币种:人民币

主营业务分行业情况

分行业	营业收入	营业成本	毛利率(%)	营业收入比上年增减(%)	营业成本比上年增减(%)	毛利率比上年增减(%)
食品制造业	21,630,860,568.58	12,217,871,367.79	43.52	15.29	23.40	减少 3.71 个百分点

主营业务分产品情况

分产品	营业收入	营业成本	毛利率(%)	营业收入比上年增减(%)	营业成本比上年增减(%)	毛利率比上年增减(%)
酱油	13,043,396,033.15	6,863,724,532.39	47.38	12.17	18.94	减少 3.00 个百分点
调味酱	2,524,151,981.16	1,408,593,828.13	44.20	10.16	17.21	减少 3.36 个百分点
蚝油	4,112,934,207.41	2,658,576,139.02	35.36	17.86	22.79	减少 2.60 个百分点

主营业务分地区情况

分地区	营业收入	营业成本	毛利率(%)	营业收入比上年增减(%)	营业成本比上年增减(%)	毛利率比上年增减(%)
东部区域	4,483,055,272.96	2,501,221,657.13	44.21	14.68	19.66	减少 2.32 个百分点
南部区域	4,123,886,956.90	2,277,187,231.31	44.78	3.67	7.49	减少 1.96 个百分点
中部区域	4,655,474,647.36	2,618,839,686.14	43.75	24.37	34.89	减少 4.38 个百分点
北部区域	5,676,312,535.22	3,218,986,208.18	43.29	13.49	21.51	减少 3.74 个百分点
西部区域	2,692,131,156.14	1,601,636,585.03	40.51	26.39	45.43	减少 7.79 个百分点

主营业务分行业、分产品、分地区情况的说明

(1) 分行业：

报告期内，公司食品制造业实现营业收入 216.31 亿元，同比增长 15.29%，毛利率同比下降 3.71 个百分点，主要是根据新收入准则，将运费调整至营业成本、促销费冲减营业收入所致。

图 3-4　海天味业 2020 年度报表毛利率

毛利率是投资者重点关注的指标，所以财务报表一般会披露分行业、分产品和分地区的毛利率。此外，财务报表一般会对毛利率的显著变化原因作

出说明。比如图 3-4 中海天味业 2020 年度报表里面，就对毛利率下降 3.71%的原因做了特别说明："毛利率同比下降 3.71 个百分点，主要是根据《企业会计准则第 14 号——收入》（财会〔2017〕22 号）（以下简称新收入准则），将运费调整至营业成本、促销费冲减营业收入所致。"看到这里，海天味业的毛利率下滑不是公司竞争力下滑所致，投资者就可以放心了。

此外，巨潮资讯、雪球网等网站也有历年毛利率数据供投资者查阅，查询方法和 ROE 类似，请参考本书第二章第五节，这里不再赘述。

注意：有些公司不披露整体毛利率，一般看公司营业收入最大的业务的毛利率或者净利润最大的业务的毛利率，也就是通常所说的主营业务毛利率。

选择毛利率高的公司

从杜邦公式看，毛利率和杜邦公式的第一个因子有关，毛利越高，销售净利率越高，ROE 就越高，两者正相关。

从概念上看，毛利率反映的是公司的获利能力，同行业的两个公司，通常毛利率高的更优秀一些。获利能力，是公司的核心竞争力的体现。一个上市公司，如果其毛利率持续维持在高水准，就值得关注和深入研究。

毛利率高更好只是一般情况。例如，银行业不披露毛利率，所以一般不拿毛利率去分析银行类公司。

此外，也有以低毛利构筑护城河的好公司，这个特殊现象，将在本书后面的章节专题讨论。

一些好公司的毛利率

下面列举一些符合巴菲特"ROE 能常年持续稳定在 20% 以上的公司"标准的公司的历年毛利率。

1. 贵州茅台

贵州茅台 2011—2020 年这 10 年的毛利率基本都超过 90%，而且非常稳定，如图 3-5 所示。

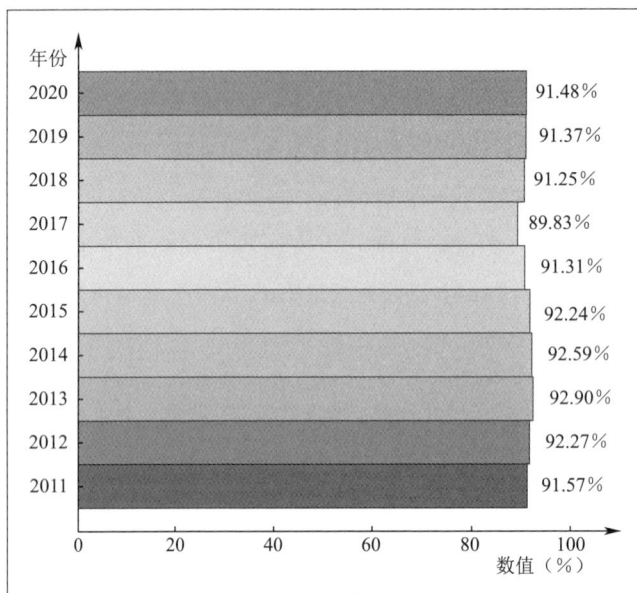

图 3-5　贵州茅台 2011—2020 年毛利率

2. 海天味业

海天味业 2014 年上市，2014—2020 年这 7 年的毛利率都超过 40%，非常稳定，如图 3-6 所示。

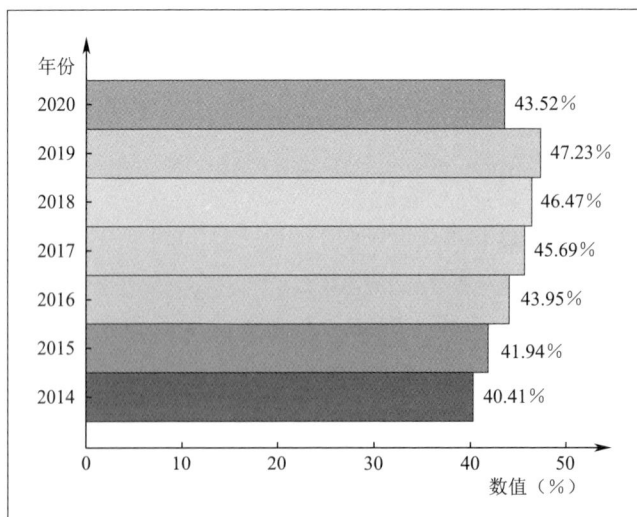

图 3-6　海天味业 2014—2020 年毛利率

海天味业主营的产品是调味品，终端售价比茅台酒低，所以毛利率比贵州茅台低。特别值得注意的是海天味业上市后的 6 年里，毛利率从 40.41%

上升到 47.23%，这表明海天味业上市之后的获利能力得到了提升。一个行业的龙头公司毛利率稳中有升，意味着公司的龙头地位得到了巩固，具有非常重要的意义。

海天味业 2020 年毛利率下滑的原因，是"根据新收入准则，将运费调整至营业成本、促销费冲减营业收入"所致。

3. 恒瑞医药

恒瑞医药 2011—2020 年这 10 年的毛利率都超过 80%，而且非常稳定，如图 3-7 所示。

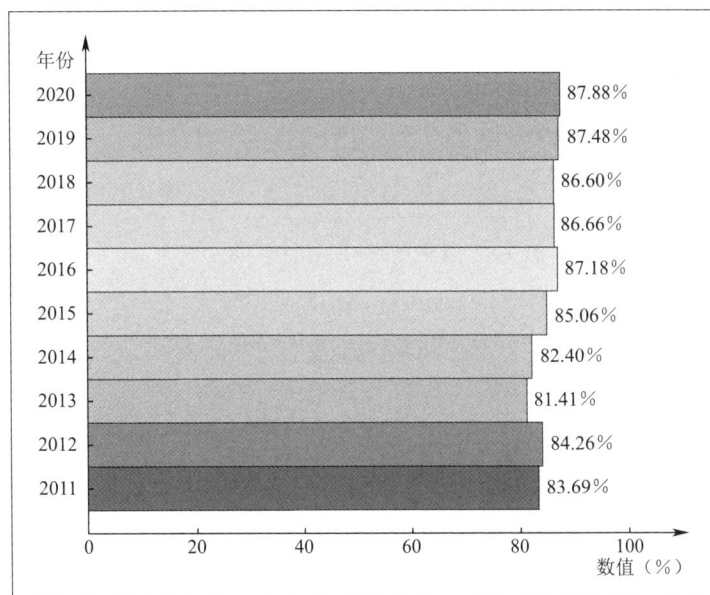

图 3-7　恒瑞医药 2011—2020 年毛利率

恒瑞医药的主营业务是现代医药制造，其直接成本不高，所以毛利率可以维持在很高的水准。

4. 老凤祥

老凤祥股份有限公司（简称老凤祥）2011—2020 年这 10 年的毛利率没有任何一年超过 10%，这是商业连锁类公司的典型特征。老凤祥是以量取胜的公司，如图 3-8 所示。

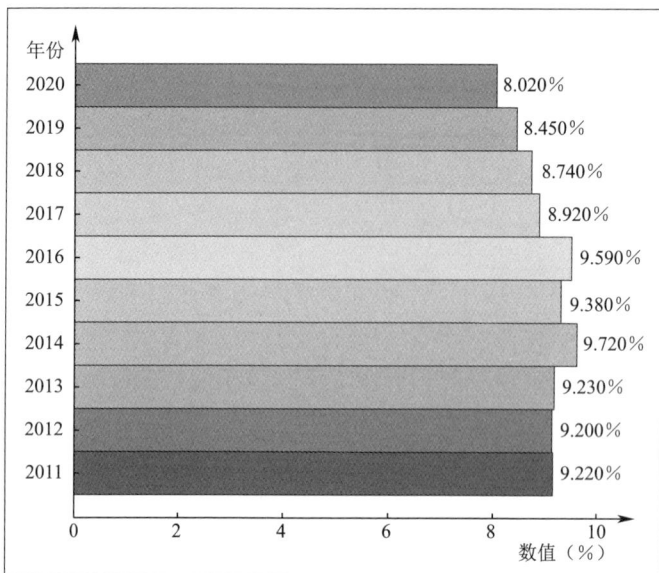

图 3-8 老凤祥 2011—2020 年毛利率

二、毛利率的稳定性分析

毛利率代表公司的获利能力，稳定的毛利率表明公司获利能力得到了保持，是判断公司前景展望稳定的重要依据。毛利率是否稳定关系公司股票是否值得长期持有，因此毛利率是一个需要投资者持续关注的指标。

毛利率波动的原因

为了通俗地讨论毛利率变化的原因，我们看一下另外一种毛利率的计算方法：

> 毛利率＝（售价 － 直接成本）÷ 售价＝1 － 直接成本 ÷ 售价

通过这个公式，毛利率波动的原因就很容易看清楚了：

（1）产品售价波动；

（2）产品直接成本波动。

本小节专注于讨论非周期性行业公司的毛利率波动原因，周期性行业放到后面的小节专题讨论。换个说法，本小节专注于讨论由于公司本身竞争力变化导致的毛利率波动。下面分别对这两个方面进行探讨。

1. 产品售价波动

产品售价的波动有两个方向，提价和降价。一般来说，公司的产品能不断提价，表明公司的竞争力增强或得到保持。

产品能提价的公司，以贵州茅台为代表的白酒龙头最为典型，白酒龙头隔几年会提价的事实，基本上所有投资者都知道。

另外还有一类能提价的公司，比如肯德基、麦当劳。由于每次提价幅度小，肯德基价格上涨的事实，大部分人很可能留意不到。此外，"80后"由于收入水平的增速远超肯德基提价的速度，不少人可能感觉肯德基比以前便宜了。事实上肯德基确实是在不断提价的，只要看一下10年前、20年前肯德基经典汉堡的价格和现在价格的对比，就很清晰了。

还有宝洁公司旗下海飞丝洗发水的价格，实际上也是不断上涨的，只不过洗发水本身单价低，而且买一瓶能用上一段时间，所以一般人不会太留意。

公司的产品能不断提价，这其实就是护城河的体现。一个公司的产品能提价，表明公司在终端用户面前，相对强势一些，拥有定价权。需要注意的是，公司拥有定价权，并不是说公司可以漫天涨价，价格涨过头，就会对销量产生巨大的负面影响，从而损害公司的利益，就算是茅台酒，也是隔几年才会提价一次。

产品价格不断下降，往往表明公司正面临激烈的竞争。例如前面章节提到过的光伏逆变器价格从2010年开始到2020年，价格跌了一大半，这主要是同质化竞争所致。一般不会有公司愿意主动降低产品售价的，降价意味着放弃利润。

同质化竞争的公司，有面向普通用户的（to C），也有面向企业用户的（to B）。比如航空公司，其提供的航空运输服务面向普通用户，但服务体验差异较小，只能靠低价格吸引乘客。比如不同的打车软件，本身不负责车辆的运营，所以其服务大同小异。而光伏逆变器，就是典型的面向企业用户的产品，物理规律对于所有厂商都是一样的，不同品牌的逆变器效率差距并不明显，很难做出差异，所以才导致惨烈的价格战。

2. 产品生产成本波动

直接成本波动包括原材料价格波动和直接生产人员薪酬波动。原材料价格波动最常见的原因是周期性的影响，周期性行业后面会专题讨论。除周期性影响之外，原材料价格波动主要受议价权的影响。如果采购方强势，那么一定程度上可以压制原材料价格；如果供应方强势，那么供应方一定程度上可以提高原材料价格。

以小米手机为例，由于小米手机的出货量巨大，所以在大部分部件上，小米科技有限公司（简称小米）都有很强的议价能力，但小米在芯片上的议价能力会低一些。芯片业属于寡头垄断行业，虽然采购芯片的时候，小米能得到比一般厂商更低的价格，却并不强势，尤其是在高端芯片领域，只有苹果公司的芯片性能和高通公司媲美，但苹果公司不对外出售芯片，所以高通公司很强势。我们从国内各手机厂商抢骁龙芯片的首发，以及骁龙芯片的成本在小米高端手机成本的占比，可以一窥端倪。

在一个局势稳定的地区，人员薪酬这一块成本一直都是上涨的，这是不可避免的。如果公司不能通过提价消化人力资源成本的提高，或者通过提高自动化水平减轻对人的依赖，那么公司的毛利率会越来越低。

由以上分析可见，对于非周期性公司，其毛利率的变化需要重点关注，尤其是毛利率下降的情况，需要理清楚其背后的原因。

注意：公司拥有定价权，并不意味着产品价格可以无限制的上涨，就算没有竞争对手，产品的销量也是和定价成反比的，这意味着，存在一个理论上的最佳定价，能够使得产品的整体利润达到最大。公司能把产品价格保持在最佳定价附近，这才是定价权的体现。

周期性导致的毛利率波动

之所以把周期性导致的毛利率波动单独拿出来讨论，是因为这类毛利率波动并不是公司本身原因主导的，主要是公司外部环境的变化所致。

周期性原因导致的毛利率波动，虽然不是公司本身经营主导的，却不能认为不重要，其实这非常考验公司经营的稳健性，实力弱的公司很可能被一轮萧条周期洗出局。下面对产品售价周期性波动、产品直接成本周期性波动两种导致毛利率波动的因素分别讨论。

1. 产品售价周期性波动

最典型的就是猪肉价格的周期波动，这离生活很近，大部分人都能直接体会到，生猪生产企业的毛利率也因此而剧烈波动。

猪肉价格波动的主要原因是生产和需求的不平衡，一旦某种因素导致猪肉供不应求，猪肉价格就会快速上涨，养殖业内的公司会加大养殖力度，随着供给增加，猪肉价格又会回归正常区域，然后往往会跌过头。

猪养殖到具备出栏条件，必须尽快卖出去，否则每天要消耗大量的饲料，养殖企业或者养殖户根本耗不起。因此猪肉一旦供大于求,其价格的跌幅往往让人吃惊。下面看一下温氏股份 2015—2020 年毛利率,如图 3-9 所示。

把图 3-9 和上一节中列举的一些好公司的毛利率比较一下可见,温氏股份毛利率的波动幅度比贵州茅台、海天味业等公司大得多。

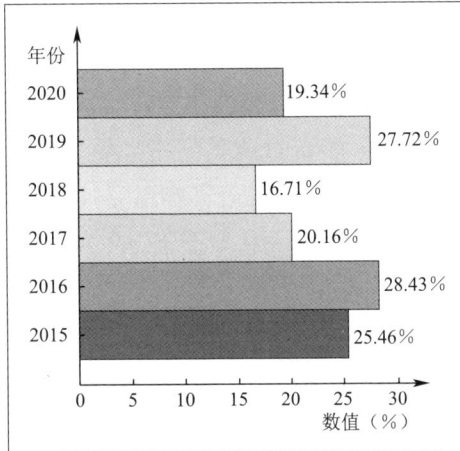

图 3-9　温氏股份 2015—2020 年毛利率

有色金属行业的毛利率波动,也是产品价格波动导致的。铜生产龙头公司江西铜业股份有限公司(简称江西铜业)很典型,看一下江西铜业 2006—2020 年毛利率,如图 3-10 所示。

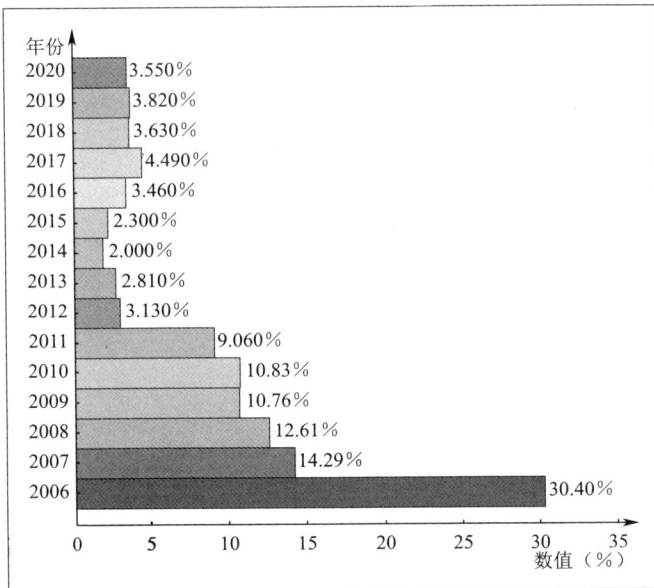

图 3-10　江西铜业 2006—2020 年毛利率

经历过 2005—2008 年 6124 大牛市的人对有色金属的行情肯定记忆犹新，有色金属行业在那一轮行情中是大牛股集中营。

那个时代正是我国经济增速的高峰，社会发展对有色金属的需求量大增，催生了这一波有色金属的大牛市。

随着经济增速的回落，社会发展对有色金属的需求大幅回落，这导致江西铜业的毛利率从 2006 年的超过 30% 下降到 2020 年的 3.55%。

另外还有一点非常值得注意的事实，江西铜业毛利率的低迷期持续的时间很长，已经超过了 10 年。投资这一类公司，最好了解一下公司产品的大致波动周期，做到心里有数，没有任何资金愿意被套牢 10 年以上的。其他矿业类公司，都和江西铜业类似，毛利率随着国际大宗商品价格波动而波动。

汽油价格的波动，车主都很清楚。油气开采类公司的毛利率，也是跟随产品售价的波动而波动不休的。

2. 产品直接成本周期性波动

油气开采类公司的毛利率波动是因为油价波动，对此类公司而言，是产品售价波动引起毛利率波动。

而以汽油作为原材料的公司，毛利率一样会因为油价的波动而波动，只不过对这类公司而言，是产品直接成本波动引起的毛利率波动。

最典型的就是航空业，油价最高的时候，就是航空公司毛利率最低的时候。航空公司的毛利率和油气开采类公司的毛利率，此消彼长，有明显的跷跷板效应。

以此类推，以铜为原料的公司的毛利率和江西铜业的毛利率、生猪生产企业的毛利率和以猪肉为原料的餐饮企业的毛利率，也有类似的跷跷板效应。

注意：江西铜业有几年的年度报表没有披露综合毛利率，所以以江西铜业最大的单项业务的毛利率替代，这并不影响本小节观点的阐述。

毛利率稳定的公司更值得投资

投资者对毛利率波动的原因有了很清晰的认知之后，下面探讨公司毛利率如何才能保持稳定。参考前面两小节的讨论，要保持毛利率稳定，主要靠两种手段：

（1）控制产品价格；

（2）控制生产成本。

那么，到底是控制产品价格容易，还是控制生产成本容易呢？其实都不容易。所以，有那么多上市公司，真正称得上好公司的，却只占很少的比例。下面讨论几种毛利率保持稳定的典型案例。

1. 生产成本和产品价格都可控

五粮液是一个产品价格、生产成本两头都控制得很好的例子，下面阐述为什么五粮液两头都能控制好，从而使毛利率稳定保持在极高的水准。

先看五粮液的生产成本。五粮液是采用特殊工艺，用小麦、大米、糯米、高粱、玉米 5 种粮食作为酿酒原料酿造出来的优质白酒。看一下五粮液生产的直接成本：

（1）生产原材料，小麦、大米、糯米、高粱、玉米 5 种粮食；

（2）生产五粮液酒的工人薪酬。

小麦、大米、糯米、高粱、玉米 5 种粮食，在如今欣欣向荣的时代，成本可控性非常好，就算是最优质的小麦、大米、糯米、高粱、玉米，其价格也不算昂贵；再则，这五种粮食，都不是稀有物种，可以自家种植，成本完全可控。

而工人的薪酬，这一块也是非常稳定的。虽然在局势稳定的时期，工人薪酬总是稳步提升的，但对于五粮液这样的白酒龙头公司来说，这一块成本是稳定的。

再看五粮液的产品价格。由于五粮液是国内品牌力仅次于贵州茅台的白酒龙头，而且五粮液生产的是浓香型白酒，口味和贵州茅台的酱香型有别，所以，五粮液也和贵州茅台一样，享有提价权。五粮液也是拥有宽阔护城河的好公司。

最后看五粮液酒的售价和五粮液酒的生产成本的比较。相对于当前五粮液酒千元级别的售价，其直接生产成本基本上可以忽略不计。所以，五粮液的毛利率一直维持在高位，十分稳定。可以看一下五粮液 2011—2020 年毛利率，如图 3-11 所示。

参考以上的分析，跟踪五粮液，主要就是看喝五粮液的人是不是能保持稳定。其实可以说不用太操心五粮液的毛利率，套用巴菲特的口吻，五粮液真是长在了好地方。

随着我国经济的持续增长，人民正在变得越来越富裕，消费升级的趋势非常明显，开车的人越来越倾向于开好车，喝酒的人也越来越倾向于喝好酒，参考美国股市相关标的的历史表现，五粮液长牛可期。

2011—2020 年这 10 年五粮液的毛利率变化趋势是稳中有升，这主要得益于五粮液酒价格的提升速度超过了其直接生产成本的提升速度。

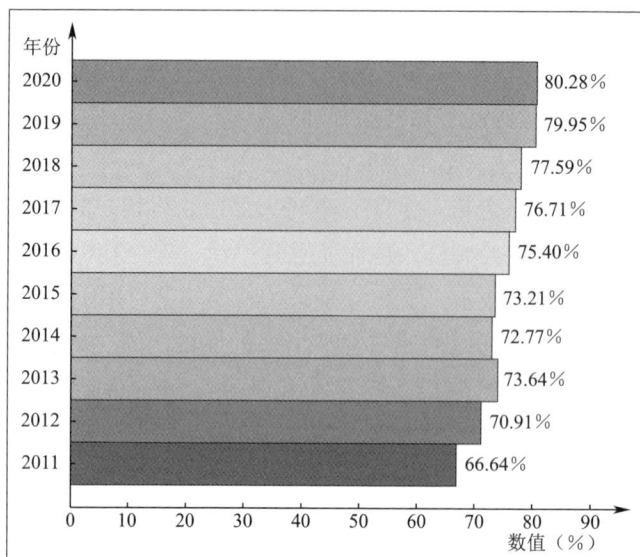

图 3-11　五粮液 2011—2020 年毛利率

2. 控制生产成本

不是所有公司都拥有五粮液这样独特的资源，大部分公司产品都是不享有茅台、五粮液那样的提价权的，所以，为了让毛利率保持稳定，需要严格控制生产成本。生产成本，主要是原材料成本和直接生产工人薪酬两个部分，有很多种措施可以控制生产成本。

原材料需要通过采购得到，要在采购端获得话语权，控制采购成本，采购的规模非常关键。根据生活经验，比如我们在电商购物，买得越多，得到的折扣越大，公司采购的时候，也是一样的，采购得越多，议价能力越强，采购单价越低。

上述现象，简称规模效应。杜邦公式的前两项因子分别和利润率、生意规模相关，生意规模越大，可以推升ROE。生意规模大，有利于控制生产原材料的采购价格，从而提高毛利率，进一步推升ROE，这是一个相互促进的过程，俗称强者恒强。

行业的龙头公司，一般都拥有最大的生意规模，并以此获得更多的利润；有了更多的利润，就可以做到更严格的质量控制，用更多的钱进行广告宣传，提升和巩固品牌形象；品牌力的提升，有利于稳定产品价格，稳住毛利率。这是另外一个视角的规模和利润率相互促进的过程。所以，从各行业的龙头公司选择投资标的，是一个不错的思路。

生产工人的薪酬，也就是人力成本，一般来说，通过直接压低工人工资来控制生产成本是行不通的。公司的工人待遇下滑，一般可以视为公司走向穷途末路。

但人力成本并非不可控，控制人力成本常见的方法是提高生产自动化水平，减少生产线上工人的数量。随着我国经济的增长，人力成本肯定是不断提高的，大部分公司减少对人力的依赖势在必行。

控制人力使用量，很大程度上是迅速增长的人力成本倒逼公司的。21世纪初，由于移动互联网的快速普及，很多岗位逐渐消失了。例如，传统的"消费者—服务员"模式，逐渐被"消费者—移动App""消费者—微信小程序"等模式取代了。

总而言之，在同质化竞争的行业里，控制成本是保持毛利率稳定至关重要的手段，控制成本不力的公司终将被淘汰。

3. 控制产品价格

一般来说，控制生产成本更多的有被动的意味，而且，控制生产成本总有个极限，生产成本不可能无限制压缩。

大部分好公司，都拥有一定程度的定价权，通过掌控产品价格来维持毛利率的稳定性，公司的护城河，很大程度上是通过定价权来体现的。定价权通常由以下几个方面获得：

（1）垄断经营。这个很好理解，比如地域垄断，某个地区只有一个港口，水运货物只能由该港口装卸，如果不面临管制，那么垄断经营公司的产品或者服务，公司享有定价权。

（2）专利权。比如创新药，厂商拥有专利，独家生产，在专利到期之前，享有定价权。一般来说，专利权对应的是公司的创新、研发能力。

（3）品牌效应。强大的品牌，能带来溢价。比如可口可乐是一种碳酸饮料，其他厂商也可以生产碳酸饮料，但即使其他厂商把自家碳酸饮料的价格定为可口可乐的一半，也无法动摇可口可乐的统治地位。强大的品牌，包括贵州茅台、五粮液、美的、华为、小米、苹果等，和一般品牌相比，可以享受一定的品牌溢价。一般而言，消费者总是倾向于购买知名品牌的商品，这也为投资选股提供了一个思路，从各类品牌榜选择公司深入研究。

（4）产品差异化定位。一般来说，某商品或者服务拥有独特的定位，而且这种定位能被大量用户接受，那么该公司的产品或者服务能拥有溢价。比如王老吉是一种消暑解渴的饮料，王老吉崭露头角之前，该品类有可口可乐这样的巨头，但王老吉以"怕上火，喝王老吉"这个定位迅速杀出重围，成为消暑解渴饮料的中坚。

王老吉的细分品类是凉茶，概念和夏天有关。此外，我国有吃火锅的习惯，而王老吉和火锅确实是绝配。这样，虽然王老吉是后来者，而且定价高于可口可乐，却依然卖得很火。

产品差异化，很多情况下是公司营销能力的体现，在一个被拥有超级品牌的巨头瓜分的成熟行业，不通过独特的定位，很难杀出重围。

除了制造业，商业领域也有类似的现象。例如社区 24 小时营业的小超市由于离居住点近，且 24 小时营业，商品的售价可以比大超市高一点点。

总结一下，毛利率是公司获利能力的体现，一般情况下，投资者应选择毛利率稳定的公司。如果一个公司的毛利率逐年下滑，那么公司未来的业绩就很难估计，会给投资带来很大的不确定性。

三、高毛利的双重意义

毛利率高，能让生意变"轻"，能够销售更少的商品、投入更少的资本，赚同样的钱。本节用更直观的例子，阐述毛利率高的双重意义。

毛利率高低的第一重意义

假设有 A 和 B 两种产品，单价都是 1,000 元，A 产品的毛利率是 90%，B 产品的毛利率是 10%。

那么生产 A 产品的公司赚 900 元毛利润，只需要卖出 1 件产品。而 B 公司要赚取 900 元毛利润，要卖出 9 件产品。

"1－毛利率＝公司赚钱的辛苦程度"这个比喻是不是很形象生动？

毛利率高低的第二重意义

沿用上一小节的假设，假设 A 和 B 两种产品周转率相同，那么 A 公司获得 900 元毛利润，需要 1,000 元资本金。B 公司获得 900 元毛利润，需要 9,000 元资本金，B 产品获得和 A 产品相同的毛利润，需要 9 倍的资本金。

这么一比，在周转率相同的情况下，赚钱更轻松的 A 产品的生意，需要的本钱还更少。如果读者有过经商的经历，资金压力这个概念，想必深有体会。这样一看，高毛利的生意相对于低毛利，确实占尽优势。

这并不是说低毛利率的公司一定不如高毛利率的公司，但低毛利率公司要达成高毛利率公司相同的 ROE，一般来说，必须有超高的周转率来补偿。

注意： 本节的阐述是为了帮助理解毛利率的重要性，并不追求严谨，表述的严谨性和易懂性往往有跷跷板效应，此处主要追求简单易懂。专业的定义虽然严谨，但十分枯燥，读者如果阅读本节之后，再去看那些专业的定义，或许有不同的感受。

四、高毛利率的生意也需要量

生意的规模太小，通常无法上市。一门生意如果仅仅毛利率高，而没有大规模，普通投资者无法投资，那么对普通投资者而言就没有意义。

没有量的毛利率

为了说明白这个问题，我们看一个极端的例子。比如某公司旗下只有一种产品，售价 10 000 元，直接成本为 0，毛利率 100%，但每年只能售出 1 件。

这个公司如何呢？不管怎样，如果真的存在这样一个公司，肯定上不了市，因为这个公司连请一个会计师事务所审计财务报表的钱都拿不出来。

如果茅台酒一年只能卖几瓶，即使每瓶能卖 10 万元，那也不会存在贵州茅台这个上市公司。一门生意，只有具备一定的规模，对于普通投资者才有意义。

再举一个和现实生活比较贴近的例子，某人拥有一种秘制烧鸡的手艺，其制作的烧鸡口感绝佳，深受消费者的喜爱。此人每天制作固定数量的烧鸡，去市场销售，其售价比一般烧鸡高很多，他的烧鸡每天都会卖完。虽然这是一门高毛利的好生意，但却是量很小的独门生意，投资者无法投资它，于是对投资者而言，这个生意在投资的角度没有意义。

一些高毛利小规模的生意

我国是一个盛产茶叶的国家，但在 A 股却看不到一家以茶叶为主营业务的知名上市公司。考察茶叶的生产成本和售价，茶叶的毛利率，肯定不会低，那么茶叶生意，缺乏的就是规模。

茶叶的市场容量和白酒的市场容量都是千亿的级别，容量都不小，茶业没有大公司的原因只能是行业集中度很低。

造成这个局面的原因是茶叶的标准化非常困难。论名气，龙井的知名度不比茅台低，但龙井茶到底有多少个级别，各个级别到底是什么标准来区分，想必很少有人能弄明白。一般人只知道龙井茶是有好有差的，贵的龙井茶比便宜的好喝得多。标准化困难，导致茶叶产品化、规模化、产业化都很困难。

反观茅台，有举世闻名的大单品 53 度飞天茅台，位列世界三大蒸馏名酒之一。53 度飞天茅台，口感的一致性非常好。

这便是茅台酒有贵州茅台这个万亿级市值的上市公司而龙井茶没有相应的上市公司的主要原因。

和中国茶叶类似的还有欧洲的葡萄酒，欧洲的葡萄酒行业集中度很低，大家去我国超市的进口商品区看一下进口葡萄酒就知道，品牌众多，一般人根本分不清楚。

此外，葡萄酒行业有"七分原料，三分工艺"一说，而不同年份的葡萄受当年特定的气候影响，其品质是不一样的，所以葡萄酒的年份很重要，这也导致葡萄酒的品级，一般人根本分不清楚。

上述原因，造成葡萄酒行业集中度难以提升，所以，欧洲葡萄酒行业虽然兴旺发达，但却很少有主营业务是葡萄酒的上市公司。

这里并不是说茶叶、葡萄酒生意不是好生意，只是这些业务规模太小，对于一般投资者没有意义，像去法国收购一个酒庄这种投资，普通投资者根本没法参与。

五、毛利率和净利率的比较

年度报表一般披露毛利率，而不披露净利率，但净利率是杜邦公式的 ROE 三个因子之一，而不是毛利率。ROE 计算的分子是净利润，和净利润相关的自然是净利率，净利率也是一个非常重要的指标。本节对毛利率和净利率做一个专题比较。

毛利率可以排除非常规因素的影响

本章开头已经阐述过毛利润和净利润的差异，有了这个基础，读者已经知晓毛利率可以排除非常规因素的影响。我们看一下汤臣倍健 2016—2020

年毛利率和净利率的对比，如图 3-12 所示。

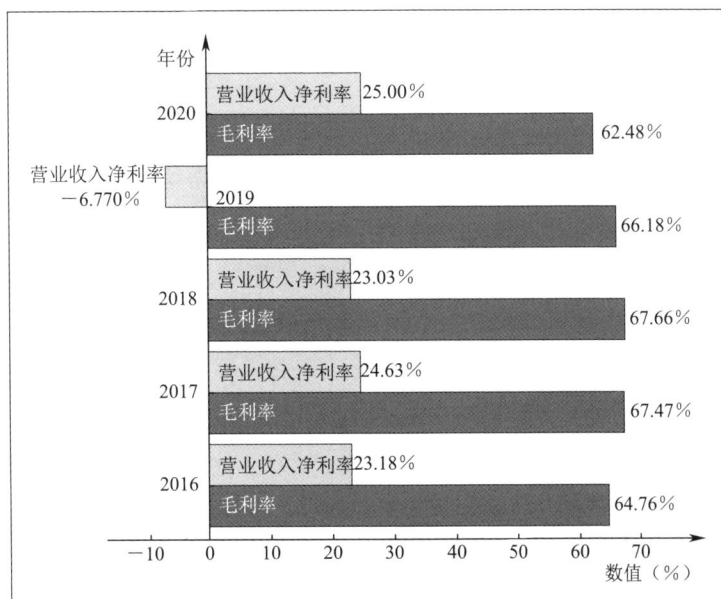

图 3-12　汤臣倍健 2016—2020 年毛利率和净利率对比

参考本书第二章第四节资产减值损失的讨论，汤臣倍健 2019 年有一笔大额资产减值损失，导致净利润变负，然而这并不影响公司的毛利率。所以，汤臣倍健 2019 年 ROE 和净利润的异常，只要扫一眼毛利率和净利率的差异，有经验的投资者就大致能够猜测到其背后的原因了。

税费对毛利率和净利率的影响

参考图 3-1 的合并利润表，除了非经常性损益之外，对毛利率和净利率之间的差异产生主要影响的是费用和所得税。

费用包括销售费用、财务费用、管理费用、研发费用，不同类型的公司费用构成差异很大。例如以创新药为主营业务的公司，研发费用占比较大；而碳酸饮料公司，则是维持品牌形象的广告费，也就是销售费用占比较高。

所得税方面，也有差异，一般企业的所得税率为 25%，而国家重点扶持的高新技术企业，可以享受 15% 的优惠所得税率。

为了直观地阐述毛利率和净利率之间的差异，下面对贵州茅台和恒瑞医药 2016—2020 年毛利率和净利率做一个对比，先看两者毛利率对比，如图 3-13 所示。

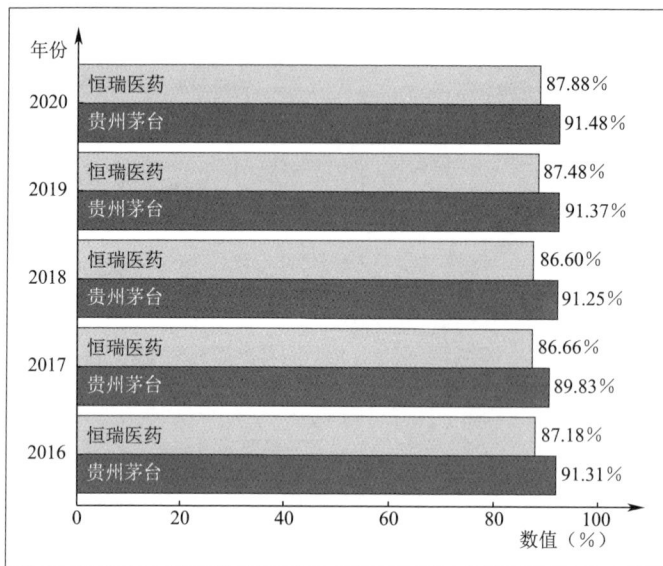

图 3-13 贵州茅台和恒瑞医药 2016—2020 年毛利率对比

从图 3-13 可以看出，贵州茅台和恒瑞医药的毛利率相差无几。下面再看一下两者净利率对比，如图 3-14 所示。

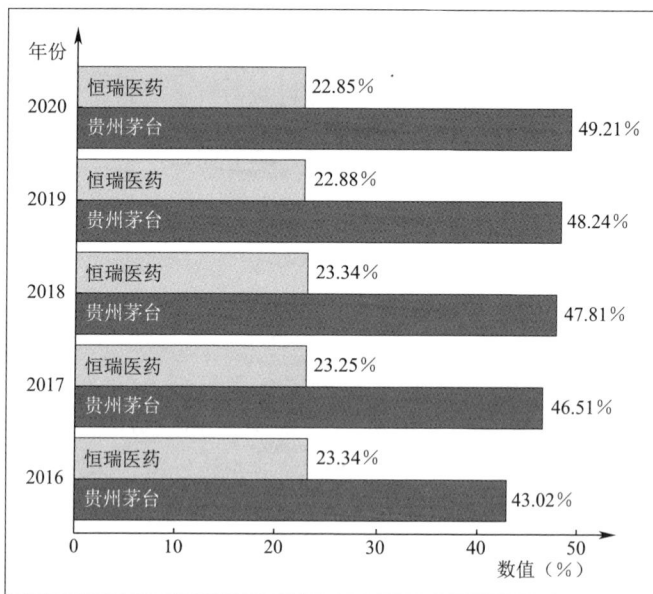

图 3-14 贵州茅台和恒瑞医药 2016—2020 年净利率对比

从图 3-14 可以看出，恒瑞医药的净利率大约只有贵州茅台净利率的一半。由于贵州茅台和恒瑞医药在 2016—2020 年经营之外的非常规因素较少，所以贵州茅台和恒瑞医药净利率的差异，主要是由费用和所得税差异引起的。下面对比一下贵州茅台和恒瑞医药 2020 年度报表里面的费用、所得税在营业收入中的占比。

经过本节的分析，毛利率和净利率结合起来看效果更好，一方面可以排除净利率的非常规因素，另一方面也能了解费用、所得税在总成本中的占比。先看一下贵州茅台 2020 年度报表的统计，见表 3-1。

表 3-1　贵州茅台成本项和营业收入的比例统计　　　　　单位：元

项目	项目金额	项目金额和营业收入的比例
营业收入	94,915,380,916.72	100.00%
税金及附加	13,886,517,291	14.63%
销售费用	2,547,745,651	2.68%
管理管理	6,789,844,289	7.15%
财务费用	− 234,610,582.4	− 0.25%
研发费用	50,398,036.33	0.05%
所得税	16,673,612,109	17.57%
六项成本占营业收入比例合计		41.84%

贵州茅台的毛利率在 90% 水平，而净利率在 50% 水平，差距 40%，和表格统计一致，这表明贵州茅台毛利润和净利润的差额主要是税金及附加、销售费用、管理管理、财务费用、研发费用、所得税这六项，它们都是年度报表里面每年都会出现的常规项目。

再看一下恒瑞医药 2020 年度报表的统计，见表 3-2。

表 3-2　恒瑞医药成本项和营业收入的比例统计　　　　　单位：元

项目	项目金额	项目金额和营业收入的比例
营业收入	27,734,598,748	100.00%
税金及附加	256,959,458.8	0.93%
销售费用	9,802,524,140	35.34%
管理管理	3,066,658,322	11.06%
财务费用	− 181,743,522.5	− 0.66%
研发费用	4,988,958,232	17.99%
所得税	586,586,866.6	2.12%
六项成本占营业收入比例合计		66.78%

恒瑞医药的毛利率在 87% 水平，而净利率在 23% 水平，差距 64%，和表格统计基本一致，这表明恒瑞医药毛利润和净利润的差额主要是税金及附加、销售费用、管理管理、财务费用、研发费用、所得税这六项，它们都是年度报表里面每年都会出现的常规项目。

下面比较一下两者六个项目和营业收入占比，见表 3-3。

表 3-3 贵州茅台、恒瑞医药成本项和营业收入的比例对比

项目	贵州茅台	恒瑞医药
税金及附加和营业收入比例	14.63%	0.93%
销售费用和营业收入比例	2.68%	35.34%
管理和营业收入比例	7.15%	11.06%
财务费用和营业收入比例	－ 0.25%	－ 0.66%
研发费用和营业收入比例	0.05%	17.99%
所得税和营业收入比例	17.57%	2.12%
六项比例合计	41.84%	66.78%

总结一下，恒瑞医药的费用占比高，税收占比少；贵州茅台的费用占比低，税收占比高，这和经验相符。相比下来，茅台除了税交得多之外，各项成本确实很低，具体差异的细节，如果读者感兴趣可以结合两份年度报表继续深究。

注意：没有必要刻意追求利润率数值的精确性，追求精确到小数点后多少位，只要不影响投资决策即可。本节图表的净利润率是营业收入净利率，其计算方法是净利润÷营业收入×100%，其中净利润和营业收入均是年度报表披露的数据，净利润是年度报表"归属于母公司股东的净利润"数据。

六、参考毛利率选股

通过本章前面的分析，在大多数情况下，投资者应该选择毛利率高的行业，选择其中毛利率高的公司。

通过毛利率进行行业比较

各行业的龙头公司是各自行业的典型代表，对行业龙头公司的研究，对

于行业研究有重要意义。

下面比较一下白酒行业的龙头贵州茅台和石化行业的龙头中国石化的2016—2020 年毛利率数据，如图 3-15 所示。

参看本章前面的阐述，通过对行业龙头公司毛利率的比较，可以对行业的生意属性有个直观的认知，可以推测，石化行业毛利率普遍较低，而白酒行业普遍毛利较高。投资者可多关注几个白酒公司，而石化行业，一般关注龙头即可。

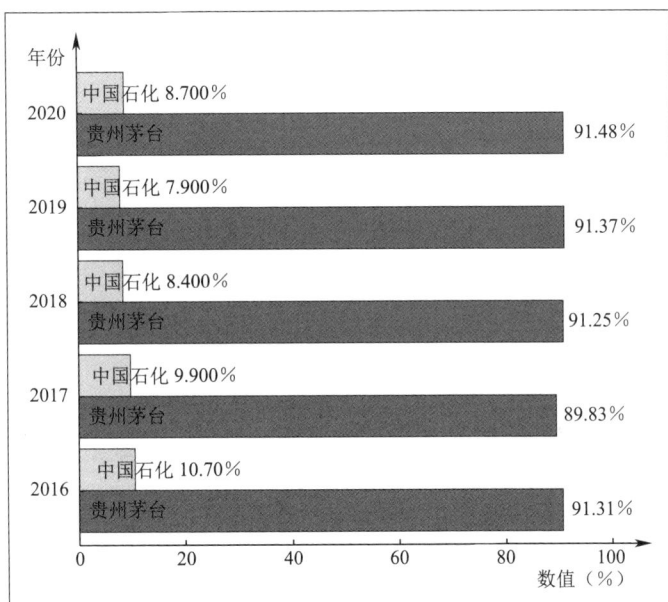

图 3-15　贵州茅台和中国石化 2016—2020 年毛利率对比

注意: 图表比数字更形象，尤其是用来对比指标的时候，建议使用图形辅助数据研究。柱状图，用 WPS 软件即可完成，还可以做成一个模板，只要填入数据，即可成图，避免重复劳动。

通过毛利率进行公司比较

一般来说，研究某个行业的时候，可以筛选出行业内毛利率高的公司，深入研究，长期跟踪。我们先看一看白酒行业三个公司 2016—2020 年毛利率的比较，如图 3-16 所示。

对于生产同类产品的公司而言，毛利率的高低在很大程度上代表了公司竞争力的强弱。图 3-16 的背后，是贵州茅台、五粮液、洋河股份在白酒行业地位的一个粗略的映射。三家白酒公司高端产品的毛利率都很高，贵州茅台的销售额高端白酒占比最高，五粮液次之，洋河再次之。

注意：用毛利率比较股票，最好比较同行业业务类似的公司，否则容易产生误判。

此外，毛利率只是一个视角，判断公司的质量，需要结合多种指标综合判断。

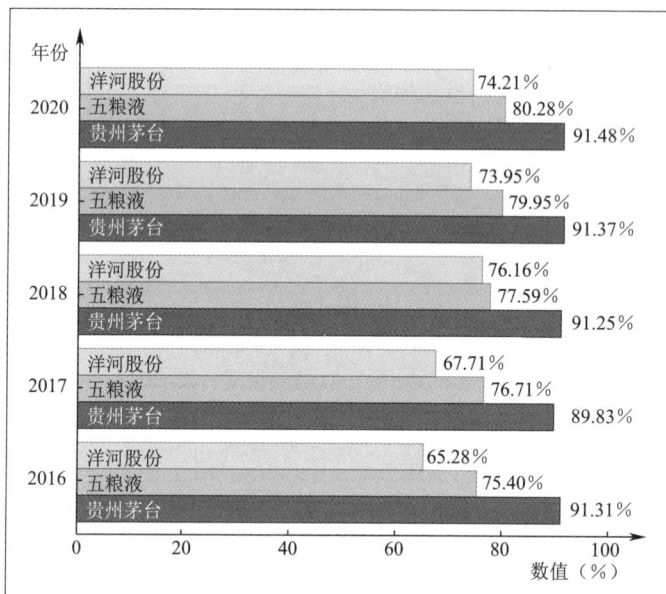

图 3-16　贵州茅台、五粮液、洋河股份 2016—2020 年毛利率对比

七、分析不适用毛利率的行业

毛利率肯定也不是一个完美的选股指标，不少场合并不适用毛利率，本节举几个例子，说明这个事实。

银行财务报表不披露毛利率

由于传统银行业的核心业务是赚存款和贷款之间的息差，所以，分析银行一般用息差这个指标。分析银行业，应关注财务报表里面的"净利差"或"净利差指标"。2020 年工商银行、建设银行、招商银行的净利差分别为 1.97%、2.04%、2.4%。净利差有点像银行的毛利率。

商品流通类公司的低毛利

商品流通类公司销售的不是本公司的产品，所以不同的商品流通类公司销售的产品是一样的，如果售价太高，必定造成客户流失。需要注意以下两点：

（1）在商品流通类行业，不能简单地用毛利率比较公司的竞争力，销售规模往往对于此类公司更加重要，低毛利往往是护城河。

（2）不要因为商品流通行业毛利率低，就认为商品流通类公司没有投资价值，换个说法，不要拿商品流通行业的毛利率和其他行业对比。

高毛利和低毛利共存的公司

不少公司既有高毛利业务，又有低毛利业务，这种情况，一般选择利润占比大的那一块业务的毛利率来分析公司，财务报表披露的综合毛利率参考价值反而较小。下面看一下云南白药集团股份有限公司（简称云南白药）2020 年度报表披露的毛利率，如图 3-17 所示。

云南白药集团股份有限公司 2020 年年度报告全文

（2）占公司营业收入或营业利润 10%以上的行业、产品或地区情况

√ 适用 □ 不适用

单位：元

	营业收入	营业成本	毛利率	营业收入比上年同期增减	营业成本比上年同期增减	毛利率比上年同期增减
分行业						
工业销售收入	11,716,433,849.64	4,548,592,658.36	61.18%	6.28%	5.73%	0.20%
商业销售收入	20,974,232,251.62	19,067,717,636.20	9.09%	13.06%	13.17%	−0.08%
分产品						
工业产品（自制）	11,716,433,849.64	4,548,592,658.36	61.18%	6.28%	5.73%	0.20%
批发零售	20,974,232,251.62	19,067,717,636.20	9.09%	13.06%	13.17%	−0.08%
分地区						
国内	32,382,118,953.77	23,320,409,059.10	27.98%	11.35%	13.06%%	−1.10%

图 3-17　云南白药 2020 年度报表毛利率

云南白药综合毛利率是 27.98%，工业产品部分毛利率为 61.18%，而批发零售毛利率为 9.09%。虽然营业收入方面，批发零售部分是工业产品部分的两倍，实际上云南白药大部分利润是高毛利的工业产品业务带来的。所以，

61.18% 的工业销售收入毛利率更有参考价值，换个角度就是，云南白药的核心竞争力来自工业制造业务。工业制造业务主要是生产云南白药系列医药产品业务、云南白药牙膏等业务。云南白药即使出售其商业销售部分业务，对其经营的影响也不大。

八、走低毛利路线的典型公司

一般的公司，总是会想尽一切办法，一方面提高或稳住毛利率，另一方面提高或者稳住销量，从而提升利润，但有少部分公司通过低毛利率构筑护城河，形成独特的竞争优势。

龙头连锁超市竞争优势的形成

目前，全球很多国家都有国内龙头连锁超市，其规模可以用"巨无霸"来形容。这些"巨无霸"的竞争优势，正是依靠压低毛利率形成的。

简单说来，龙头连锁超市的套路可以用"最强大的品牌 ＋ 最大的采购量＝同样品质的货源业内最低采购价格"来形容。

假设某商品，龙头连锁超市的采购价格为 3.6 元 / 件，而其他商家最低采购价格为 3.8 元 / 件，那么设想一种情形，在龙头连锁超市，该商品的售价被定为 3.8 元 / 件。如果真是这样，时间一长只有一个结果，龙头连锁超市规模越做越大，其他商家逐渐退出竞争。因为其他商家要么定价高流失客户，要么亏钱，简直无路可走。

另外一方面，龙头连锁超市赚到更多的钱，可以利用资金优势招聘更优秀的管理人才，不断优化管理流程，进一步压低管理成本，形成强者恒强的正循环。

最终，龙头连锁超市靠这个办法，打败了几乎所有竞争对手，成为行业的霸主。但一个国家的超市肯定不止一家，其他商家通过一些特别的手段来生存，举两个例子：

（1）把超市开在社区边上。顾客不可能为了一点点小东西就跑一趟龙头连锁超市，所以可以忍受社区店价格略贵，但这个办法不能和龙头连锁超市全线完全竞争，社区店一般只有一些日常用品、快速消费品，例如矿泉水、饼干等。

（2）出售质量稍次的商品，从而比龙头连锁超市定价更低，这条路，肯定不是长久之计，经济越是向好，这个策略越是式微。

想要走和龙头连锁超市一样的路线，与其竞争十分困难，要和它一争，只能在商业模式上创新，走不同的路线。

比龙头连锁超市更低的毛利率

竞争超市要和龙头连锁超市正面竞争，需要解决两个问题：

（1）出售的商品质量和龙头连锁超市等同或者更高。

（2）采购价格比龙头连锁超市更低。

为了达成这两个条件，竞争超市需要通过组合拳来实现：

（1）品质方面。比如龙头连锁超市卖 10 种衬衫，竞争超市只卖 2 种，然后把所有资源都用来抓这 2 种商品的品控，从而形成质量方面的优势。

（2）采购价格方面。由于竞争超市集中采购更少的品种，所以从单品的角度，采购量可以超过龙头连锁超市，从而形成采购价格优势。

除此之外，竞争超市进一步压低售价，严控毛利率的上限。这样一来，竞争超市和龙头连锁超市形成了差异化，在不少商品上形成了对龙头连锁超市的竞争优势。竞争超市还在出售环节搞差异化，只出售大捆的商品，进一步控制毛利率，压低售价。

依靠这一系列的策略，竞争超市从龙头连锁超市手里抢下一大块份额是可以的，不过毛利率压到那么低，竞争超市靠什么挣钱呢？投资者都很清楚，毛利润扣掉费用、所得税之后才是净利润，公司有净利润才能生存下去。

竞争超市可以实行会员制，顾客每年要交会员费，作为竞争超市的利润来源。竞争超市的套路可以这样形容"如果客户愿意每年支付会员费，并且愿意以大捆的方式购买商品，那么就可以用更便宜的价格买到和龙头连锁超市一样好甚至更好的商品，但品种没有龙头连锁超市那么丰富。"

龙头连锁超市虽然走低毛利路线，可是本质上还是要赚差价的。竞争超市摆脱了这个经营模式，更像是"我不赚差价，我为客户打工，收取佣金"，这样，竞争超市的生意模式就和龙头连锁超市完全不同，形成了差异化。

小米

小米手机发展的初期，和开市客惊人的相似，前几代小米手机，硬件几乎是不赚钱的。但小米手机的品质是不含糊的，尤其是 MIUI 的使用体验，非常棒。

一直以来，MIUI坚持不懈的和用户交流沟通，聆听用户的意见，并每周更新。MIUI的那种参与感，是其他任何手机品牌无法提供的。

高品质、低毛利，再加上倾向于年轻人的定位，小米手机的份额急剧膨胀，短短几年，小米手机实现了从零开始到跻身国内前三的奇迹。

小米手机的早期发展和开市客有异曲同工之妙，小米手机起初的定位是不靠硬件业务挣钱。不同的是，开市客是在商超领域，而小米的手机业务属于制造业。

大部分制造业不可能走小米手机的路线，手机是移动互联网的入口，其入口价值巨大，这是手机之外任何商品不具备的附加价值，也为小米手机在商业模式上的大胆创新提供了契机。

九、本章小结

总结一下本章内容：

（1）一般来说，毛利率是公司获利能力的体现。

（2）毛利率稳定的公司更值得投资。

（3）毛利率高，能让生意变"轻"，即销售更少的商品、投入更少的资本，赚同样的钱。

（4）高毛利的生意也需要一定的规模。

（5）毛利率不受非常规因素的影响，关注度超过了净利率。

（6）尽量选择毛利率高的行业、毛利率高的公司。

（7）毛利率不是所有场合都适用，需要了解不适用毛利率的场合。

（8）部分公司通过低毛利构筑护城河，需要了解。

第四章
周转率的意义与分析

周转率代表公司资产的使用效率，本章主要讨论这部分的内容。

主要涉及内容如下：

- 理解周转率。通过周转率的高低比较，理解周转率的意义。
- 需求波动导致的周期性。通过几个行业的特性，讨论周转率波动的原因。
- 周转率数据的跟踪分析。讨论如何查询公司周转率数据以及如何跟踪分析。

一、周转率的意义

周转率是财务指标，具体包括应收账款周转率、存货周转率、流动资产周转率、固定资产周转率等。本节的重点是理解杜邦公式的因子资产周转率的定义，以及讨论周转率高低的意义。

周转率的分类及其意义

总资产周转率，其计算公式如下：

$$总资产周转率 ＝ 营业收入净额 ÷ 平均资产总额$$

其中平均资产总额是年初和年末资产总额的平均值。总资产周转率可以近似看作杜邦公式的因子资产周转率，从公式看，总资产周转率反映的是公司对总资产的利用效率。

但总资产里面的资产项，有些是对公司运营几乎起不到作用的。例如某公司资产负债表里面有大量的现金，这些现金以活期的形实存在，对生产没什么直接帮助，那么就有必要引进其他的周转率指标，突出对生产运营有关键性作用的资产类别的周转率。下面看一下万科 2020 年度报表的资产负债表前半部分，如图 4-1 所示。

合并资产负债表

编制单位：万科企业股份有限公司	2020 年 12 月 31 日	单位：元	币种：人民币
资产	附注五	2020 年 12 月 31 日	2019 年 12 月 31 日
流动资产：			
货币资金	1	195,230,723,369.88	166,194,595,726.42
交易性金融资产	2	170,479,737.23	11,735,265,424.66
衍生金融资产	3	14,760,989.89	332,257,520.78
应收票据		9,662,433.79	28,970,047.83
应收账款	4	2,992,423,302.26	1,988,075,737.67
预付款项	5	62,247,503,823.48	97,795,831,444.26
其他应收款	6	249,498,545,525.50	235,465,007,349.80
存货	7	1,002,063,008,153.13	897,019,035,609.52
合同资产	8	6,162,549,680.11	3,444,938,025.74
持有待售资产	9	6,334,727,583.46	4,252,754,905.02
其他流动资产	10	22,662,676,635.96	20,732,622,761.28
流动资产合计		**1,547,387,061,234.69**	**1,438,989,354,552.98**
非流动资产：			
其他权益工具投资	11	1,601,237,167.11	2,249,953,722.90
其他非流动金融资产	12	697,759,464.58	673,982,298.05
长期股权投资	13	141,895,190,255.76	130,475,768,323.53
投资性房地产	14	79,954,139,029.20	73,564,678,069.11
固定资产	15	12,577,342,742.17	12,399,838,267.28
在建工程	16	3,236,850,338.38	4,179,839,536.92
使用权资产	17	25,210,119,233.05	22,135,359,592.40
无形资产	18	6,087,781,315.58	5,269,647,193.30
商誉	19	206,342,883.92	220,920,784.68
长期待摊费用	20	8,947,760,570.31	7,235,202,389.07
递延所得税资产	21	27,535,430,502.86	23,427,586,089.92
其他非流动资产	22	13,840,079,267.94	9,107,319,581.09
非流动资产合计		**321,790,032,770.86**	**290,940,095,848.25**
资产总计		**1,869,177,094,005.55**	**1,729,929,450,401.23**

图 4-1 万科 2020 年度报表合并资产负债表

参考图 4-1 中的表格，资产分为流动资产和非流动资产，一般而言非流动资产中，对生产经营起关键作用的是固定资产；流动资产中，对生产经营起关键作用的是存货。

把上面总资产周转率的计算公式的分母分别改为"平均固定资产""平均流动资产""平均存货""平均应收账款"，就得到在巨潮资讯查询到的另外四个周转率。

固定资产周转率，反映公司对固定资产的利用效率，对于固定资产在公司运营中占关键地位的公司有意义。例如，生猪养殖业的猪舍等养猪设施对于公司生产至关重要，那么固定资产周转率对于生猪养殖业的公司意义较大。

流动资产周转率，反映公司对流动资产的利用效率。存货周转率，反映公司的存货周转效率。存货的成分比较复杂，以温氏股份 2020 年度报表的存货定义为例，如图 4-2 所示。

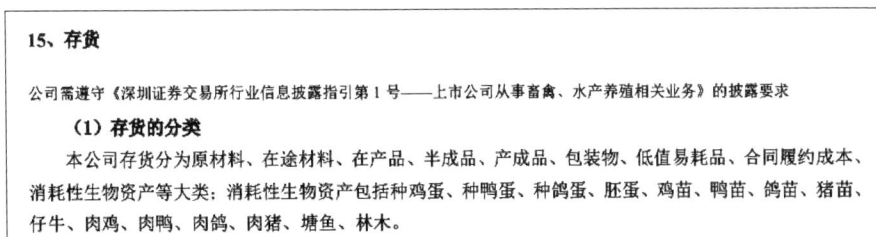

15、存货

公司需遵守《深圳证券交易所行业信息披露指引第 1 号——上市公司从事畜禽、水产养殖相关业务》的披露要求

（1）存货的分类

本公司存货分为原材料、在途材料、在产品、半成品、产成品、包装物、低值易耗品、合同履约成本、消耗性生物资产等大类；消耗性生物资产包括种鸡蛋、种鸭蛋、种鸽蛋、胚蛋、鸡苗、鸭苗、鸽苗、猪苗、仔牛、肉鸡、肉鸭、肉鸽、肉猪、塘鱼、林木。

图 4-2　温氏股份 2020 年度报表存货的分类

从图 4-2 可见，从原材料到半成品到成品，还有包装物等，都属于存货。

从存货的定义看，实现同等的营业收入，存货越少越好，存货越少代表其循环效率越高。此外，存货往往存在减值风险，比如成品跌价等。所以存货周转率越高越好。

所谓的应收账款周转率，和其他几个周转率比起来，应收账款并不在公司账上，谈不上利用，因此，也不是"利用效率"。总而言之，应收账款有可能演变为坏账，而且被其他公司占款总是负面的因素，所以应收账款越少越好，也就是应收账款在营业收入中的占比越小越好，应收账款周转率数值越大越好，理解到这里就行了。

提升周转率的途径

从定义上看，资产周转率的含义是公司总资产的利用效率。需要注意的是，计算 ROE 用的分母是净资产，而计算周转率的分母是总资产，不是净资产。

事实上，虽然公司的负债是借来的钱，但负债也是公司可以动用的资产，负债的本质是公司支付利息，获得资产的使用权。公司运作的是总资产，而不是净资产，所以，资产周转率是公司总资产的利用效率。

提高周转率，可以看作公司力图用更少的总资产，达成更多的营业收入，从定义上看，少借债、多产出是提升周转率的两条途径。

如果只看计算公式，没有经验的投资者对周转率到底意味着什么，肯定是没有感觉的，下面举个例子。理论上，生猪养殖业，如果要让猪的生产量提升 1 倍，有如下两种途径：

（1）新建和公司现有养猪设施同等规模的新设施；

（2）选择生长速度是现有猪种两倍的新猪种，让现有设施利用率提升1倍。

方案（1）和方案（2）的优劣，就算小学生都心知肚明。方案（2），可以把养猪设施这项资产的周转率提升1倍，这样一说，想必读者对周转率的理解已经很清晰了。

但这只是理论上的，实际上，现代大规模生猪养殖企业，已经把（2）这个方案做到了极致。以温氏股份为例，种猪对于温氏股份到底有多重要？

搜索一下温氏食品集团股份有限公司（简称温氏股份）2020年度报表的"种猪"关键字，出现了113次。此外，温氏股份还成立了种猪事业部，如图4-3所示。

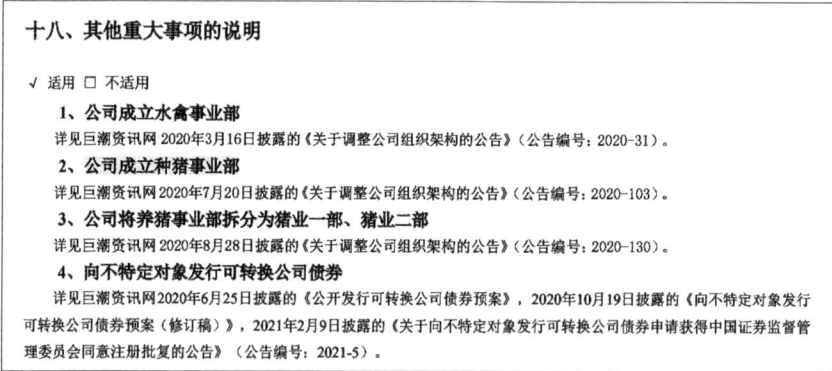

十八、其他重大事项的说明

√ 适用 □ 不适用

　1、公司成立水禽事业部
　　详见巨潮资讯网2020年3月16日披露的《关于调整公司组织架构的公告》（公告编号：2020-31）。
　2、公司成立种猪事业部
　　详见巨潮资讯网2020年7月20日披露的《关于调整公司组织架构的公告》（公告编号：2020-103）。
　3、公司将养猪事业部拆分为猪业一部、猪业二部
　　详见巨潮资讯网2020年8月28日披露的《关于调整公司组织架构的公告》（公告编号：2020-130）。
　4、向不特定对象发行可转换公司债券
　　详见巨潮资讯网2020年6月25日披露的《公开发行可转换公司债券预案》，2020年10月19日披露的《向不特定对象发行可转换公司债券预案（修订稿）》，2021年2月9日披露的《关于向不特定对象发行可转换公司债券申请获得中国证券监督管理委员会同意注册批复的公告》（公告编号：2021-5）。

图 4-3　温氏股份成立种猪事业部

温氏股份的组织架构显示，种猪事业部是一个一级内部管理机构，和猪业一部、猪业二部平级，如图4-4所示。

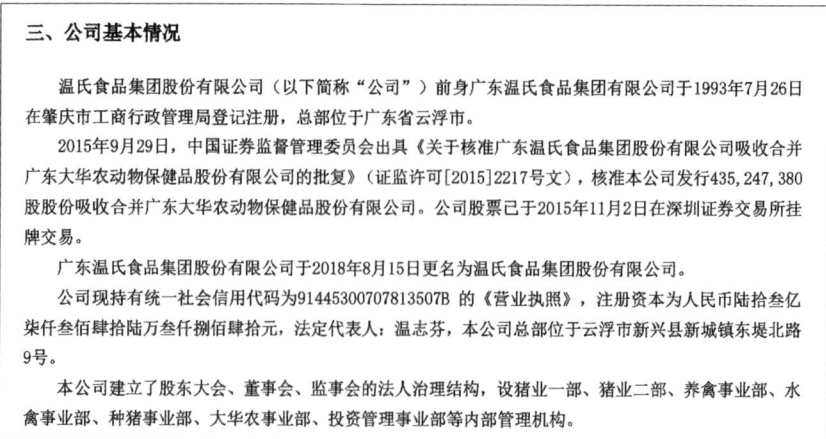

三、公司基本情况

　　温氏食品集团股份有限公司（以下简称"公司"）前身广东温氏食品集团有限公司于1993年7月26日在肇庆市工商行政管理局登记注册，总部位于广东省云浮市。

　　2015年9月29日，中国证券监督管理委员会出具《关于核准广东温氏食品集团股份有限公司吸收合并广东大华农动物保健品股份有限公司的批复》（证监许可[2015]2217号文），核准本公司发行435,247,380股股份吸收合并广东大华农动物保健品股份有限公司。公司股票已于2015年11月2日在深圳证券交易所挂牌交易。

　　广东温氏食品集团股份有限公司于2018年8月15日更名为温氏食品集团股份有限公司。

　　公司现持有统一社会信用代码为91445300707813507B 的《营业执照》，注册资本为人民币陆拾叁亿柒仟叁佰陆拾陆万叁仟捌佰肆拾元，法定代表人，温志芬，本公司总部位于云浮市新兴县新城镇东堤北路9号。

　　本公司建立了股东大会、董事会、监事会的法人治理结构，设猪业一部、猪业二部、养禽事业部、水禽事业部、种猪事业部、大华农事业部、投资管理事业部等内部管理机构。

图 4-4　温氏股份内部管理机构

生猪养殖并不是主要业务的双汇发展，2020 年度报表里面也出现了"种猪"这项生物资产，如图 4-5 所示。

猪长得慢，不但要多吃饲料，而且还占着猪舍，大幅拉低运营效率，所以，大规模生猪养殖公司，肯定无法容忍猪生长速度慢。

总结一下，提高周转率，不但能摊低成本，还能让公司的资产更轻，具有重大意义。

2、生产性生物资产

生产性生物资产，是指为产出农产品、提供劳务或出租等目的而持有的生物资产，包括产畜和役畜等。生产性生物资产按照成本进行初始计量。自行繁殖的生产性生物资产的成本，为该资产在达到预定生产经营目的前发生的可直接归属于该资产的必要支出，包括符合资本化条件的借款费用。生产性生物资产在达到预定生产经营目的后发生的管护、饲养费用等后续支出，应当计入仔猪或种蛋的成本。

生产性生物资产在达到预定生产经营目的后采用年限平均法在使用寿命内计提折旧。各类生产性生物资产的使用寿命、预计净残值率和年折旧率列示如下：

类别	使用寿命(年/月)	预计净残值(元/头、只)	年折旧率(%)
种猪	3年	800	33.3

157

河南双汇投资发展股份有限公司 2020 年年度报告全文

种鸡	10个月	25	120

图 4-5　双汇发展的生产性生物资产

注意：优质种猪的意义不仅仅是长得快，本小节为了论述需要，做了简化处理。

两个角度看周转率

同样的一笔投资，周转率提高，这笔投资的效率就提高了，下面通过两个例子，直观体验一下周转率的意义。

1. 相同的总资产创造不同的营业总额

举一个例子，假设 A 公司总资产 1 亿元，营业总额 2,000 万元；B 公司总资产也是 1 亿元，营业总额是 1,000 万元。那么 A 公司的周转率是 B 公司的两倍，换个角度看，即 A 公司的资产利用效率是 B 公司的两倍。

再举一个例子，假设某搜索引擎公司靠搜索次数获得收入，收入的金额和搜索次数成正比，那么，看如下两种情形：

（1）该公司的搜索引擎某年被使用 100 亿次。

（2）该公司的搜索引擎某年被使用 200 亿次。

第二种情形的营业收入是第一种情形的两倍。事实上，对于搜索引擎公司而言，计算资源有很大的冗余，即搜索引擎被使用 200 亿次和被使用 100 亿次背后支撑的资源数量基本是一样的，多一倍的使用量，公司增加的资源开销远远少于一倍，第二种情况的周转率大约是第一种情况的两倍。

由于两种情况投入的成本基本上是一样的，所以第二种情况的利润率比第一种情况高，周转率提升，利润率也随之提升了。

上一章分析过毛利率提高促进周转率的可能性，这里的分析表明周转率提升会促进利润率，这样看来，杜邦公式的前两个因子是可以形成正反馈的。

2. 不同的总资产创造相同的营业总额

举一个例子，假设 A 公司总资产 1 亿元，营业总额 2,000 万元；B 公司总资产是 10 亿元，营业总额也为 2,000 万元。那么 A 公司的周转率是 B 公司的 10 倍，换个角度看，即 A 公司的资产利用效率是 B 公司的 10 倍。

这个例子中的 A 公司和 B 公司的营业总额都是 2,000 万元，A 公司使用的总资产是 1 亿元，B 公司使用的总资产是 10 亿元，一般来说，B 公司的成本会远高于 A 公司，理由如下：

（1）一般公司都会有负债，B 公司的负债大概率比 A 公司多，负债是需要利息的。

（2）一般公司的总资产里面，会有厂房、设备等固定资产，这些固定资产，是有开销的，比如维护检修费用、电费，此外设施还有使用年限，过了期限，还得重建，建设的成本以折旧的形式计入生产成本。

营业总额扣除各类成本之后才是净利润，所以，虽然 A 公司和 B 公司的营业总额都是 2,000 万元，但 B 公司 10 亿元总资产才创造 2,000 万元的营业总额，很可能是微利，或者已经陷入亏损的泥潭。

B 公司的情况，一般称为重资产，其对立面是轻资产，一般而言，投资者应该尽量选择轻资产的公司。

盈亏平衡点

现代制造业生产产品，往往需要先建生产线，高端生产线的成本通常非常高昂，如果销售出去的产品数量未达预期，很可能连生产线的成本都收不回来，造成亏损。而那个正好使得收益为零的销量，被称为盈亏平衡点。

当年华为有一款型号为荣耀 8X 的手机，配备 6.5 英寸全面屏，搭载了麒麟 710 处理器，手机内存 64GB 起步，起售价 1,399 元，性价比堪称极致。当时荣耀总裁赵明先生在接受媒体采访时表示，荣耀 8X 在这个档位已经找不到竞争对手了，这款手机盈亏平衡的量在 1,000 万部以上，而荣耀 8X 的目标销量定在 2,000 万部。

这表明，荣耀 8X 的盈亏平衡点在 1,000 万部左右，要达到预期的收益，销量要达到 2,000 万部。很明显，手机销售数量多多益善，销售的手机数量越多，背后的固定投入被摊薄的越是充分。

无论销售规模在 1,000 万部，还是 2,000 万部，荣耀 8X 固定投入都是一样的，所以销售 2,000 万部相对于销售 1,000 万部，大致可以看作荣耀 8X 所投入的固定资产的周转率高 1 倍。

如此看来，一家二流的手机厂商，在 1,399 元这个价位上，根本不可能和华为竞争，成本控制显然打不过华为，销量更加打不过华为，如果强行上马，只有巨额亏损一条路。能在 1,399 价位和华为荣耀 8X 竞争的，也只有小米这样的巨头。

通过这个盈亏平衡点的例子，想必读者能更形象地体会周转率这个指标的意义了。

二、需求波动导致的行业周期性

一个经营稳健的公司，负债率和净资产规模变化相对缓慢，总资产一般不会大幅波动，那么周转率实际上是由营业收入决定的。营业收入，通常又是由需求决定的。需求的波动，会导致公司的业绩周期性波动。

啤酒行业和白酒行业

啤酒的需求量，受气温的影响很大，夏天是啤酒消费的旺季。白酒通常春节前后需求达到顶峰，一季度属于白酒的传统旺季。

但啤酒和白酒行业的周期性，在年度报表中是看不出来的，因为每年都有四个季度，看季报才能看出啤酒和白酒行业的周期性。

而生猪养殖业的周期波动主要是由供给引起的，猪肉属于生活必需品，如果价格不变，消费量非常稳定。猪肉价格的波动是由生猪出栏量决定的，供不应求，则猪肉价格上涨；供过于求，则猪肉价格下跌。

白酒啤酒行业的周期性和生猪养殖业的周期性，其实是不同的，一个是需求波动引起，一个是供给波动引起。

有色金属行业

有色金属行业的周期波动也是由需求引起的，需求旺盛的时候，除了周转率上升，还会进一步推高毛利率，形成双击；需求低迷的时候，正好相反，不但销量减小，毛利率还会下降。这一点，很好地反映在股价上，有色金属行业大部分公司股价从 2008 年一直低迷至 2020 年。

个人电脑行业

由于微软公司每隔几年会发布新版 Windows 操作系统，而新版 Windows 操作系统对硬件的需求通常比旧版 Windows 高不少，让老硬件跑新版本 Windows 会比较吃紧。

这导致想尝新的用户提前购买新的电脑，从而推升个人电脑的销量。由于个人电脑的使用寿命通常超过 4 年，所以一波集中换机热潮之后，后面几年销量会相对低迷。由于上网冲浪方式由个人电脑向手机转移，这个周期性越来越不明显了。

> **注意：** 投资不能不懂行业的周期性，如果不懂就贸然投资，很可能会吃大亏，就算投资者要刻意避开周期性行业，那也要知道哪些行业有周期性。所以，毛利率章节和周转率章节都专门讨论了行业的周期性，后面的章节还会进一步讨论周期性。

三、周转率数据的跟踪分析

本章前面的分析表明，周转率是一个非常重要的指标，但公司年度报表通常不直接披露周转率数据，本节讨论周转率数据的查询和跟踪方法。

周转率数据的查询

　　巨潮资讯提供了各种财务指标的查询，包括周转率，查询方式和查询 ROE 一样，可以参考第二章第五节，此处不再赘述，周转率数据就在 ROE 数据的下面。下图为在巨潮资讯网查询得到的双汇发展 2016—2020 年这 5 年的周转率数据，如图 4-6 所示。

　　能查询到的周转率指标包括"应收账款周转率""存货周转率""流动资产周转率""固定资产周转率""总资产周转率"。

主要财务报表

	2020-12-31	2019-12-31	2018-12-31	2017-12-31	2016-12-31
主要指标	-	-	-	-	-
基本每股收益(元)	1.86	1.64	1.49	1.31	1.33
每股净资产(元)	6.86	4.97	3.93	4.43	4.30
每股资本公积金(元)	2.33	0.38	0.58	0.57	0.55
净利润增长率(%)	15.04	10.70	13.78	-1.95	3.51
营业总收入增长率(%)	22.47	23.74	-3.32	-2.65	15.94
加权净资产收益率(%)	32.93	37.37	34.06	31.40	28.33
偿还能力指标	-	-	-	-	-
流动比率	2.21	1.45	1.20	1.35	1.14
速动比率	1.57	0.67	0.68	0.96	0.62
资产负债比率(%)	30.46	40.23	37.36	33.01	29.43
运营能力指标					
应收账款周转率(次)	378.87	474.88	415.55	427.74	445.63
存货周转率(次)	8.05	7.51	10.71	13.31	12.85
流动资产周转率(次)	3.85	4.54	4.93	5.67	6.50
固定资产周转率(次)	7.08	5.55	4.32	4.37	4.44
总资产周转率(次)	2.33	2.34	2.15	2.27	2.34

图 4-6　巨潮资讯查询得到的双汇发展 2016—2020 年周转率指标

周转率的偏差

　　以贵州茅台 2020 年度报表为例，报表里的总资产在 2,100 亿元的规模，营业收入 950 亿元的规模，以此计算出来的总资产周转率在 0.5 左右。

　　贵州茅台 2020 年度报表总资产中现金达 360 亿元规模，"拆出资金"的规模在 1,180 亿元，而贵州茅台流动资产里面的"现金"和"拆出资金"对茅台酒的生产并没有直接的帮助，这两项总和高达 1,500 多亿元的资产参与了贵州茅台的总资产周转率、流动资产周转率的计算，拉低了这两项的数值。

贵州茅台的这两项流动资产，确实拉低了贵州茅台总资产的使用效率，但却不会影响贵州茅台的竞争力。由于 ROE 计算公式的分母是净资产，所以这两项流动资产同样会拉低 ROE。

换个角度看，如果贵州茅台也像双汇发展那样把利润全部分红，那么贵州茅台的 ROE 比双汇发展高得多。

如此看来，周转率数据，干扰因素较多，其数据的直接参考价值远不如毛利率。

周转率数据的跟踪价值

单独一年的周转率数据由于干扰因素较多，直接参考价值会打折扣，但连续几年一起看，其变化趋势，还是有跟踪价值的，尤其是周转率大幅下滑，需要分析清楚其背后的原因。由于公司的总资产变化通常比较缓慢，周转率大幅下滑，是营业收入下滑引起的，营业收入下滑很可能是公司的产品卖不动了，这个肯定要重点关注。

此外，很多商品的外包装上会标识产品的生产日期，而消费者买到的商品生产日期越远，说明公司产品销售情况越是低迷。细心的投资者，会通过这个途径去跟踪公司的经营情况，本质上是间接地跟踪公司的周转率，这个方法的好处是，在公司的财务报表出来之前，就能大致估计公司产品的销售情况。

四、本章小结

总结一下本章内容：

（1）资产周转率代表公司资产的利用效率。

（2）为了提高周转率，公司力图用更少的总资产，达成更多的营业收入。

（3）杜邦公式的前两个因子毛利率和周转率是可以形成正反馈的。

（4）需求波动是引起行业周期性的重要因素。

（5）跟踪周转率数据，观察其历史变化趋势是关键。

第五章
负债率的意义及相关常识

权益乘数是杜邦公式的因子之一，它是负债率的一个变换形式，理解了负债率，就理解了权益乘数。本章主要讨论负债率，及与负债相关的常识。

主要涉及内容如下：

- 理解负债率的意义。通过负债产生的效益变化，论述负债的双重作用。
- 借钱炒股的风险。讨论为什么会出现资深投资者在自己擅长的领域爆仓事件。
- 良性负债。举例论述良性负债的识别方法。
- 合理看待高杠杆率公司。讨论什么样的高杠杆率公司值得参与，如何参与。
- 债的信用。讨论债务的信用属性。
- 流动性探讨。讨论流动性给债务带来的影响。

一、负债率的意义

本节通过定义和案例，以通俗的方式讨论负债率的意义，重点是理解负债是把双刃剑，论述如何理性看待负债。

负债是把双刃剑

负债，顾名思义，就是借钱，借钱的出发点是用借来的钱做生意，用做生意赚到的钱的一部分偿还债务的利息，剩下的钱收入囊中，但这只是理想情况，下面举一个例子，说明负债的各种后果。

假设某公司净资产 10 亿元，无负债，净利润 1 亿元，ROE 为 10%。公司借入 10 亿元，希望扩大生产规模，赚更多的钱，借钱的利率为 5%，为期 10 年。借钱后公司资产变为 20 亿元，负债 10 亿元，负债率 50%，借的钱和公司本来资产运营效率等同。下面分析一下公司这个借钱行为可能产生的典型后果。

1. 借来的钱经营后也赚了 1 亿元

借来的 10 亿元要付出 5% 的利息，金额是 0.5 亿元，实际上公司的净利润增量并不是 1 亿元，而是 0.5 亿元。

加上公司本来就有的 1 亿元利润，利润变成了 1.5 亿元。由于净资产还是 10 亿元，那么 ROE 变为 15%；如果不借钱，公司的 ROE 还是 10%。

这种情况，公司很开心，借债提升了 ROE，达到了借债的目的。由于 ROE 并没有变为 20%，而是 15%，那少掉的 5%，实际上是被债主拿走了，债主也很开心，这是皆大欢喜的局面，符合公司和债主的预期。可以说，无论是公司还是债主，达成这项合作，都是奔着这种情况去的。

2. 借来的钱经营后赚了 0.75 亿元

借来的 10 亿元还是要付出 0.5 亿元的利息，利率是不变的，此时借来的 10 亿元带来的净利润增量只有 0.25 亿元。

由于资产运营效率等同，此时公司本来的 10 亿元资产经营的净利润也下滑了，只有 0.75 亿元，这样，公司的净利润为 1 亿元，ROE 还是 10%。

这种情况，如果不借钱，ROE 是 7.5%。那么借钱事实上还是提升了 ROE 的，但公司就没有第一种情形那么开心了，因为 ROE 并没有达到 15% 的预期；至于债主，是无所谓的，利息还是 0.5 亿元。

3. 借来的钱经营后赚了 0.5 亿元

公司借来的 10 亿元还是付出 0.5 亿元的利息，这种情况，借来的 10 亿元赚到的钱和利息抵消，净利润增量是 0。由于资产运营效率等同，此时公司本来的 10 亿元资产经营的净利润也下滑到 0.5 亿元，这样，公司的净利润为 0.5 亿元，ROE 是 5%。

这种情况，如果不借钱，ROE 也是 5%，这钱白借了。不仅如此，如果不借钱，公司运营的资产是 10 亿元，借钱后公司运营的资产达到 20 亿元，翻了一倍，这意味着公司付出的努力翻了一倍，然而净利润却未见增长。公司的心情肯定不好了；至于债主，是无所谓的，利息还是 0.5 亿元。

4. 借来的钱经营后赚了 0.25 亿元

公司借来的 10 亿元还是付出 0.5 亿元的利息，这种情况，借来的 10 亿元赚到的钱不足以抵消利息，净利润增量为－0.25 亿元。由于资产运营效率等同，此时公司本来的 10 亿元资产经营的净利润也下滑到 0.25 亿元，最终，公司的净利润为 0，ROE 是 0%。

这种情况，如果不借钱，ROE 是 2.5%，公司还有得赚；借钱带来了负贡献。公司肯定后悔借钱了；至于债主，是无所谓的，利息还是 0.5 亿元。

5. 借来的钱经营后没赚到钱

尽管借来的 10 亿元没赚到钱，0.5 亿元的利息还是要照付的。借来的 10 亿元资产产生的净利润是－0.5 亿元。由于资产运营效率等同，此时公司本来的 10 亿元资产经营的净利润也是 0，这样，公司的净利润为－0.5 亿元，ROE 是－5%，公司亏钱了。

这种情况，如果不借钱，公司不会产生亏损，公司的悔意被放大了。债主虽然拿到的利息还是 0.5 亿元，但心情没有那么轻松了，如果公司一直赚不到钱，利息还能不能支付就不好说了。

6. 借来的钱经营后亏了 0.5 亿元

由于资产运营效率等同，此时公司本来的 10 亿元资产的经营同样也亏损了 0.5 亿元，再加上借来的 10 亿元付出的 0.5 亿元利息，实际上公司的净利润是－1.5 亿元。

这种情况，如果不借钱，公司的亏损只有 0.5 亿元；借钱后，亏损达到 1.5 亿元。借钱让公司多亏了 1 亿元，亏损金额是不借钱的 3 倍，负债大幅放大了亏损。

债主即使拿到了 0.5 亿元利息，也会坐立不安，此时利息根本不是重点。公司只要不亏钱，债主的本金是有保障的；如果持续亏钱，借出去的 10 亿元本金就危险了。

按照这种亏法，公司的 10 亿元净资产，每年亏 1.5 亿元，不到 7 年就亏没了；债主的 10 亿元本金不用等到 10 年到期，就已经和公司一起灰飞烟灭。

这种情形，公司悔不该借钱，债主悔不该借钱给公司，这是一种双输的局面，无论是公司还是债主，都犯下了严重的错误。

本小节不惜篇幅，把借钱后会出现的典型情况挨个分析一遍，只为说清楚一个事实，杠杆不但能放大收益，也能放大亏损，是一把双刃剑。

只可惜，不论是一个人，还是一个公司，借钱做生意考虑的都是双赢局面，对可能发生的双输局面估计不足，造成了很多悲剧。

了解权益乘数

权益乘数是杜邦公式的第三个因子，其计算方法如下：

$$权益乘数＝总资产 \div 净资产＝1 \div (1 － 负债率)$$

权益乘数的数值决定了负债率的数值，反过来也一样，所以，理解了负债率就理解了权益乘数。

比如某公司本来有 1 亿元资产，又借了 4 亿元，那么运营的资产达到了 5 亿元，公司通过借债，使得公司实际运营的资产达到了公司自身资产的 5 倍，此时，公司权益系数便是 500%，这样一分析，权益乘数的概念就很容易理解了。

从杜邦公式来看，权益乘数提升，可以推升 ROE。上一小节的分析表明，提升权益乘数并没有看上去那么美好，由于负债对收益和亏损都有放大作用，公司的权益乘数越是高，经营的风险越是大。

二、借钱炒股是最大的错误

不仅公司能借钱经营上杠杆，个人一样可以借钱上杠杆，比如房贷就是一种杠杆，杠杆无处不在。本节主要论述借钱炒股的巨大风险。

借钱炒股的危险性

股民有一种典型的上杠杆炒股的方式，即融资融券。融资，即借钱。融券，即借股。不管是融资还是融券，都是借入资产，都需要付出利息。

每次股市暴跌的过程中，投资者几乎都会听到某某投资者爆仓的消息，爆仓背后的原因就是杠杆，无一例外。

如果是个刚接触投资不久的毛头小伙上杠杆炒股爆仓了，那是因为他能力的欠缺。但那些传得沸沸扬扬的爆仓案例，其背后的主角，往往是某个领域的大神，他对自己熟悉的领域很懂行，但他还是爆仓了。

这个现象非常值得研究和深思，到底是什么因素导致这些人在自己非常精通的领域内被打爆呢？

归根到底，这些专家爆仓的元凶是假设股市是理性的，本书把这个假设称为借钱炒股最大的误区。为了让读者充分理解这个观点的含义，我们先看一个贷款买房的例子。

假设 A 先生用分期付款的方式，首付 200 万元，贷款 300 万元，买了一套价值 500 万元的房子，在逐月还贷的过程中，发生了一个异常事件。

同小区的 B 先生以 200 万元的价格，把和 A 先生同样户型的房屋出售给 C 先生。根据周边情况，以及小区的配套设施，B 先生以 200 万元的价格出售他的房屋，是不理性的。

遇到这种情况，A 先生可以选择不予理会，只要 A 先生正常还贷，银行也不会来找 A 先生的麻烦，这种情况，对于 A 先生几乎没有影响。

再看一下股市里相似的情形，假设 D 先生自有资金 200 万元，向券商融资 300 万元，以 5 元 / 股的价格买入某上市公司股票 100 万股。D 先生对该上市公司了如指掌，非常保守的专业估计，该公司的内在价值至少有 10 元 / 股。再则，D 先生也做足了功课，就算该股票跌到历史最低估值，也值 4.5 元 / 股，所以不可能爆仓。

在 D 先生持股待涨的过程中，发生了一个异常事件。E 先生以 2.8 元 / 股的价格，向 F 先生出售 100 万股，股价瞬间跌到 2.8 元 / 股。按照这个价格，D 先生 100 万股的市值为 280 万元。

此时，如果 D 先生的 500 万元全部是自有资金，完全可以像 A 先生一样，不管 E 先生和 F 先生的非理性行为，继续持股待涨，淡定从容。

但是，D 先生的 500 万元，有 300 万元是向券商融资所得，而持有的股票价值跌到 280 万元，低于券商融资金额，触发强制平仓。券商为了保护自己的资产，会立刻强制出售 D 先生的股票，回收资金。

至此，D 先生爆仓，自己的 200 万元资产化为乌有。很快，股市恢复了理性，该上市公司的股票又涨到 5 元 / 股，后来又上涨到 20 元 / 股，但是，这和 D 先生又有什么关系呢？说到这里，想必读者对借钱炒股的危险性已经心知肚明。

诚然，读者或许会问，一个内在价值至少为 10 元的公司，怎么会跌到 2.8 元呢？怎么可能呢？为什么呢？

笔者的观点是，这些问题，别问理由，别找答案，投资者只需要知道这种可能性是存在的即可。下一小节列举几个不可能事件。

注意: 并不是说借钱买房就没有风险。

负油价事件

接下来，看一起 2020 年发生过的极端事件。2020 年 4 月 20 日，5 月美国 WTI 原油期货价格发生暴跌，最低达到 − 40.32 美元 / 桶，收于每桶 − 37.63 美元。

在 2020 年 4 月 20 日之前，没有任何人能想到 WTI 原油期货价格会出现如此大的负值，真的不是负一点半点。买一桶原油，卖家倒贴买家 37 美元？荒谬！

简单分析一下负油价的成因。这里的负油价，并不是油价真的变负，这里的价格是原油期货的价格。

投资者买入的原油期货，如果到期卖不了，会以实物交割。如果真的发生期货卖不掉，得到了若干桶实物原油，那投资者到底该如何是好？要知道，原油的仓储费是很吓人的。

2020 年初新冠肺炎疫情暴发，各国纷纷控制人口流动，工业开工率急剧下滑，原油的需求暴跌，而 5 月美国西得克萨斯的轻质原油（WTI 原油）期货交割日是美国时间 4 月 21 日，原油期货真的出现了到期卖不出去的情况。

除了为套期保值原因而买入期货的公司，其他投资者投资原油期货，肯定不可能愿意到期交割为实物，于是期货的持有人不计成本的卖出，造成了踩踏。

举这个例子，是说明证券市场的非理性行为，真的不是人能预料的，或许只有"活久见"这三个字才能形容证券市场非理性程度的深不可测。

最后，再来看一个说法"就算 WTI 原油期货价格跌到 1 美元，我也不会爆仓"，这个说法足够理性了吧？然而理性在事实面前不值得一提。

美股 10 天 4 次熔断

众所周知，股神巴菲特活到 88 岁，只经历过一次熔断。然而，2020 年新冠肺炎疫情暴发后，10 天之内，美股发生了 4 次熔断！分别是 2020 年 3 月 8 日、2020 年 3 月 9 日、2020 年 3 月 12 日、2020 年 3 月 16 日。巴菲特表示，"自己活了 89 岁，也没见过这个场面。"就好比体育运动的世界纪录，你以为这已经是极限了，可是每次奥运会都会有多项世界纪录被打破。股市的非理性程度也在不断被刷新，也不难理解。

为什么深思熟虑后加杠杆还是会爆仓

很多投资者加杠杆的时候，做过很多分析，包括历史上最极端的情况等统统纳入了考虑，在此基础之上，又留有安全余地，看上去万无一失，但是加杠杆爆仓的消息还是不绝于耳。

说到底，无论怎么分析，表面上看充分考虑了非理性的因素，但事实上，只要是分析，必定是理性的，没有理性，投资者怎么分析？而股市的至高点和至低点，都是极致的乐观或者悲观的情绪创造的，和理性毫无关系。

2020 年之前，有谁能想到原油期货会收盘于－ 37.63 美元？有谁能想到美股 10 天之内 4 次熔断？

所以，建议投资者，尤其是非专业投资者，不要融资炒股。一旦加了杠杆，等于给了市场打爆自己的机会，杠杆高了很危险，低了对提升收益帮助有限，所以不要借钱炒股。

三、良性负债

本章前面分析了那么多，负债能推高 ROE，也能置公司、投资者于险地，看上去挺吓人的。不过，确实存在风险极低的负债，本书称之为良性负债，接下来专题举例说明。

良性负债举例

下面讨论一些风险较低、收益可观的负债。

1. 父母借的钱

比如小 A 的母亲借给他 100 万元，无利息，随便什么时候还都行，不还也没什么关系，小 A 是母亲的独子。

从道理上说，这确确实实是一笔负债，如果投资者命好有这种负债机会，还是负债了吧，这不存在爆仓的可能性，属于良性负债。这种情形，没有人会说小 A 是一个"百万负翁"。

2. 公司预收款

某白酒公司，预收了某经销商 20 亿元。从会计准则看，白酒公司欠该经销商 20 亿元，这 20 亿元确确实实是白酒公司的债务。

白酒公司的负债是良性负债，因为这意味着白酒公司不用搞营销就已经把酒卖出去，而且不存在回款风险。

如果读者在 to B（面向企业客户）的公司工作过，肯定会懂得，要把产品卖出去，多少销售经理跑断了腿啊。这还不算，东西卖出去了，客户什么时候把货款给全，又是一个非常伤脑筋的过程，为此公司往往还要专门设立负责催款的部门。

白酒公司的预收款，不但白白预先占了款，还免去了营销、催款的过程，这种负债，真的不像负债。

所以，看有大额预收账款的公司的财务报表，负债率要重新计算，要把预收账款从负债里面移除之后再算负债率。

3. 强势公司占款

某供应商找大电商平台合作，入驻电商平台的线上商城。电商平台公司开出条件，销售所得，需要延迟 90 天支付给供应商。

比如国庆期间，供应商在电商平台的销售额是 1 亿元。按照合同约定，这笔钱要等到下一年年初，电商平台才会支付给供应商。

如果财务报表截止日期是 12 月 31 日，那么当年，该电商公司的资产负债表里面会出现一个负债项，"欠某供应商 1 亿元"。

想必读者都明白，对电商而言，这哪里是负债，这分明是揩油。供应商那边，如果电商平台信用足够好，免去了回款的风险，那这个合约还是很超值的。

占款，往往是强势的龙头公司的特权。分辨良性负债的另外一个办法是看负债是不是有息负债，如果债务是无息负债，那一般可以划为良性负债。

4. 年轻人力所能及的首套房的房贷

房子，在我国人民的心中，有非常特殊的地位，那是一种归属，是家的感觉，那种感觉是出租屋无法赋予的。

因此，对大部分人而言，年轻人的第一套房，是安身立命之所，其价值不可估量。而我国政策的导向也是"居者有其屋"，所以，国家对于首套房一向是鼓励和支持的，还有不少政策上的优惠。所以，年轻人在力所能及的范围内的首套房贷款，也属于良性负债。

5.《富爸爸·穷爸爸》提及的特殊房贷

《富爸爸·穷爸爸》里面反复提到一种能带来现金流的房贷。举个例子，A 先生贷款买了一套房，月供 1,200 美元，这套房子装修之后出租，租金扣除费用后，还剩 1,500 美元。那么这一个负债项，事实上可以为 A 先生带来300 美元的正现金流。

但这个贷款，也不是全无风险。《富爸爸·穷爸爸》的作者有顶尖的律师、会计师、环境分析治理等团队为其服务，基本消灭了借贷过程中潜在的风险。

6. 巴菲特的浮存金

注意，这里说的是"巴菲特的浮存金"，不是浮存金，巴菲特的浮存金是良性负债，是两方面原因造就的，其一是浮存金的属性，其二是巴菲特的能力。

浮存金包括尚未支付的赔款、未满期保费等，浮存金这项负债的属性是应付账款，和白酒公司的预收款有点像。此外，为了降低风险，巴菲特在保险品种选择、保险公司经理人的选择上也有其独到之处。结果是巴菲特的浮存金的成本约等于零。

巴菲特拥有很强大的能力圈，能坚守自己的能力圈，充分利用浮存金，成就伯克希尔·哈撒韦的传奇，所以，巴菲特的浮存金，属于良性负债。

多赢的杠杆

上杠杆最正确的姿势，莫过于创业。在简述创业之前，先介绍一下《富爸爸·穷爸爸》里对杠杆的定义，其认为杠杆是使用下面两种东西：

（1）OPM（Other people's money）：别人的钱。

（2）OPT（Other people's Time）：别人的时间。

这个观点可以理解为，杠杆就是使用不属于自己的资源，其实这和创业很像。举个例子，某创业者打算创业，项目是造车，造车需要的主要资源如下：

（1）钱。可以来自风险投资，至于厂房什么的，都可以用钱来解决。

（2）团队。团队的组建，主要依靠创业者自身的能力和个人魅力，只靠钱不行。

创业者要做的事情是，利用自己的领导力、管理能力、人际关系资源等核心能力，把钱和团队整合起来，创建造车公司，并解决创业过程中不断出现的各种问题，使之生存下来，发展壮大。

一次成功的创业，是典型的多赢的过程，创业者、风险资本、创业团队都是获益者，对国家也有很大的好处。只要创业者有能力、有信用，即使创业失败，无论是创业者、风险资本、创业团队也都不是输家。

如果创业失败，风险资本是会亏钱的，但风险资本有"发现了一个具备创业成功潜质的创业者"这样一项潜在的收益弥补投资失败的损失。有一个说法，风险投资机构，最钟爱的是经历过1~2次失败的创业者。

注意：首先，合格的创业者是稀缺资源；其次，创业的成功率很低。所以一般人还是不要参与天使投资这样的事情了。

四、如何看待高负债率的公司

本章前面充分揭示了杠杆能放大收益的同时，也会放大亏损，还会带来爆仓的风险。本节列举有哪些典型的高负债公司，讨论投资高负债公司需要注意的问题。

高负债公司举例

最典型的高负债的行业包括银行业、保险业、证券业、地产业，合称金融地产。下面分别看一下四个行业的龙头招商银行、中国平安保险（集团）股份有限公司（简称中国平安）、中信证券股份有限公司（简称中信证券）、万科企业股份有限公司（简称万科 A）的 2011—2020 年负债率。

1. 招商银行

招商银行 2011—2020 年负债率，如图 5-1 所示。

银行业的主要负债，即储蓄者的存款，是银行业主要业务的资金来源。银行业属于天生高负债行业，翻开银行股的年度报表，找到合并资产负债表的负债一栏，一般客户存款项目占比巨大。

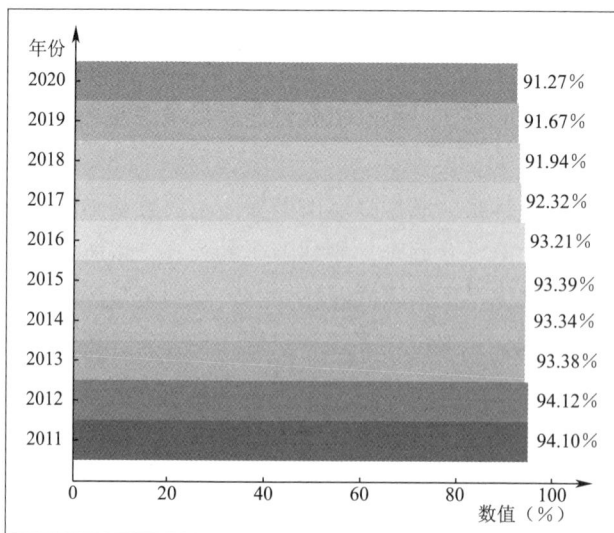

图 5-1　招商银行 2011—2020 年负债率

2．中国平安

中国平安 2011—2020 年负债率，如图 5-2 所示。

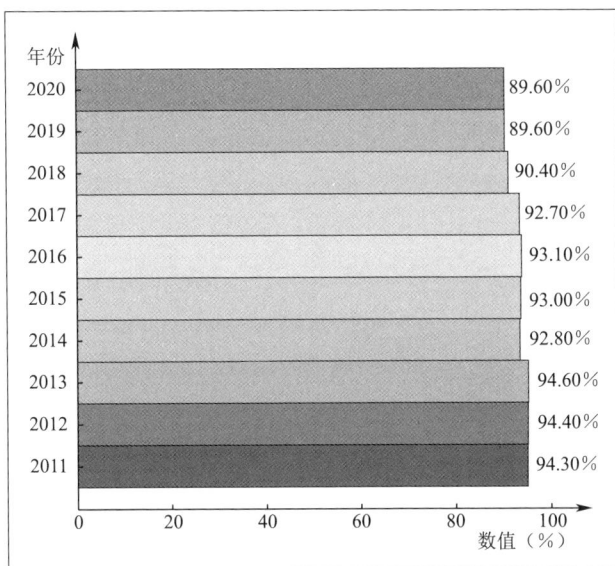

图 5-2　中国平安 2011—2020 年负债率

保险业的主要负债，起源是投保者的保费，客户投保之后，保险公司就会产生赔付的义务，这个赔付的义务，就是保险公司的负债。翻开保险股的年度报表，找到合并资产负债表的负债一栏，"保险合同准备金""寿险责任准备金"等科目是规模最大的负债科目。保险业的核心是赔付能力，所以每收到一笔保费，都是要提取准备金用于未来赔付的，受到严格的监管，这个准备金体现在资产负债表的负债端。

3．中信证券

中信证券 2011—2020 年负债率，如图 5-3 所示。

券商的业务相对复杂一些，可以这样来理解，券商开展的业务，都是需要资本的，比如融资融券。融资，就是借钱给客户，收取利息。融券，就是借股票给客户，收取利息。出借的钱和股票都是资本，券商的自有资金远远不能满足客户需求，所以需要大量融资。

4．万科 A

万科 A2011—2020 年负债率，如图 5-4 所示。

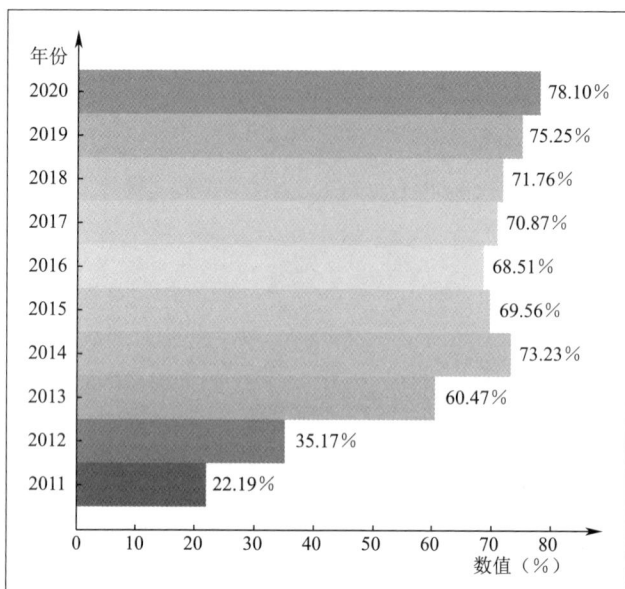

图 5-3　中信证券 2011—2020 年负债率

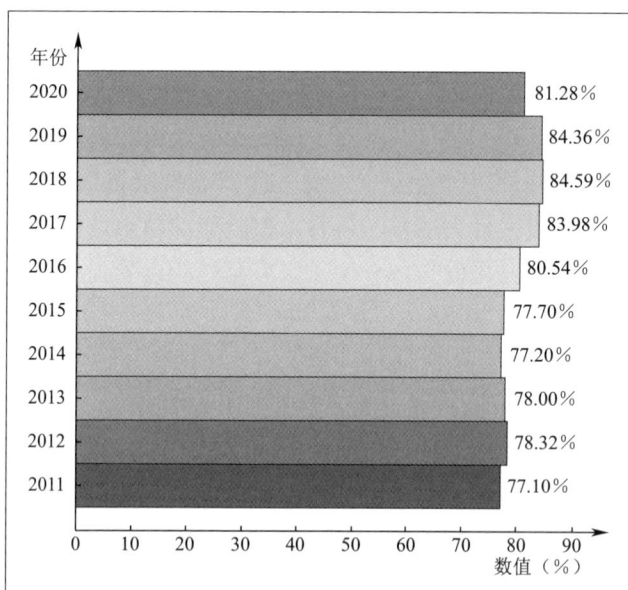

图 5-4　万科 A2011—2020 年负债率

　　地产业属于建设周期长、资金占用大的资金密集型行业，从拿地开始到拿到销售许可开始销售，这个过程中的资金需要房地产公司出资，地产公司靠自有资金无法满足这个过程中的巨额资金需求。

注意: 本书的负债率如果没有特别注明,均默认为上市公司年度报表里面披露了资产负债率的,则用年度报表数据;没有披露的,则是用负债率=总负债÷总资产计算得到,其中总负债、总资产均为年度报表披露数据。

负债率虚高的辨别

无息负债通常要和有息负债分开来看,无息负债,通常都是预收、占款引起的,属于良性负债。而资产负债表是统一记账,不分有息负债和无息负债的。以珠海格力电器股份有限公司(简称格力电器)为例,我们先看一看格力电器 2011—2020 年负债率,如图 5-5 所示。

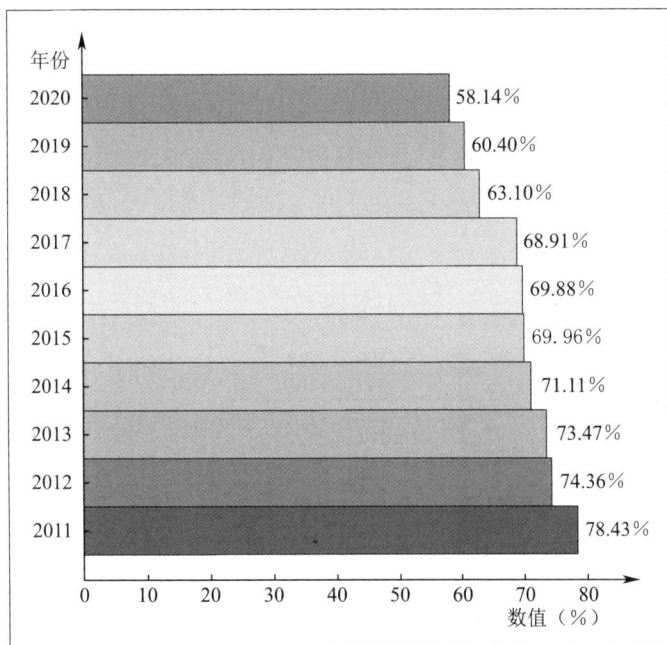

图 5-5　格力电器 2011—2020 年负债率

乍一看,格力电器的负债率不低,但实际上格力电器的有息负债占比很低,所以,格力电器的负债率是需要修正的。我们看一看格力电器 2020 年度报表的资产负债表,如图 5-6 所示。

纯粹从数字上看,格力电器的负债高达 1,623 亿元。再看一看格力电器 2020 年度报表披露的"利率风险"部分,如图 5-7 所示。

GREE 格力　　　　　　　　　　　珠海格力电器股份有限公司 2020 年年度报告全文

合并资产负债表（续）

编制单位：珠海格力电器股份有限公司　　　　　　　　　　　　　　　　单位：元

项　目	附注	2020 年 12 月 31 日	2020 年 1 月 1 日	2019 年 12 月 31 日
流动负债：				
短期借款	五、24	20,304,384,742.34	15,944,176,463.01	15,944,176,463.01
吸收存款及同业存放	五、25	261,006,708.24	352,512,311.72	352,512,311.72
拆入资金	五、26	300,020,250.00	1,000,446,666.67	1,000,446,666.67
交易性金融负债				
衍生金融负债				
应付票据	五、28	21,427,071,950.32	25,285,207,843.86	25,285,207,843.86
应付账款	五、29	31,604,659,166.88	41,656,815,752.46	41,656,815,752.46
预收款项				8,225,707,662.42
合同负债	五、30	11,678,180,424.65	7,311,804,415.54	不适用
卖出回购金融资产款	五、27	475,033,835.62	2,074,500,000.00	2,074,500,000.00
应付职工薪酬	五、31	3,365,355,468.69	3,430,968,964.33	3,430,968,964.33
应交税费	五、32	2,301,355,583.02	3,703,779,716.33	3,703,779,716.33
其他应付款	五、33	2,379,395,717.44	2,712,692,973.66	2,712,692,973.66
其中：应付利息				
应付股利		6,986,645.96	707,913.60	707,913.60
持有待售负债				
一年内到期的非流动负债				
其他流动负债	五、34	64,382,254,283.54	66,095,395,102.02	65,181,491,855.14
流动负债合计		**158,478,718,130.74**	**169,568,300,209.60**	**169,568,300,209.60**
非流动负债：				
长期借款	五、35	1,860,713,816.09	46,885,882.86	46,885,882.86
应付债券				
其中：优先股				
永续债				
长期应付款				
长期应付职工薪酬	五、36	149,859,788.00	141,021,228.00	141,021,228.00
预计负债				
递延收益	五、37	437,033,702.46	240,504,270.47	240,504,270.47
递延所得税负债	五、22	1,411,111,102.84	927,789,301.27	927,789,301.27
其他非流动负债				
非流动负债合计		**3,858,718,409.39**	**1,356,200,682.60**	**1,356,200,682.60**
负债合计		**162,337,436,540.13**	**170,924,500,892.20**	**170,924,500,892.20**

图 5-6　格力电器 2020 年度报表合并资产负债表

（2）利率风险

利率风险，是指金融工具的公允价值或未来现金流量因市场利率变动而发生波动的风险。

截至 2020 年 12 月 31 日，公司有息负债情况如下：

报表项目	金额	利率区间	备注
短期借款	20,304,384,742.34	0.63%-6.525%	浮动利率
吸收存款及同业存放	261,006,708.24	0.35%-3.65%	浮动利率
拆入资金	300,020,250.00	2.43%	
长期借款	1,860,713,816.09	0.41%-6.18%	浮动利率
卖出回购金融资产款项	475,033,835.62	2.60%	
合　计	23,201,159,352.29		

图 5-7　格力电器 2020 年度报表利率风险表格

　　格力电器 2020 年有息负债仅仅 232 亿元，只占负债的不到 15%。格力电器真正借来的钱比例很小，属于低负债公司。分析到这里，投资者就可以把格力电器从高负债率公司清单里面剔除了。

合理看待高负债的公司

部分投资者不碰高负债率的公司，当然，这也是一种合理的思路。其实，有些高负债类的公司还是值得关注的。

由于高负债类公司特殊的风险，往往不太受投资者的待见，久而久之，就会形成偏见。证券市场的历史表明，偏见往往产生很好的投资机会，长期的偏见往往导致此类公司的估值跌到难以置信的程度，出现极佳的投资机会。

在高负债行业的公司被极度低估的时候，唯一需要关注的是公司的业务是不是正常，一旦公司破产，就没有纠正偏见的机会了。如果是公司本身的业务出问题了，那就不是偏见了。

价值投资第一条原则，先保住本金，再图利益，所以，投资高负债率公司，可以参考如下几条：

（1）选择实力雄厚、经营风格稳健的龙头公司。比如国内大型银行、保险龙头、券商龙头、地产龙头。这些实力强大的龙头公司经营是最稳健的，最有可能穿越危机。

（2）控制高负债率公司的整体仓位。比如，限制高负债率公司整体占比不超过账户的10%。

（3）在市场对公司有明显偏见的时候买入。投资者可以衡量一下，如果长期持有，即使不涨，公司的股息收入已经可以让自己满意，那么此时往往是买入的良机。

切忌满仓高负债公司再加杠杆试图提高收益率。高负债率公司自身的杠杆已经很高了，投资者再加一层杠杆，万一发生"黑天鹅"事件，爆仓概率极高，即使不爆仓，净值的回撤也足以让绝大部分投资者心灰意冷。

排除两类高负债的公司

有两类高负债率公司，不建议一般投资者参与。第一类是高负债率行业中负债率明显比其他公司的负债率高很多的超高负债率公司。比如银行业普遍的杠杆倍数在10~20倍，如果出现一家杠杆倍数在100倍以上的银行，那么这家银行一般投资者最好规避。第二类是某个行业的负债率普遍不高，但行业内出现一家高负债率的公司，这家公司投资者最好规避。

高杠杆的隔壁就是爆仓，所以一旦一家公司的杠杆率异常的高，那么这家公司任何一点负面因素都会被市场放大。就算杠杆率异常高的公司经营没有问题，一旦市场上出现这些公司的坏消息，也会导致此类公司股价暴跌。股价暴跌，会导致此类公司融资困难，从而引发真正的危机。

负债率超高的公司，债务本身的不确定性和环境对其影响的不确定性，一般投资者是很难把握的，能回避则回避。

五、债务的信用

债务的核心是信用，信用决定利率。一笔债务，如果本金收不回来，谈利息毫无意义。货币是有债务属性的，货币的信用很重要，本节内容是负债率的外延。

钱是什么

钱即货币，从某个角度来看，像是一张借条。举个例子，某软件工程师，为软件公司编写了一天程序，这程序归软件公司所有，软件工程师得到了1,000 元的薪水。

这 1,000 元的薪水，很像是软件工程师的劳务被公司借走了，也就是先拿去用了，1,000 元便是这个事实的凭据，一张借条。

软件工程师所在的社会对这张 1,000 元借条的信用负责，如果软件工程师拿这 1,000 元购入一台入门级智能手机，相当于这张 1,000 元的借条被兑付了。

从这个案例来看，钱等同于社会欠软件工程师的债务，这个分析的过程，也形象地说明了钱是一般等价物的属性，不管是软件工程师、软件公司、手机供应商，都认同 1,000 元的价值。

货币的信用

债务的信用和发行的主体有关。货币具有债务属性，那么自然有信用属性，具体到某一国的货币，其信用就是国家的信用。

信用评级机构也会给国家评级。国际三大知名评级机构之一的标准普尔在 2011 年将美国主权信用评级由 AAA 下调至 AA ＋，这是美国历史上第一次主权信用评级被下调。

一个国家的币值稳定，也就是货币的购买力稳定，简单说来，钱的信用取决于两个方面，首先要能买到东西，其次同样的钱买到东西的数量不会忽然大幅下降。

币值的稳定需要考虑两个因素。首先，钱买的商品，是国家内部生产单位生产出来的商品，或者拿本国生产出来的商品和他国交换得来的商品，本国的生产力是币值稳定的保障。其次，国家一旦发生混乱，币值肯定朝不保夕，所以国家的前景展望要稳定。

做投资的目标是赚钱，如果赚到的钱的价值朝不保夕，那赚来何用？连货币价值的稳定性都存疑的国家，不值得投资。投资，要在主权信用良好的国家开展，这是投资的大前提。

债务的利率

债务的利率主要受国家基准利率和发债人信用等级的影响，发债人信用等级越高，发行的债券利率越低。

如果债券的本金大概率收不回来，其利率毫无意义，所以，没有信用的主体，是发不出去债券的。

刷财经网站的时候，经常会看到这样的消息，某某公司以多少利率发行了多少亿元债券，此时，投资者可以留意一下债券利率的高低，如果公司发债的利率很低，说明公司信用良好，这是公司实力的体现。

债务违约

如果某上市公司出现债务违约，那这个公司基本就已经走到穷途末路了。债务违约之后，公司失去了信用，再想借钱就很难了；没有资金的注入，公司的前景更加暗淡，这是一个负反馈过程，一般投资者最好不要投资此类公司。

以前在 A 股，部分投资者有炒 ST 股（特别处理的股）的习惯。在未实行注册制的前提下，上市公司的壳有一定的价值。随着注册制的实行，炒作垃圾股的风险越来越大，一旦持有的股票退市，投资者会血本无归。

六、流动性魔法

《富爸爸·穷爸爸》曾经提到，"金钱只有流动才有价值"，这句话生动地体现了流动性对钱的重要性，本节专题探讨流动性。

关于阿凡提分马

阿凡提分马的故事，想必读者并不陌生。故事是这样的，一个农夫拥有 23 匹马，有三个儿子；农夫去世后立下遗嘱，这 23 匹马将被分给三个儿子，遗嘱是这样的：

（1）分配原则：大儿子分二分之一，二儿子分三分之一，小儿子分八分之一；

（2）限制条件：不能杀马。

农夫去世后，由于 23 是一个质数，所以在不杀马的前提下，根本没法分配，他的三个儿子搞不定这个事情，这个时候阿凡提骑着他的驴路过。

由于阿凡提的智慧举世闻名，所以，农夫的三个儿子便请教阿凡提，如何搞定父亲关于马的分配方案。阿凡提把驴借给农夫的三个儿子，吩咐他们"你们把它当一匹马，加入遗产，然后分吧。"有了阿凡提的驴，"马匹"数量变成了 24，于是分配方案出炉了：

（1）大儿子分得：（23 ＋ 1）×1÷2 ＝ 12（匹）。

（2）二儿子分得：（23 ＋ 1）×1÷3 ＝ 8（匹）。

（3）小儿子分得：（23 ＋ 1）×1÷8 ＝ 3（匹）。

一共分掉 23 匹马，分配顺利完成，阿凡提的驴没用上，然后阿凡提把驴骑走了。阿凡提做了什么呢？故事的本意是，阿凡提注入了智慧，让无解的问题得到解决。

这个例子，说阿凡提注入了流动性，也非常合理。流动性的注入，解决了资产冻结的问题。阿凡提的一头驴，把原先冻结的资产——23 匹马给盘活了。

这个例子很像以贵金属作为货币时代的通缩现象，明明有资产，但由于货币不足，导致经济陷入严重的衰退。

关于小镇的债务问题

这也是一个老掉牙的故事。

某个小镇，有旅馆老板、农夫、郎中、棺材店老板四个人。旅馆老板欠农夫10金币、农夫欠郎中10金币、郎中欠棺材店老板10金币、棺材店老板欠旅馆老板10金币，看上去，这个小镇的债务问题非常严重，每个人都欠了钱，每个人都还不起钱。

一天，有个房客来到旅馆，要求租用一间房，预付10金币作为定金。扔下定金，房客离开。

旅馆老板趁房客不在，立刻去农夫那里，把10金币还了。农夫拿着这10金币立刻去了郎中那里，把欠郎中的10金币还了。郎中拿了这10金币立刻去了棺材店老板那里，把欠棺材店老板的10金币还了。棺材店老板拿了10金币立刻去了旅馆老板那里，把欠旅馆老板的10金币还了。

房客回到旅馆，说我不住了，拿上10金币，扬长而去。房客什么也没留下，但是，整个小镇的债务却被彻底消除了。

房客做了什么呢？他为那个小镇注入了流动性。

七、本章小结

本章内容总结：

（1）不要借钱炒股。

（2）千万不要借钱炒股。

（3）牢记前面两条。

（4）负债可以放大收益，也能放大亏损。

（5）学会识别良性负债，并从财务报表的负债项里面剔除。

（6）债务的核心是信用。

（7）流动性能带来溢价，但无法产生信用。

（8）客观理性看待高负债公司。

第六章

两个重要的股票估值指标
PB 与 PE

PB 与 PE 是两个重要的估值指标，ROE 也可以使用 PB÷PE 来计算，PB 和 PE 都包含价格因素，属于估值指标，它们相除消除了价格因素，得到 ROE。本章主要讨论 PB（股票平均市净率）和 PE（市盈率）这两个估值指标。

主要涉及内容如下：

- 认识 PB。论述资产可靠性的辨别、PB 在估值中的应用。
- 围绕 PB 构建交易系统。介绍投资大师沃尔特·施洛斯的投资策略，论述低 PB 策略。
- 论述 PB ＋ ROE 策略的原理。
- 认识 PE。论述净利润可靠性的辨别、PE 在估值中的应用。
- 围绕 PE 构建交易系统。介绍投资大师约翰·涅夫的投资策略，论述低 PE 策略。
- 论述 PE ＋利润增长率策略的原理。

一、运用 PB 估值

本节主要深入讨论如何运用 PB 估值，先探讨什么是资产，然后再讨论 PB 在估值中的运用，下一节论述围绕 PB 指标建立交易系统。

从资产负债表中看资产

公司市值是由交易价格决定的，永远都在波动，这个不需要辨别。在讨论 PB 之前，我们有必要先深入讨论一下资产。

资产负债表是上市公司年度报表里面必定披露的三大报表之一，本小节用万科 A2020 年度报表资产负债表前半部分来举例分析资产，如图 6-1 所示。

合并资产负债表

编制单位: 万科企业股份有限公司	2020 年 12 月 31 日	单位: 元	币种: 人民币
资产	附注五	2020 年 12 月 31 日	2019 年 12 月 31 日
流动资产:			
货币资金	1	195,230,723,369.88	166,194,595,726.42
交易性金融资产	2	170,479,737.23	11,735,265,424.66
衍生金融资产	3	14,760,989.89	332,257,520.78
应收票据		9,662,433.79	28,970,047.83
应收账款	4	2,992,423,302.26	1,988,075,737.67
预付款项	5	62,247,503,823.48	97,795,831,444.26
其他应收款	6	249,498,545,525.50	235,465,007,349.80
存货	7	1,002,063,008,153.13	897,019,035,609.52
合同资产	8	6,162,549,680.11	3,444,938,025.74
持有待售资产	9	6,334,727,583.46	4,252,754,905.02
其他流动资产	10	22,662,676,635.96	20,732,622,761.28
流动资产合计		**1,547,387,061,234.69**	**1,438,989,354,552.98**
非流动资产:			
其他权益工具投资	11	1,601,237,167.11	2,249,953,722.90
其他非流动金融资产	12	697,759,464.58	673,982,298.05
长期股权投资	13	141,895,190,255.76	130,475,768,323.53
投资性房地产	14	79,954,139,029.20	73,564,678,069.11
固定资产	15	12,577,342,742.17	12,399,838,267.28
在建工程	16	3,236,850,338.38	4,179,839,536.92
使用权资产	17	25,210,119,233.05	22,135,359,592.40
无形资产	18	6,087,781,315.58	5,269,647,193.30
商誉	19	206,342,883.92	220,920,784.68
长期待摊费用	20	8,947,760,570.31	7,235,202,389.07
递延所得税资产	21	27,535,430,502.86	23,427,586,089.92
其他非流动资产	22	13,840,079,267.94	9,107,319,581.09
非流动资产合计		**321,790,032,770.86**	**290,940,095,848.25**
资产总计		**1,869,177,094,005.55**	**1,729,929,450,401.23**

图 6-1 万科 A2020 年度报表的资产负债表

从万科 A2020 年度报表可以得知，资产包括流动资产和非流动资产，这个表格里面的所有科目，都是资产的一部分，这是从会计准则的角度解释什么是资产。

笔者很喜欢《富爸爸·穷爸爸》给出的观点，"资产就是能把钱放进你口袋里的东西，负债是把钱从你口袋里取走的东西。"这个说法形象地从另外一个角度重新审视了资产和负债，道明了资产和负债的本质区别，形象生动，易于理解。

让人迷惑的资产

计算PB用到的分母净资产，正是财务报表里面披露的科目。假设两个公司财务报表披露的净资产100%符合会计准则，而且都是100亿元，这两个公司的100亿元资产必定等价吗？答案是否定的，下面用几个例子来说明这个事实。

1. 水电厂的大坝

大坝是水电厂的核心资产，大坝的寿命，至少100年。但是大坝是一种建筑物，会计准则规定建筑物是可以折旧的，而且20年内可以折旧完。所以，水电公司上市20年后，旗下的水电站转得好好的，大坝依然坚如磐石，但是公司财务报表的资产项里却没有"大坝"这一项资产。

所以，水电公司的净资产往往比实际的净资产低，这并不是说水电公司的净资产没有参考价值，水电公司的净资产纵向比较，还是有意义的。

如果某水电公司净资产是100亿元，某火电公司的净资产也是100亿元，那么两者是否相等，这就要打一个问号了。

2. 白酒公司的窖池

窖池当然也是一种建筑物，只要是建筑物，就可以按照企业会计准则的规定在20年内折旧完。但读者都很清楚，白酒的窖池越老价值越高。按常理，窖池不应该折旧，而是应该折新，每过一年其价值上升一些才对。

对于浓香型白酒而言，有"千年老窖万年糟，酒好全凭窖龄老"的说法，泸州老窖的1573国宝窖池群是全国重点文物保护单位，可见其价值之高。所以泸州老窖的实际净资产高于资产负债表里面披露的数值。

3. 存货

假设某钢铁公司名下有一项资产，10,000吨螺纹钢，按照5,000/吨的价格计算，其价值是5,000万元。

如果这些螺纹钢能以5,000元/吨的价格卖出去，那么这个资产项实实在在，没有任何问题。但是，如果整个行业产能严重过剩，会出现两种结果。

（1）一直卖不出去，那么这个存货，需要仓储，需要维护，这都是要花钱的。实际上，这个资产项，不但不产生钱，还不断倒贴钱。

（2）最终以3,000元/吨的价格出售，这种情况，原来的5,000万元资产，一下子就缩水到3,000万元。

以上分析表明，存货这项资产的价值存在很大的不确定性，存货真正的价值取决于存货能否出售，以及最终出售的价格。

参考本章图 6-1 万科 A2020 年度报表，资产项里面规模最大的项目，正是存货。在房地产欣欣向荣的时代，这些存货，尤其是房子，都是闪闪发光的金子；一旦房产出现滞销，这些存货的价值就岌岌可危。试想一个问题，如果万科大幅降价促销，那么一些品牌力较弱的房地产公司有可能遭受很大的冲击。

另外一类非常典型的存货是已经到出栏标准的生猪。达到出栏标准的生猪，再养其体重也不会长太多。但是，众所周知，猪不会因为它已经具备出栏条件就胃口忽然减小，该吃多少还是吃多少。达到出栏条件的猪拼命吃饲料，吃掉的都是资产，所以，一旦达到出栏条件，就算贱卖，也要卖，卖掉之前，猪很像负债，这导致猪肉价格的大幅波动。

茅台酒是另外一个极端，越存越值钱，所以，贵州茅台资产负债表里面的存货价值，通常是被低估的。

最后提醒一下读者，如果某公司财务报表里面存货占比较大，需要考虑一下存货的销路、存货的属性，如果感觉前景不明，则需要规避。

4. 超级品牌

一个超级品牌，本身有巨大的价值，是优秀公司多年经营累积下来的无形资产，这一块，在财务报表里面通常体现不足。

以万科为例，参考图 6-1 的表格，其无形资产总共才略超 60 亿元，万科仅品牌价值，远不止 60 亿元，所以，万科的无形资产项，很明显是低估的。

超级品牌效应，一是带来溢价提升毛利率，就算不考虑溢价，同样的商品，超级品牌的销路也比非知名品牌好，卖得快，周转率就高。超级品牌的价值，在财务报表里面是隐形的，需要投资者注意。

5. 商誉

假设 A 公司收购 B 公司，B 公司的资产是 50 亿元，而收购用了 A 公司 150 亿元，那么多出来的 100 亿元，就是商誉。商誉会作为一项资产，被计入资产负债表。

一个正常的公司，一般不会直接把自己以资产的价格卖了，其价值不止于资产，所以收购一般都会产生商誉。

但这个商誉，确实让投资者摸不着头脑。一旦收购之后，经营情况没有达到预期，一个计提，商誉就没了，就从资产负债表里面消失了。如果一份财务报表里面，商誉的占比很高，需要留意。

以上 5 个例子表明，资产虚虚实实。有的资产看上去很实，在资产负债表里面写得明明白白，比如存货，但其实际价值有可能很虚；有的资产看上去很虚，在资产负债表里面不可见，比如品牌价值，其实际价值有可能很实。

PB 在估值中的应用

当然，PB 也不是一种完美的估值指标。本小节主要讨论 PB 估值法常见的几种应用场景；不适用 PB 估值法的场景，将在下一小节专题讨论。

1. 股票的历史 PB 波动范围

例如，某公司的 PB 在 1~5 之间波动，那么大致可以认为 PB 在 1~2 之间属于低估，在 4~5 之间属于高估，在 2~4 之间属于正常估值。

值得注意的是，这种判别方式不是那么绝对的。一只从未破净的股票，未来有可能破净，如果股票在下跌的过程中跌到 0.5PB，甚至更低，那么根据股票的历史 PB 波动范围得出的该股票 PB 在 1~2 之间低估的结论就不一定合理了，至少，参考价值就没有那么大了。

无论如何，这种估值方法，对股票是便宜还是贵，提供了一个非常重要的参考。投资者再通过公司的特性以及其他估值指标，可以进一步判断股票估值是便宜还是贵。

此外，使用 PB 给个股估值，还要识别股票的净资产是否存在虚高或者低估的情况，如果存在，需要加以还原，这个可以参考上一小节的讨论。

2. ETF 的历史 PB 波动范围

ETF（交易型开放式指数基金，exchange traded fund，简称 ETF）的估值，就是其背后指数的估值。目前，很多网站提供 ETF 关联指数当前的 PB 数值以及 PB 历史百分位的查询。通过当前 PB 和 PB 历史百分位，投资者可以大致判断 ETF 当前的估值是便宜还是贵。

和股票一样，指数的 PB 也可以创新低或者新高。由于我国证券市场发展时间较短，所以指数的 PB 创新高或者新低的可能性还是很大的。由于我国的经济从股市设立至今一直在景气周期，没有经历长期的萧条，所以不能认为指数的 PB 在历史低位就绝对安全。

由于指数是股票的集合，所以可能很好地过滤个股 PB 异常波动带来的影响，其参考价值大于个股。

需要注意，如果某指数的 PB 历史估值范围是 1~10，不能机械地认为其平均值 5.5PB 就是估值中枢，低于 5.5 低估，高于 5.5 高估，原因是 10 倍的PB，很可能是一个巨大的泡沫。

所以，只看 PB 的分位来判断股票估值的高低，是不合适的。由于巨大的泡沫、极度的悲观通常都不会持久，所以，一个简单的修正方案是，去掉股票极度高估、极度低估的 10% 的时间段，用剩余的 90% 的时间范围的 PB 上下限取平均值，作为估值的中枢，这相当于体育比赛打分的时候，去掉一个最高分，去掉一个最低分，排除比赛的偶然性。

此外，同一个指数，其背后指数的成分股，是不断变化的。比如投资者最熟悉的沪深 300 指数，起初银行、保险、石化类公司占比极高，其合理的 PB 数值较低。随着我国经济的多元化发展，沪深 300 指数的成分股，轻资产公司比重不断增加，其合理的 PB 数值也逐渐上移。投资者不可刻舟求剑。

最后，如果某指数的 PB 突破了历史最低纪录，通常是低估的；而指数的 PB 突破了历史最高纪录，通常是高估的。

3. 破净股

有一类股票，其价格在每股净资产之下，称为破净股。开创了价值投资流派的格雷厄姆是投资破净股的专家，国内也有不少擅长投资破净股的投资者。

一个上市公司，以低于净资产的市值在市场上流通，看上去很便宜，但并不是所有破净股都值得投资，投资者投资破净股的时候，一定要确认其背后的资产质量。

A 股前 20 年由于退市制度的缺失，给了投资者一个假象，凡是破净的股票，都会涨回到 1PB 以上，这个观点，让一些专门投资破净股的投资者赚到了钱，这只是阶段性规律，放到其他成熟市场，这个凡是的假设是不成立的。

资产质量的确认是一项十分专业的技术活，投资者至少要熟读资产负债表，明确其中各项科目背后的含义，这是大多数投资者不具备的。

此外，格雷厄姆投资破净股，往往是买下或控制整个公司，然后强迫其出售资产，从而让公司的资产错误定价迅速得到修正。普通投资者没有这个能力，如果投资的公司低估值一直不修复，那也无可奈何。

不适用 PB 估值的场景

回顾一下（PB 市净率）的计算方法：

$$市净率＝市值 ÷ 净资产$$

从这个式子看，轻资产公司一般不适用 PB 估值法。比如互联网公司，其主要资产是服务器，而其提供的社会价值，远不止服务器的价值。这样，一个优秀的互联网公司的 PB 如果很高，这并不能作为公司估值高的判别依据。这类公司一般适用 PE 来估值。

换个角度看，如果某互联网公司的市值落到和公司净资产差不多，说明该互联网公司基本上已经没有存在的价值了。

以 PB 估值的股票特征

被投资者用 PB 来估值的公司，通常不是高速成长型的公司。适用 PB 估值的公司主要包括以下几类：

（1）过了高速成长期行业的公司；

（2）高负债率行业的公司；

（3）重资产行业的公司；

（4）非热门行业的公司。

一个公司，被市场用 PB 来估值，代表公司不受市场待见。市场一般偏爱轻资产低负债的成长股。低 PB 的股票不受市场待见，不代表没有投资机会，市场上一类非常大的投资机会，正是偏见赋予的。

由于低 PB 公司长期受到市场偏见，所以投资者一定不要买贵了。和成长股不同，投资低 PB 公司往往是判断其被市场错杀，从而预期估值修复，但这种低估并不一定会修复，如果偏见加深，其估值有可能进一步下探，这是此类投资方法最主要的风险。

投资这类股票，建议把很高的股息率作为前提，这样即使长期不涨，有股息作为回报，投资者也可以满意。

二、围绕 PB 构建交易系统

前面对 PB 的讨论表明，以 PB 来估值的公司，都挺负面的。那么，依靠 PB 估值法来投资，能不能赚大钱？答案是肯定的。

沃尔特·施洛斯

相比巴菲特的妇孺皆知，他的师兄沃尔特·施洛斯显得默默无闻，但他被巴菲特称为"超级投资者"，可见其水平之高。沃尔特·施洛斯在 1956—2002 年创造了 5,000 倍收益的投资神话。

由于沃尔特·施洛斯的投资策略在将近 50 年的时间里持续稳定盈利，他的投资方法是值得广大投资者借鉴和学习的。

施洛斯入道是读了格雷厄姆所著的《证券分析》，并被深深吸引，和巴菲特最后进化成为成长股投资者不同，施洛斯一生坚持了格雷厄姆的"捡烟蒂"策略。

价值投资有两个流派，一是格雷厄姆开创的以挖掘低估值股票为核心的传统价值投资，另外一个分支是成长股投资，两者的集大成者分别是施洛斯和巴菲特。

施洛斯是一个宅男，从来不去找企业的管理层交谈，从来没有使用过计算机。施洛斯研究股票的主要手段是研究叫作《价值线》(*Value Line*) 的杂志上刊登的上市公司数据，还有上市公司的年度报表。

普通投资者一般得不到和公司管理层交谈的机会，施洛斯的策略，根本不需要去调研，所以，施洛斯的投资原则，非常值得普通投资者学习。施洛斯的主要投资原则如下：

（1）喜欢诚实的管理层，不喜欢聪明而贪婪的管理层；

（2）不喜欢亏损；

（3）不购买大规模负债公司；

（4）购买资产简单的公司；

（5）关注公司历史，排除历史上有污点的公司；

（6）倾向于购买股价低于公司账面价值的股票，其实就是破净股，师承格雷厄姆；

（7）偏爱公司的管理层大量持有本公司股票的公司；

（8）不试图预测未来，认为未来是虚无缥缈的，不可预测；

（9）从不在一只股票投入太多，施洛斯大多数时间持有 100 多只股票；

（10）觉得某个股票很好，非常看好，会投入 20% 的仓位，20% 是上限；

（11）喜欢生产产品的公司；

（12）喜欢卖出公司的股票，而不是像巴菲特长期持有，买入就是为了获利，持股时间一般为 3~4 年；

（13）总是远离麻烦；

（14）喜欢从股价创新低的股票中寻找机会。

相信沃尔特·施洛斯的上述原则，能给投资者很多启发，其实很多思路都是相通的，比如"坚守能力圈"原则。

施洛斯的案例，给了"宅"型投资者很大的信心，足不出户、从不拜访公司的管理层，也有出路。不但有出路，施洛斯的投资生涯非常辉煌。如今，借助互联网，投资者能掌握的信息比施洛斯更多。

构建低 PB 交易系统

看过施洛斯的介绍，相信投资者心中已经有了低 PB 交易系统的大致轮廓。围绕低 PB 策略构建交易系统分以下几个步骤。

1. 选股

选股原则如下：

（1）选择股价创出新低的公司，逆向投资。尽量选择股价大幅低于公司账面价值的股票，即破净股。

（2）选择资产简单的公司，能看懂的公司。

（3）选择有诚实管理层的公司。

（4）选择低负债率的公司。

（5）选择有很长经营历史的公司。

（6）选择前景展望稳定的公司。

业余投资者通常在投资上投入的精力远远不及专业投资者，为了避免踩雷，最好再加上一条：

（7）排除不分红的公司，尽量选择年年分红的公司，股票的股息率越高越好。

加这一条的理由很简单，真金白银，往往是管理层诚信、公司资产质量最好的确认和保障，有了高股息率，公司的价格就算一直不涨，投资者也能有不错的收益。

2. 买入

控制仓位，高度分散，单只股票一般不超过 5%，最多 10%，单一行业仓位不超过 20%，负债率大于 50% 的公司仓位之和不超过 20%，这个系统的标的不是明星公司，买得便宜是关键，尽量保守一点。

3. 持续跟踪

持续跟踪非常有必要，主要目的是防止标的基本面变坏，比如可能产生经营亏损，这种情况，需要果断卖出。

4. 卖出和轮动

当股票退出低估值的行列，可以考虑卖出，这个策略和此前介绍的围绕 ROE 选择最优秀公司的策略不同，一般不会考虑长期持有，通过不断轮动到低估值的公司获得复利。

和第二章第九节介绍的围绕 ROE 构建交易系统的最大区别是，这个策略强调买得便宜，对标的公司的成长性要求降低，但这并不代表这个系统会买品质低下的公司。成长性差往往是行业的大势所致，而不是公司经营的问题。

最后再强调一次，低 PB 策略，买得便宜是关键，投资者要善于等待，等到公司极度低估的时候再买入。投资很大程度是赚耐心的钱，等待是投资的核心竞争力。

PB ＋ ROE 策略

PB ＋ ROE 策略，可以算是上小节的增强版，也可以看作上小节策略的追加解释，该策略是依靠 PB 和 ROE 的组合来选股。我们先看两种 PB 为 1.5、ROE 持续为 12% 的股票未来走势的估算。

1. PB ＝ 1.5，ROE ＝ 12% 的第一种估算

假设某个股票 PB ＝ 1.5、ROE ＝ 12%，假设这个 ROE 保持 5 年，不分红，这个选股条件不算苛刻，估算一下这种条件下买入 5 年后的收益。

假设股票起初的净资产为 100 亿元，市值 150 亿元，那么 5 年后的净资产计算如下：

$$5\ 年后净资产 ＝ 100 \times (1 + 12\%)^5 ＝ 176.2（亿元）$$

由于持有 5 年后，市场给股票的估值不确定，所以看一下 5 年后市场给股票的 PB 分别为 1、1.5、2、3，这 4 种情形的年化收益率。

（1）如果 5 年后股票的 PB 为 1，那么此时公司的市值为 176 亿元 × 1，即 176 亿元，比 5 年前上升 17.3%，年化收益率为 3.2%。PB 为 1，对于过去 5 年 ROE 保持 12% 的公司来说，应该说是低估的。

（2）如果 5 年后股票的 PB 为 1.5，那么此时公司的市值为 176 亿元 × 1.5，即 264 亿元，比 5 年前上升 76%，年化收益率为 12%。PB 为 1.5，对于过去 5 年 ROE 保持 12% 的公司来说，概率不小。由于和 5 年前 PB 保持不变，年化收益率事实上就是 ROE。

（3）如果 5 年后股票的 PB 为 2，那么此时公司的市值为 176 亿元 × 2，即 352 亿元，比 5 年前上升 134.6%，年化收益率为 18.95%。PB 为 2，对于过去 5 年 ROE 保持 12% 的公司来说，实现的概率也是不小的。

（4）如果 5 年后股票的 PB 为 3，那么此时公司的市值为 176 亿元 × 3，即 528 亿元，比 5 年前上升 252%，年化收益率为 28.62%。PB 为 3，对于过去 5 年 ROE 保持 12% 的公司来说，如果碰到牛市，也是有可能实现的。

从以上的分析可见，只要 ROE 能保持 12%，持续 5 年后，碰到估值是 5 年前 2/3 的不利局面，仍然有 2.76% 的年化收益。

如果 5 年后公司估值能保持 PB 是 1.5 不变，就有 12% 的年化收益。12% 的年化收益，已经非常不错了。如果 5 年后公司估值 PB 达到 2，则年化达到将近 19%。如果 5 年后公司估值 PB 达到 3，年化收益高达将近 29%。

5 年后的收益，事实上是一种概率分布，但由于 ROE 有年化 12% 的增长，所以投资者获得了概率上的优势。

事实上，在 A 股，PB = 1.5，ROE15% 的机会并不少见，遇到这种情形，如果能找到多个合适的标的，构建一个组合，实现预期收益的可能性就更高。

2. PB = 1.5、ROE = 12% 的第二种估算

假设 PB1.5、ROE12% 的股票，不分红，买入后一直不涨，那么 10 年内的估值变化如下：

第 1 年年底：PB = 1.50 ÷ 1.12 = 1.34；

第 2 年年底：PB = 1.34 ÷ 1.12 = 1.19；

第 3 年年底：PB = 1.19 ÷ 1.12 = 1.06；

第 4 年年底：PB = 1.06 ÷ 1.12 = 0.95；

第 5 年年底：PB = 0.95 ÷ 1.12 = 0.85；

第 6 年年底：PB = 0.85 ÷ 1.12 = 0.76；

第 7 年年底：PB = 0.76 ÷ 1.12 = 0.68；

第 8 年年底：PB = 0.68 ÷ 1.12 = 0.60；

第 9 年年底：PB = 0.60 ÷ 1.12 = 0.54；

第 10 年年底：PB = 0.54 ÷ 1.12 = 0.48。

这种情况在 A 股曾经上演过。以工商银行为例，2007 年的泡沫之后，从 2008 年开始一直到 2013 年工商银行的股价基本没涨。

而工商银行 2008—2013 年的 ROE 达到 19%、20%、22%、23%、23%、21%，远远超过本次估算的 12% 的 ROE，这导致工商银行的股价严重低估，

此后 4 年工商银行的股价翻倍不止。

　　PB + ROE 策略并非鼓励买入平庸的股票，事实上这个策略最有效的公司是招商银行。招商银行是一只白马股，但招商银行的 PB 一般不超过 2 倍，PE 不超过 12 倍，并没有享受过高的估值，招商银行的市值是被其 ROE 一步步推动上涨的。

　　至此，低 PB 策略的原理已经介绍完毕，沃尔特·施洛斯用将近 50 年的实践证明了其有效性，围绕 PB 的交易策略还是值得投资者研究和实践的。

　　注意：这里的计算都是假设不分红，事实上，笔者是提倡买入年年分红的公司的。考虑分红的影响，上面的计算过程就不同了。

三、运用 PE 估值

　　PE 的倒数，就是股票的收益率，因此 PE 被称为估值指标之王。但投资者并不是公司全部权益的拥有者，所以，大多数情况下 PE 的倒数对普通投资者而言，起不到收益率的作用。此外，PE 是一个断面的指标，往往无法反映公司经营情况的变化趋势。本节主要深入讨论如何运用 PE 估值，下一节论述围绕 PE 构建交易系统的方法。

净利润的复杂性

　　净利润这个指标看似简单，其实要把上市公司的真实净利润完全算清楚，是不可能完成的任务。我们看一看杭州海康威视数字技术股份有限公司（简称海康威视）2020 年度报表的合并利润表，如图 6-2 所示。

　　利润表第一列的营业收入，从营业成本开始，按照提示一路加减一系列科目之后，得到"归属于母公司所有者的净利润"，这个净利润，是年度报表开头"主要会计数据和财务指标"表格里面披露的净利润，通常是计算市盈率的分子。

　　这个表格，看上去项目也不多，似乎挺简单的，但表格的第二列还有"附注"，例如所得税费用一行标注的是"（五）56"，这表明所得税费用的明细可以在年度报表的"财务报表附注"部分第（五）大项的第 56 条找到对应的披露。我们看一看这个披露，如图 6-3 所示。

HIKVISION

2020 年 12 月 31 日止年度

合并利润表

单位：人民币元

项目	附注	本年发生额	上年发生额
一、营业收入	(五)43	63,503,450,891.78	57,658,110,065.22
减：营业成本	(五)43	33,957,697,857.73	31,140,176,777.12
税金及附加	(五)44	416,263,349.55	417,318,543.55
销售费用	(五)45	7,377,790,744.58	7,256,781,486.68
管理费用	(五)46	1,790,013,088.76	1,822,464,442.07
研发费用	(五)47	6,378,651,762.42	5,483,811,698.36
财务费用	(五)48	396,254,772.56	(640,068,177.19)
其中：利息费用		202,415,502.10	192,739,975.98
利息收入		719,662,082.74	699,779,882.35
加：其他收益	(五)49	2,303,581,705.81	1,892,323,306.29
投资收益	(五)50	169,277,048.95	36,649,237.09
其中：对联营企业和合营企业的投资收益		6,361,388.74	7,743,476.93
公允价值变动收益	(五)51	85,458,209.54	15,321,889.63
信用减值损失	(五)52	(185,940,325.74)	(222,009,426.18)
资产减值损失	(五)53	(363,109,513.99)	(197,891,311.27)
资产处置收益		628,505.02	5,535,663.32
二、营业利润		15,196,674,945.77	13,707,554,653.51
加：营业外收入	(五)54	99,273,303.50	65,032,501.54
减：营业外支出	(五)55	22,976,971.41	17,124,407.28
三、利润总额		15,272,971,277.86	13,755,462,747.77
减：所得税费用	(五)56	1,594,651,805.69	1,290,278,445.12
四、净利润		13,678,319,472.17	12,465,184,302.65
(一)按持续经营性分类			
1. 持续经营净利润		13,678,319,472.17	12,465,184,302.65
2. 终止经营净亏损		-	-
(二)按所有权归属分类			
1. 少数股东损益		292,792,758.02	50,596,612.20
2. 归属于母公司所有者的净利润		13,385,526,714.15	12,414,587,690.45
五、其他综合收益的税后净额	(五)40	(34,145,243.17)	(4,658,993.77)
归属母公司所有者的其他综合收益的税后净额		(31,452,779.95)	(3,964,795.89)
(一)以后不能重分类进损益的其他综合收益		-	-
(二)以后将重分类进损益的其他综合收益		(31,452,779.95)	(3,964,795.89)
1. 外币财务报表折算差额		(31,452,779.95)	(3,964,795.89)
归属于少数股东的其他综合收益的税后净额		(2,692,463.22)	(694,197.88)
六、综合收益总额		13,644,174,229.00	12,460,525,308.88
归属于母公司所有者的综合收益总额		13,354,073,934.20	12,410,622,894.56
归属于少数股东的综合收益总额		290,100,294.80	49,902,414.32
七、每股收益			
(一)基本每股收益	(十六)2	1.445	1.343
(二)稀释每股收益	(十六)2	1.444	1.343

图 6-2　海康威视 2020 年度报表的合并利润表

56、　所得税费用

(1)　　所得税费用表

单位：人民币元

项目	本年发生额	上年发生额
当期所得税费用	2,140,449,306.26	1,731,388,650.59
递延所得税费用	(89,684,430.19)	(103,112,225.43)
以前年度所得税汇算清缴差异	(456,113,070.38)	(337,997,980.04)
合计	1,594,651,805.69	1,290,278,445.12

(2)　　会计利润与所得税费用调整过程

单位：人民币元

项目	本年发生额	上年发生额
利润总额	15,272,971,277.86	13,755,462,747.77
按适用税率(15%)计算的所得税费用	2,290,945,691.68	2,063,319,412.17
不可抵扣的成本、费用和损失的影响	30,860,096.48	16,237,180.91
非应税收入的纳税影响	(3,054,060.62)	(2,603,583.05)
本年未确认递延所得税资产的可抵扣暂时性差异或可抵扣亏损的影响	160,270,373.80	270,139,191.78
使用前期未确认递延所得税资产的可抵扣暂时性差异或可抵扣亏损的影响	(27,124,409.54)	(50,147,289.55)
所得税汇算清缴差异(注)	(456,113,070.38)	(337,997,980.04)
子公司适用不同税率的影响	65,427,121.90	169,030,658.26
研发费用加计扣除的影响	(498,716,838.03)	(597,165,564.68)
其他	32,156,900.40	(240,533,580.68)
所得税费用	1,594,651,805.69	1,290,278,445.12

注：　根据《关于印发 2013—2014 年度国家规划布局内重点软件企业和集成电路设计企业名单的通知》(发改高技〔2013〕2458 号)，2013 年 12 月本公司被认定为国家重点软件企业。根据《关于软件和集成电路产业企业所得税优惠政策有关问题的通知》(财税〔2016〕49 号)，本公司于 2020 年 8 月获得税务机关批准 2019 年度企业所得税减按 10%的税率计缴，因此冲减 2019 年度企业所得税费用人民币 456,113,070.38 元。

图 6-3　海康威视财务报表附注（五）56

　　这样的附注，在净利润之前就有 15 项，这样一来，利润表的体积扩大了好多倍。对于海康威视这样一家千亿级市值的上市公司而言，投资者想把每一项的细节都理清楚，是绝不可能的。

注意: 很多投资者到处收集材料，试图理解财务报表里面的科目具体包含哪些内容，有什么含义，其实财务报表的"财务报表附注"是最好的学习材料。

让人迷惑的利润

　　本小节讨论净利润的真实性。无论什么利润，计算方法都是收入减成本，区别是什么收入减除什么成本，本小节分别讨论收入的真实性和成本的真实性。

　　1. 收入的真实性

　　前文已经提到，面向企业客户（to B）的公司的回款问题。一般来说，一个合同签订后，发货前，公司只能得到部分合同款，剩下的叫作尾款，这个尾款能不能收回，是一个概率问题。

一旦合同签订，合同的金额就是公司营业收入的一部分，公司还会为这项收入扣除成本后的营业利润缴纳一笔所得税。毫无疑问，从会计准则的角度来看，这项收入是 100% 真实的，毕竟税都交了，国家都认了，但是，如果尾款收不回来呢？

所以，收入只有一部分是现金，另外一部分是合同的一个约定。尾款能收回来，这个收入才能真正兑现；尾款收不回来，这部分利润根本不存在。

2. 成本的真实性

假设一种情形，某公司年度报表出炉后，结果是亏损 100 万元。对上市公司而言，100 万元是毛毛雨，但我国规定上市公司经审计连续两个会计年度的净利润均为负值，股票名称前面会被冠以 ST，此后如果持续亏损，还会面临退市风险。

其实，亏的不多，有很多办法可以合法地把利润调节为正值。假设该公司生产设备按照"加速折旧法"折旧，计算出来的折旧金额是 4,000 万元，计入营业成本。

此时，公司决定变更折旧方法为"直线折旧法"，这样一来，假设新方法计算出来当年的折旧金额减少为 3,500 万元。

好了，现在公司的营业成本减少了 500 万元，相应的，利润就多出来 500 万元，这样，该公司年度净利润就变为 400 万元。

什么变了，什么没变？除了公司的净利润从 - 100 万元变成了 400 万元，资产折旧法从"加速折旧法"变更为"直线折旧法"，其他都没变。

由于收入和成本都存在调节的余地，投资者看到的净利润，并不一定代表上市公司当年赚了那么多钱。这是投资者一定要知道的事实。

3. 收入和成本都真实

再来看一种情形。假设某公司年底得到一个大订单，这个大订单的回款率是 100%，合同签订日期就是记账日期，那么问题来了，这个大订单的合同是当年 12 月 25 日签，还是次年 1 月 5 日签？

当年 12 月 25 日签，则这笔合同的利润计入当年财务报表，如果次年 1 月 5 日签，则这笔合同的利润计入次年财务报表。

实际情况往往是，如果当年经营情况不如预期，那么公司一般会把这个合同放到当年签；如果当年经营情况超过预期，那么公司一般会把这个合同放到次年签。这个做法，合情、合理、合法。

如果这个大订单的金额足以对公司净利润产生不可忽视的影响，那么什么时候签合同，事实上起到了利润调节作用。

如果当年签合同，那么公司当年的年度报表里面的利润就会很靓丽，看上去公司经营情况超出预期；如果次年签合同，相当于公司当年的利润被隐藏了一部分。

本书的定位不是财务报表，所以就举几个例子，说明财务报表上披露的净利润，并不一定和公司当年赚了多少钱完全匹配。

由于净利润是 ROE 的分子，是 PE 的分母，所以只有确认公司净利润的可信度，谈 ROE 和 PE 才有意义。由于各种财务调节手段都是围绕净利润的，所以原则上来说，只有确认财务报表里面披露的净利润数据是否需可靠，投资者才能依据 ROE、PE 指标进行投资。

净利润真实性的评估

PE 被誉为估值指标之王，PE 计算的分子是净利润，所以，利润的调节和造假都是紧紧围绕净利润的。这样一来，如何估计公司真实的净利润，就成为一门重要的技艺。

其实，净利润精确到小数点后两位数的精确数值，只是在会计学上有意义。净利润的合理数值应该是一个区间，这样看更合理。评判净利润的真实性有如下几种方法：

1. 常识

常识非常重要，逆常识的净利润，肯定是有问题的。举个例子，某行业严重不景气，而该行业内的某上市公司的净利润却井喷。那么这个净利润肯定是存疑的，需要通过阅读财务报表，找到原因所在。

常识非常重要，可以避免很多悲剧。比如，在无风险利率才 3% 左右的 2021 年，某网贷平台给资金开出的利率是 15%，甚至 20%，这很明显是有问题的，风险巨大。

在网贷平台上折了的投资者，无非是两种情况：一是连利率常识都不具备的；二是知道风险但存有侥幸心理的。

2. 积累经验知识

经验知识其实就是巴菲特所说的能力圈。经验丰富的人，拿到一份利润表，一看就知道里面是不是有大问题。经验知识，是通过阅读大量的财务报表，不断积累的。

3. 与好公司为伍

投资者看财务数据，不是为了考试，而是为了投资，所以，通过几个案例了解常见的财务调节、造假手段之后，就可以把精力集中到好公司上。好公司财务造假的概率极低，财务报表看起来很省心。

一般来说，各个行业的龙头经营都比较稳健，他们经过长期的竞争，积累起来的不仅仅是资产，还有信誉。

4. 看 10 年数据

本书多次提到看数据不能只看一年的观点，看净利润也一样，看 10 年数据，这一个简单到不能再简单的操作，可以排除很多干扰因素，使投资者对净利润可信度的判断准确率大幅提升。

一个公司，调节一年利润是不太难的，可要连续 5 年大幅调高净利润，而不被投资者发现，是非常困难的。看多年净利润数据，是确认公司净利润可靠性最简单、最有效的手段，下面举例几个好公司 2011—2020 年的净利润数据。

好公司 10 年的净利润数据

本节列出贵州茅台、海康威视、万科 A、华泰证券股份有限公司（简称华泰证券）、万华化学 5 个好公司 2011—2020 年的净利润数据。

1. 贵州茅台

贵州茅台 2011—2020 年的净利润数据，如图 6-4 所示。

贵州茅台在 2012 年后的几年经营受到大环境的影响，增速不高，净利润三年原地踏步；2016 年之后，迎来了几年高速增长，53 度飞天茅台出现了一瓶难求的局面。结合常识可以判断，贵州茅台的净利润数据可信度很高。

2. 海康威视

海康威视 2011—2020 年的净利润数据，如图 6-5 所示。

2011—2020 年，正是视频监控爆发的时期，相信所有国内的投资者都感同身受。海康威视作为视频监控行业的绝对龙头，这 10 年的净利润数据是这个现实情况的恰当反映。结合常识，海康威视的净利润数据非常可信。

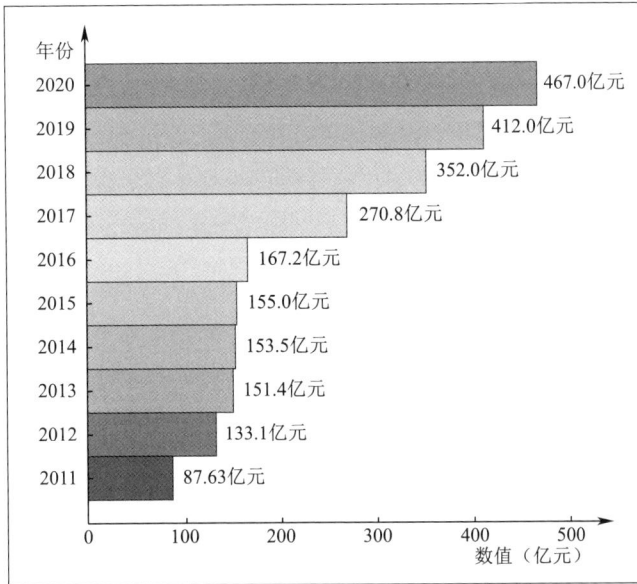

图 6-4　贵州茅台 2011—2020 年净利润

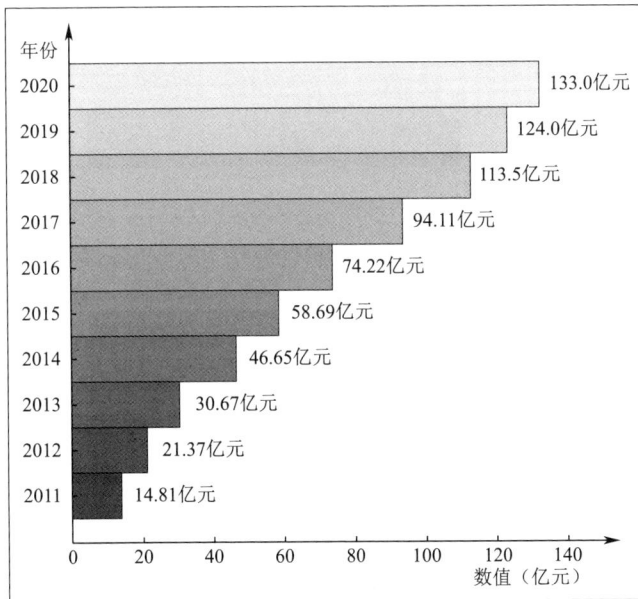

图 6-5　海康威视 2011—2020 年净利润

3. 万科 A

万科 A2011—2020 年的净利润数据，如图 6-6 所示。

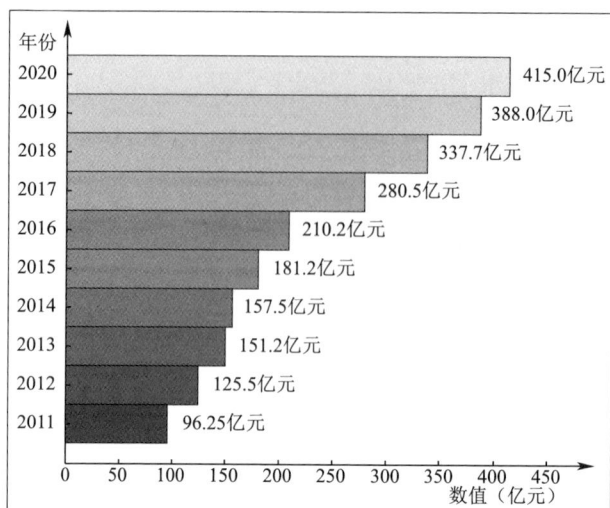

图 6-6　万科 A2011—2020 年净利润

2011—2020 年依然是房地产的好时代，房价涨了一倍不止。虽然房地产一直面临调控，但只要城市化还在延续，房地产的增长是没有悬念的。10 年来，投资者一直在猜顶，但一直不见顶。结合 10 年的感同身受，万科的这10 年净利润数据非常可信。

4. 华泰证券

华泰证券 2011—2020 年的净利润数据，如图 6-7 所示。

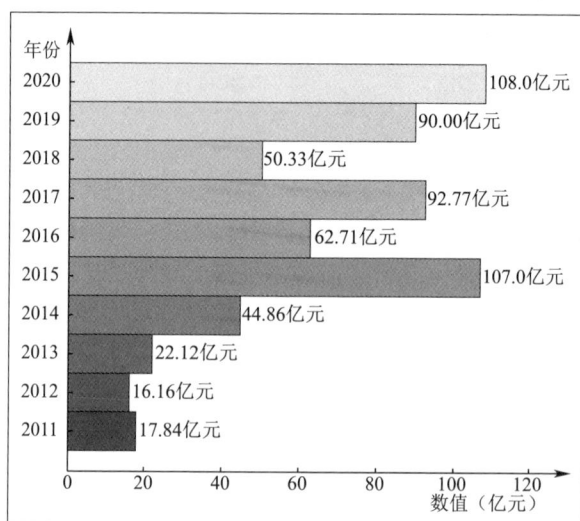

图 6-7　华泰证券 2011—2020 年净利润

券商属于强周期板块，券商类公司的所有业务，几乎都是牛市爆发，熊市萎靡。股龄较长的投资者想必记忆犹新，2014—2015 年是 5100 点大牛市，几乎所有的券商都业绩爆发，华泰证券也不例外；2016—2017 年属于不温不火的年份；2018 年则是全球大熊市，当年华泰证券的净利润缩水了将近 50%。结合股民自身的感受，华泰证券 2011—2020 年的利润可信度非常高。

5. 万华化学

万华化学 2011—2020 年的净利润数据，如图 6-8 所示。

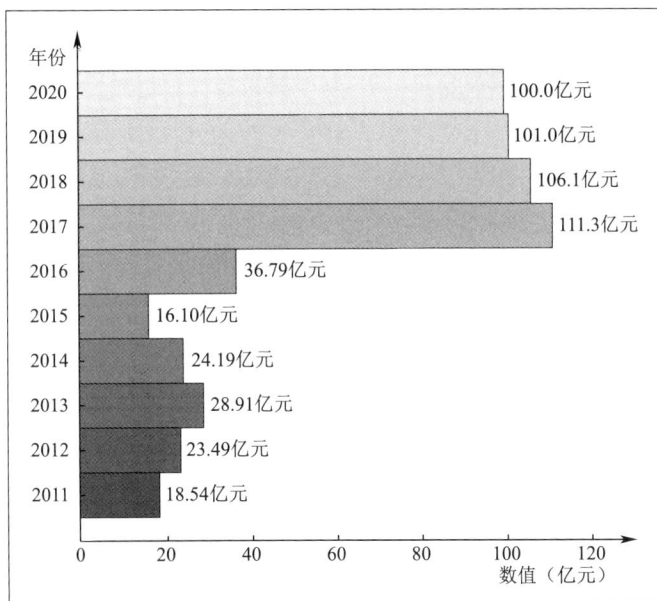

图 6-8　万华化学 2011—2020 年净利润

万华化学是国际 MDI 龙头，是全球 MDI 排名第一的公司。万华化学离生活有些远，常识没法起作用了，但长时间跟踪万华化学的投资者肯定知道，万华化学在 2014 年左右有扩产能的操作。

万华化学 2014 年度报表披露 "2014 年，万华烟台工业园工程取得重大成果。在工程建设方面，MDI 一体化项目经过全体员工 3 年多的不懈努力，于 11 月 7 日一次试车成功并产出合格产品，实现了万华化学第五代 MDI 生产技术的成功产业化。PO/AE 一体化项目已完成中交，即将进入生产准备阶段，力争 2015 年年中全线投产。" 2017 年，万华化学的业绩迎来爆发式增长，增长了两倍。

再结合 MDI 价格周期变化情况、万华化学在 MDI 行业内的地位可以判断，万华化学这 10 年的业绩非常可信。

财务报表里面净利润数据可信，计算出来的 PE 才可信，PE 才能真正起到指标之王的功效。

净利润需要修正的例子

看一看汤臣倍健 2011—2020 年的净利润数据，如图 6-9 所示。

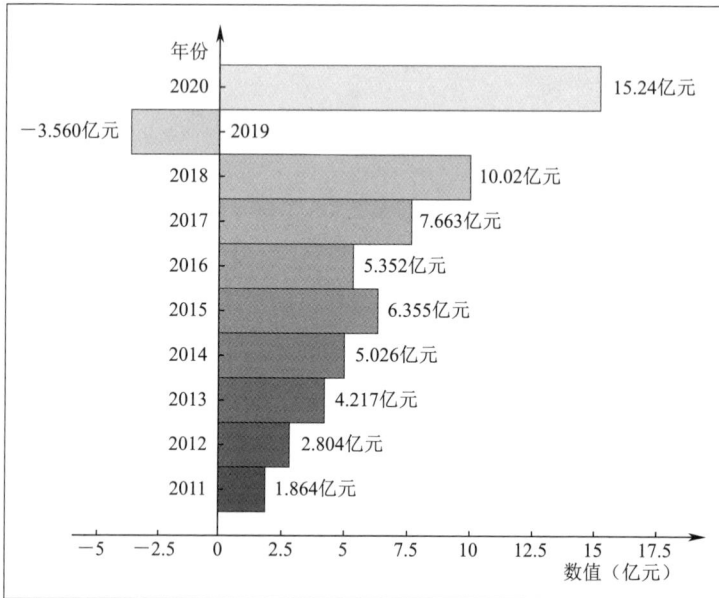

图 6-9　汤臣倍健 2011—2020 年净利润

汤臣倍健 2019 年净利润是负的，所以依据净利润计算出来的 PE 也失去了意义。事实上，汤臣倍健 2019 年净利润异常并不是因为汤臣倍健竞争力发生下滑或者汤臣倍健 2019 年经营失误造成的，而是此前一笔收购未达预期，在 2019 年集中计提导致。

通过营业收入、毛利率等其他指标估算，汤臣倍健 2019 年的合理净利润应该在 12 亿元左右。投资者通过这种方法，才能估算出当时汤臣倍健的真实 PE。

对于投资者长期跟踪的公司，这种净利润明显的异常，是非常容易识别和修正的。这个案例给投资者提了个醒，不能看到投资网站上的 PE，直接就认为这个 PE 是可靠的投资依据，要经过自己的确认方才可以用来作为投资的参考。而一个公司的经营没什么问题，数据上看起来有问题，往往会造就很好的投资机会。

不适用 PE 估值的场景

通常投资者所说的股票便宜还是贵，是指的 PE 高还是低，PE 高代表股票贵，PE 低代表股票便宜。

PE 的倒数是股票的收益率，价值投资者会买入低 PE 的股票，卖出高 PE 的股票，原因是低 PE 的股票收益率高，但周期性行业，如果投资者这样操作，可能会亏到血本无归。举一个例子，假设某个股票股本 10 亿元：

（1）某好年景，盈利 100 亿元，股价 100 元 / 股，市值 1,000 亿元，PE ＝ 1,000÷100 ＝ 10。

（2）某坏年景，盈利 1 亿元，股价 10 元 / 股，市值 100 亿元，PE ＝ 100÷1 ＝ 100。

假设投资者 10PE 买入，100PE 卖出，由于 10PE 对应的股价是 100 元，100PE 对应的股价是 10 元，所以这笔投资的结果是亏 90%，这是一种反直觉的情况，称为低市盈率陷阱，初学价值投资的投资者，往往会受其所害。

周期性行业，比如生猪养殖行业或有色金属行业，不适用 PE 进行估值，这些行业，适用 PB 估值，净资产受周期波动的影响较小。

由于周期性行业的特性，产生了一种交易策略，就是对于强周期性股票，低 PB 高 PE 的时候买入，高 PB 低 PE 的时候卖出，往往能取得不错的收益。周期股的周期长度不好把握，例如铜业，从 2008 年一直低迷到 2020 年，这是该策略主要的风险。

为什么 PE 不能取代 PB 和 ROE

先回顾一下 PB（市净率）、PE（市盈率）、ROE（净资产收益率）的计算方式：

> **市净率＝市值 ÷ 净资产**
> **市盈率＝市值 ÷ 净利润**
> **净资产收益率＝净利润 ÷ 净资产**

由此可得：

> **市盈率＝市净率 ÷ 净资产收益率**

由于 PE 的倒数是股票的收益率，再加上 PE 又同时包含了 PB 和 ROE，是当之无愧的指标之王。

事实上，PE 是无法替代 PB 和 ROE 的，上一小节周期性行业的例子，便是一个反例，只看 PE 投资周期性行业的公司，会吃大亏。周期性行业公司，适合使用 PB 来估值。

再思考一个问题，如果两个公司，PE 相同，这两个公司的投资价值完全一样吗？答案是否定的，看一个例子：

（1）A 公司 PB = 1，ROE = 10%，PE = 10；

（2）B 公司 PB = 5，ROE = 50%，PE = 10。

如果选，投资者一般会选择 B 公司。虽然 A 和 B 的 PE 都是 10，但 B 公司是轻资产公司，资产运营效率是 A 公司的 5 倍。按照巴菲特的观点，在经营没有问题的情况下，一般 B 公司优于 A 公司。

PE 和 PB 都包含价格因素，是估值指标，而且各有各的使用场景；ROE 不包含价格因素，是选股指标。所以，投资者最好结合看待 PE、PB、ROE，这样公司的特性能了解得更完整。

PE 在估值中的应用

本小节分个股和 ETF（交易型开放指数基金）两种情况讨论 PE 估值法的应用。一般来说，对于经营平稳的公司而言，PE 低代表估值低、收益率高，PE 高代表估值高、收益率低。

PE 的倒数是股票的收益率，PE 为 10，代表股票的收益率为 10%，如果把整个公司买下来，10 年回本。无论对于个股还是 ETF，对于其历史 PE 波动范围的考察都有很重要的意义。

1. 股票的历史 PE 波动范围

PE 估值法，只适用于经营稳定的公司，即净利润不会大起大落的公司。周期性公司，不适用 PE 估值法。这里的讨论，不包括周期性公司。

例如，查询到某公司的 PE 在 5~25 之间波动，那么大致可以认为 PE 在 5~10 之间属于低估，PE 在 20~25 之间属于高估，PE 在 10~20 之间属于正常估值。

假设无风险利率是 3.33%，那么可以认为无风险理财产品的 PE 是 33 倍。从静态角度来看，如果 PE>33，收益率还不如无风险利率，就肯定是高估的。

这只是从静态的角度看，如果公司的净利润以 50% 的速度增长，那么 33PE 肯定不贵了；而如果公司的利润一直在下滑，那么就算 5PE 都贵。

PE 估值法，对股票的便宜还是贵，能提供一个非常重要的参考，再通过公司的特性以及其他估值指标，可以进一步确定股票估值便宜还是贵。

此外，使用 PE 给个股估值，还要识别股票的净利润是否存在虚高或者低估的情况，如果存在，需要加以还原。

2. ETF 的历史 PE 波动范围

ETF 的估值，就是其背后指数的估值。目前，很多网站提供 ETF 关联指数当前的 PE 和 PE 的历史百分位查询，通过当前 PE 和 PE 的历史百分位，投资者可以大致判断 ETF 当前的估值是便宜还是贵。

和 PB 一样，指数的 PE 也可以创新低或者新高。由于我国证券市场发展时间较短，所以指数的 PE 创新高或者新低的可能性还是很大的。且由于我国的经济从股市设立至今一直在景气周期，没有经历过长期萧条，所以不能认为 PE 在历史低位就绝对安全。

因为指数是股票的集合，所以可以很好地过滤个股 PE 异常波动带来的影响，其参考价值大于个股。

需要注意，如果某指数的 PE 历史估值范围是 5~100，不能机械地认为其平均值 52.5PE 就是估值中枢，小于 52.5 低估，大于 52.5 高估。一个指数达到 52.5 倍的 PE，很可能是一个巨大的泡沫，参考价值非常的小。

所以，只看 PE 的分位，是不合适的。由于巨大的泡沫、极度的悲观通常都不会持久，所以，一个简单的修正方案是，去除股票极度高估、极度低估的 10% 的时间段，用剩余的 90% 的时间范围的 PE 上下限取平均值，作为估值的中枢。

四、围绕 PE 构建交易系统

低 PE 策略是久经考验的有效投资策略，在多国证券市场被证明有效，值得投资者深入研究。本小节专题讨论以 PE 为核心的投资策略。

低 PE 策略

股市总是在低估值和高估值之间震荡不休，只要买得便宜，股市的大幅波动，对投资者有利，原因是在低位买入，股市向下波动的空间小，向上波动的空间大。

那么，在股市低迷的时候，分散买入若干行业低 PE 龙头股，构建一个组合，投资者有可能享受到股市波动的收益，这个策略投资的成功取决于以下两点：

（1）对便宜的判断，即是否买的足够便宜。

（2）持有的时间长度。就算买的很便宜，希望当天买，第二天涨，也是不现实的；但买入后长时间不涨，甚至下跌，那么这一笔投资事实上是失败的。

申万有个低 PE 风格指数，从 2000 年的 1000 点开始，到 2018 年 7 月底，涨了 6 倍多，年化收益超过 10%。低 PE 策略，是长期有效的策略。

约翰·涅夫的投资之道

约翰·涅夫掌管温莎基金的 31 年，从 1964—1996 年，年化收益率为 13.7%，跑赢大盘 3.5%。31 年的超额收益，足以让涅夫跻身投资大师之列。

《约翰·涅夫的成功投资》一书的推荐序里面给出了涅夫的 7 条原则：

（1）低市盈率；

（2）基本增长率超过 7%；

（3）收益有保障；

（4）总回报率相对于支付的市盈率两者关系绝佳；

（5）除非从低市盈率得到补偿，否则不买周期性股票；

（6）成长行业中的稳健公司；

（7）基本面好。

涅夫的第一条就是低市盈率，说明他的投资风格和沃尔特·施洛斯都是偏保守的风格，只不过施洛斯主要关注市净率，而涅夫主要关注市盈率。

涅夫给总回报率下的定义是，总回报率描述的是一种成长预期，等于收益增长率加上股息率。例如某股票的股息率 3%，收益增长率是 7%，那么在涅夫看来，股票的回报率是 10%，这是他独有的观点。

涅夫的投资策略本质上属于低市盈率策略，其他原则都是围绕低市盈率设置的。总而言之，他的风格偏向于低估、逆向。

涅夫曾指出，"温莎买入任何股票，都是为了卖出"，这说明他和巴菲特的长期持有策略不同，和施洛斯的策略类似。

长达 31 年的投资表明，涅夫的低 PE 策略是经得起时间检验的策略，值得投资者深入研究。

PE ＋利润增长率策略

本书此前介绍过 PB ＋ ROE 策略，该策略主要考察公司净资产增长。而

PE ＋利润增长率策略主要考察公司净利润增长。

PE 是公司市值和上个年度公司净利润的比值，指标是静态的。事实上，投资是投资公司的未来。巴菲特的蜕变，正是从静态的低估值投资，转变为动态的成长股投资策略。

如果一个公司的 PE 是 10，意味着如果投资者整体买下这个公司，公司经营状况不变，投资者可以 10 年回本。

公司经营状况一般不会一成不变，而是不断变化的。假设一个公司的 PE 是 30 倍，净利润增速是 20%，如果股价不涨，计算一下公司 6 年内的 PE 变化：

（1）第 1 年年底，PE ＝ 30÷1.2 ＝ 25 倍；

（2）第 2 年年底，PE ＝ 25÷1.2 ＝ 20.8 倍；

（3）第 3 年年底，PE ＝ 20.8÷1.2 ＝ 17.4 倍；

（4）第 4 年年底，PE ＝ 17.4÷1.2 ＝ 14.5 倍；

（5）第 5 年年底，PE ＝ 14.5÷1.2 ＝ 12.1 倍；

（6）第 6 年年底，PE ＝ 12.1÷1.2 ＝ 10 倍。

按照静态的计算，投资者买入 30PE 的公司需要 30 年才能回本，但从上面计算可以看出，如果公司的净利润有 20% 的增速，这个回本的过程可以大幅缩短。因为随着时间的推移，如果股价不涨，PE 一直在下降，这便是成长股的原理。

而一个净利润 20% 增速的公司，市场给 10PE，显然是不可能的；如果 30PE 的股票买入 6 年后，市场还是给 30PE，那么公司净利润的增幅，便是投资者的投资收益。事实上，这是赚成长的钱。

下面分几种情况讨论 PE ＋利润增长率策略。

1. 低市盈率＋低成长率

此前约翰・涅夫的投资策略，便是这个类型。他要求公司的增长率不低于 7%，而 7% 的增长率，显然不能算高增长。

涅夫的策略核心，还是低市盈率。如果买入的市盈率足够低，那么增长慢一点也可以接受。

由于市场总是在波动，而低市盈率策略，使得涅夫持有的标的的价格向下波动的概率和幅度小于向上波动的概率和幅度，并因此获得相对于大盘的优势。

2. 成长股策略

成长股策略，放宽对低市盈率的要求，把关注的重点放到成长性上来。参考本小节前面的计算，一个 30PE 的股票，如果利润增长率稳定在 20%，那么经过 6 年，PE 便会降低到 10 倍；如果公司的利润增长率再保持 6 年，PE 会降到只有 3 倍多。这便是成长股的魅力。

巴菲特说自己的策略是"85% 的格雷厄姆＋15% 的费雪"，格雷厄姆强调买得便宜，费雪强调成长，可见巴菲特本质上还是保守的，这是价值投资的首要原则，在此基础上，加上对成长性的考虑，成就了巴菲特的传奇。

根据 72 法则，不同的利润增长率，利润翻倍所需的时间估算如下：

如果想 2 年翻倍，需要年化约 42%；

如果想 3 年翻倍，需要年化约 26%（10 年 10 倍也是 26%）；

如果想 4 年翻倍，需要年化约 19%；

如果想 5 年翻倍，需要年化约 15%；

如果想 6 年翻倍，需要年化约 12%；

如果想 7 年翻倍，需要年化约 10%；

如果想 8 年翻倍，需要年化约 9%；

如果想 9 年翻倍，需要年化约 8%；

如果想 10 年翻倍，需要年化约 7%。

从这个计算来看，高增长的门槛至少也得 15%。

下面列几个 2011—2020 年之间典型的成长股的利润增长率数据。

（1）恒瑞医药 2011—2020 年利润增长率数据，如图 6-10 所示。

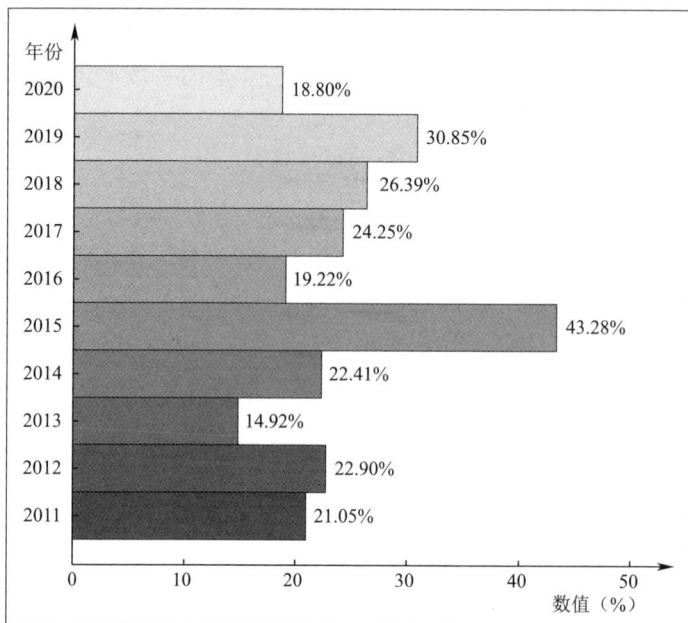

图 6-10　恒瑞医药 2011—2020 年利润增长率

恒瑞医药在 2011—2020 年长达 10 年的时间里，平均利润增长率超过 20%，是成长股的典型。恒瑞医药一直享受极高的估值，PE 常常在 50 以上，是资本市场的宠儿。

（2）海天味业 2014—2020 年利润增长率数据，如图 6-11 所示。

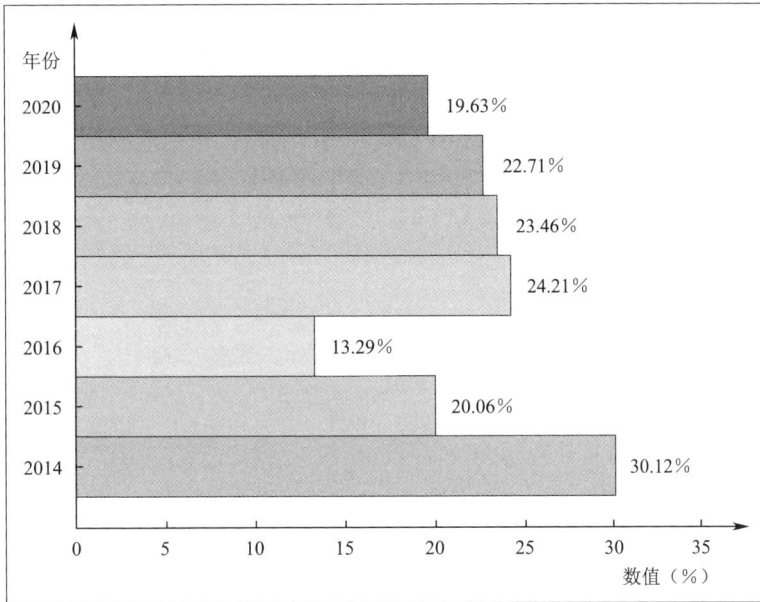

图 6-11　海天味业 2014—2020 年利润增长率

海天味业 2014 年才上市，上市 7 年，平均利润增长率也超过 20%。到 2021 年，海天味业的总市值超过 5,000 亿元，PE 常常在 50 倍以上，是资本市场的宠儿。

（3）爱尔眼科 2011—2020 年利润增长率数据，如图 6-12 所示。

爱尔眼科在 2011—2020 年这 10 年平均利润增长率也超过 20%，尤其是 2014—2019 年这 6 年，每年的利润增长率都超过 30%，10 年来，爱尔眼科的涨幅惊人。2020 年底，爱尔眼科的市值超过 3,000 亿元，PE 也常年维持在 50 以上，是资本市场的宠儿，这是一只创业板股票，上市之初市值很小，如果投资者在上市之初就买入爱尔眼科，将收益惊人。

（4）贵州茅台 2011—2020 年利润增长率数据，如图 6-13 所示。

贵州茅台被誉为 A 股股王，2011—2020 年的平均利润增长率也超过了 20%，但茅台的利润增长率分布严重不均，尤其是 2014—2016 年这 3 年暂时退出了成长股的行列。不过贵州茅台从 2017 年开始重拾增长，2020 年底，其市值突破 2 万亿元，成为 A 股市值第一的公司。

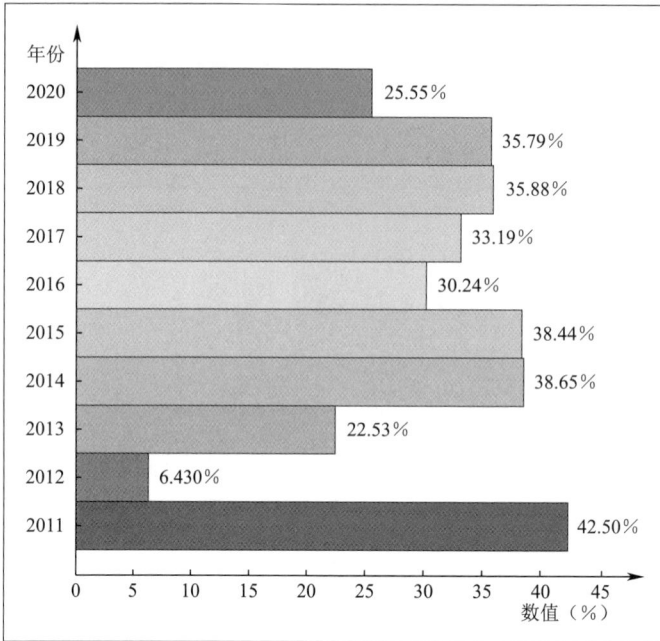

图 6-12　爱尔眼科 2011—2020 年利润增长率

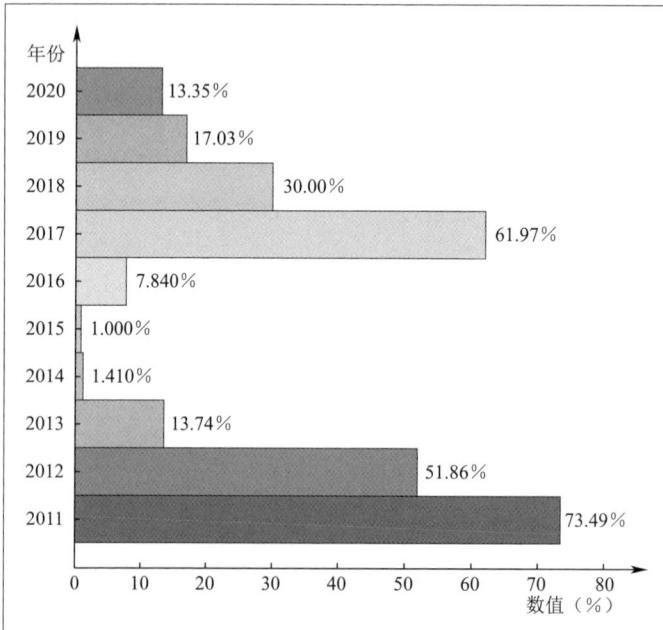

图 6-13　贵州茅台 2011—2020 年利润增长率

（5）中国平安 2011—2020 年利润增长率数据，如图 6-14 所示。

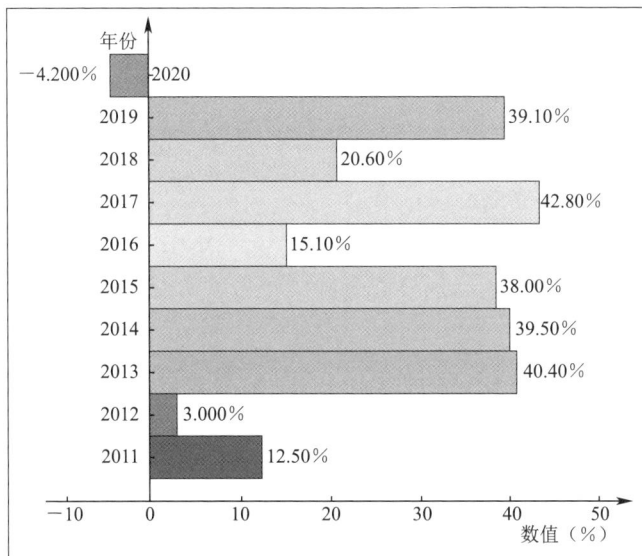

图 6-14　中国平安 2011—2020 年利润增长率

中国平安在 2011—2020 年的平均利润增长率也超过了 20%，这个大多数投资者可能意想不到。中国平安由于 2020 年的利润下滑，被市场冷落，到 2021 年年中，PE 不到 7 倍。尽管如此，中国平安在 2011—2020 年还是涨了 5 倍，如果投资者 2010 年底买入中国平安，持有 10 年，收益率并不难看。

2010 年投资以上这些股票，如果持有 10 年，涨幅惊人，可惜，这些成长股的利润增长率，都是事后的统计。投资的难点是在 2010 年就预测到它们 2011—2020 年的利润增长率。

成长股给投资者带来的烦恼是，其估值通常不低，市场常常流传的观点是"某某股票透支了某某年的业绩"，说的就是这个现象。如果一个股票，20 倍的 PE，20% 的成长，如果这个成长率确定性很高，那么这个股票非常值得买入。可惜的是，20% 成长性的情况，股票的 PE 往往不止 20 倍的 PE，30 倍的 PE 都算是低的，市盈率为 40 倍甚至 50 倍都很常见，而且确定性越高，其估值就越高，就越让投资者望而生畏。

成长股的另外一个烦恼是天花板，也就是成长股什么时候成长不动了，退出高增长的行类，那么业绩涨不动的时刻，便是到达了天花板。一旦退出高增长，那么此前高估值的逻辑便不存在了，此时公司往往会遭遇戴维斯双杀，股价跌幅巨大。

成长股，肯定是一个阶段性的现象，20% 的增长率不可能一直保持，假设 20% 的增长率一直保持 100 年，其增幅将达到恐怖的 8,200 万倍。

所以，巴菲特半个世纪超过 20% 的年化收益率，是一个不折不扣的奇迹，股神之名，名副其实。

3．天花板估值法

很多新兴的公司起初是亏损的，靠不断的资本投入，先把生意做大，然后再盈利，这方面互联网公司是典型。

平台型的互联网公司，其用户规模很关键，决定了公司最终成长的高度。所以，不少互联网公司起初都是采取砸钱获得更多客户的模式，等客户足够多的时候，再考虑盈利。

由于互联网公司轻资产的特性，PB 估值法失效。而互联网公司的成长阶段，很大概率是亏损的，因此 PE 估值法也失效。

天花板估值法就是此类公司的估值方法之一。先估计公司最终用户规模，然后再根据最终用户规模，估算公司一年可以赚取的利润，然后倒推公司当前大概值多少钱。

可以看出，这个估值方法有诸多假设，其中有很大的不确定性。公司能不能达到设想的规模是个疑问，就算达到了设想的用户规模，盈利能不能达到预期还是未知数。

客观地说，能达到预期顶点的公司凤毛麟角，但曾经享受过高预期的公司倒是不少，由于这类公司不管能不能达到最终预期，前期只要被投资者普遍认同，往往涨幅惊人。投资这类公司进退的时机很重要，有人赚得盆满钵满，也有人亏损严重。

在市场有明显泡沫的时候，天花板估值法往往成为投资者群体自嗨的借口。投资者需要保持清醒，适用天花板估值法的公司，凤毛麟角。

五、本章小结

总结一下本章内容：

（1）PB 和 PE 是最重要的两个估值指标，投资者应深刻理解其意义。

（2）深入理解资产。

（3）深入理解净利润。

（4）了解以低 PB 为核心的交易策略。

（5）了解以低 PE 为核心的交易策略。

（6）了解成长股策略。

（7）强周期性行业公司不适用 PE 估值法。

第七章

分红以及围绕股息率的交易策略

不可否认，在投资的世界里，资本利得收益的风头远远盖过了红利的风头，但获取分红更加贴近投资的本质。在没有资本市场的时候，人们就开始合伙做生意，这个时候的人很少会希望以转让生意的份额来获利，而是考虑获取定期的红利。本章主要讨论分红以及围绕股息率的交易策略。

主要涉及内容如下：
- 深入理解分红的意义。理解分红的本质、股息率的意义。
- 论述分红和成长。理解分红和成长可以兼得，两者没有不可调和的矛盾。
- 讨论以股息率为核心的投资策略。如何围绕股息率构建交易系统。
- 一种以获取股息为核心的策略。介绍使用特殊考核方式的佛系策略，换个角度看投资。

一、深入理解分红的意义

分红是股份公司每年支付给投资者的红利，是公司对股东的投资回报，它是 ROE 计算公式分子净利润的一部分，也是最容易确认的部分。分红收益被资本利得掩盖，目前关注分红的投资者比例并不高，但它才是没有明确终止日期的股票的终极意义。

合伙做生意的本意是获取红利

证券市场，一般认为是在 17 世纪初起源于荷兰。人类合伙做生意，在古巴比伦就已经非常盛行，比证券市场古老几千年。在没有证券市场的年代，合伙做生意的人谋求的都是红利，很少有人冲着转让自己生意的意图而合伙的。

生意以公司的形式开展，并证券化，实际上是一种特殊的合伙形式。证券化之后，给生意的份额明码标价，并且可以自由交易，自由交易带来了流动性，流动性带来了波动。

一门生意，10% 的红利，那是非常高的了。可是证券价格的波动，很可能几分钟就超过 10%。于是，红利在波动面前显得微不足道，投机行为逐渐占据上风，成为证券市场的主旋律。证券短期的价格，是由交易者的买卖决定的，可以完全脱离基本面。

尽管如此，分红依然是生意的最终目的，以分红为参考制定交易策略依然是重要的思路，高股息率策略已经被不同证券市场的历史证明长期有效。

了解股息率

股息是公司利润的一部分，即公司以现金方式分配给投资者的那部分利润。股息率是以股息为参考的估值指标，其计算公式如下：

$$股息率 = 分红金额 \div 市值 = 每股分红 \div 股价$$

股息率，可以对应到存款的利率、房子出租的回报率，其倒数是靠分红收回投资成本所需的年数。比如一个公司股息率 10%，如果投资者此时买入股票，其分红保持不变，那么仅靠分红 10 年可以收回投资成本。

可以看出 10% 股息率是非常高的，10 年后，投资者收回成本，股票还在，依然可以继续享受分红。

分红金额高、高分红比例、高股息率

刚刚入门的投资者往往对分红金额高、高分红比例、高股息率这三个概念理解模糊，不会深入去考虑，下面比较一下三者的区别。

1. 高分红

分红金额高，指的是上市公司分红金额大。工商银行自从 2007 年以来，一直是 A 股上市公司分红王，2020 年工商银行的分红金额达到了 948 亿元。以下是工商银行 2011—2020 年这 10 年的分红金额，如图 7-1 所示。

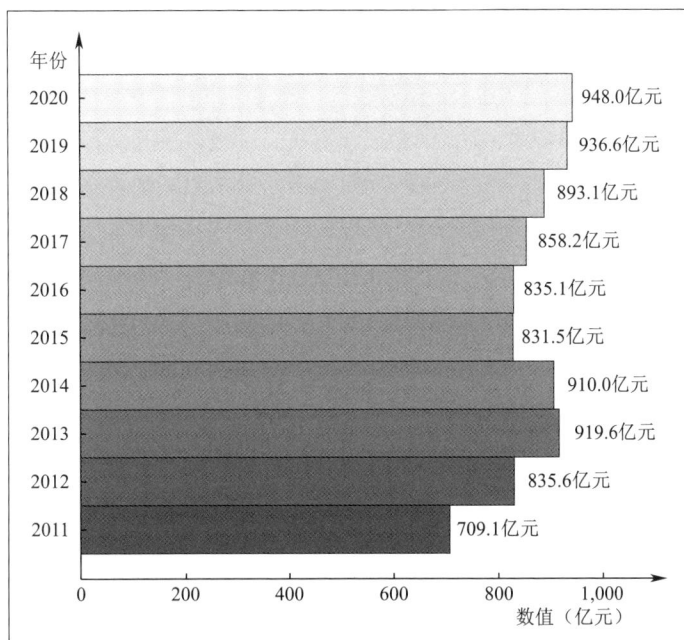

图 7-1 工商银行 2011—2020 年分红金额

工商银行的分红金额超过了大部分 A 股上市公司的市值，令人惊叹。分红金额多，表明公司赚钱能力强，我国四大行的实力毋庸置疑，分红金额是这个事实的反映。

分红金额是一个非常重要的指标，分红金额持续很高，是公司净利润真实性最好的佐证，分出去的都是现金，无法造假。

2. 高分红比例

高分红比例，顾名思义，是指分红金额占当年净利润的比例高。按照分红比例，股票的大致分类如下：

（1）高比例分红公司。把净利润的 50% 以上分配给投资者的公司。

（2）中比例分红公司。把净利润的 30%~50% 分配给投资者的公司。

（3）低比例分红公司。把净利润的 30% 以下分配给投资者的公司。

我们看一看工商银行 2011—2020 年分红比例数据，如图 7-2 所示。

工商银行的分红比例略微超过净利润的 30%，依然霸占 A 股分红王的位置，其净利润之高，可以想象。银行股分红比例不高的原因前面已经提过，钱是银行赚钱的根本，在高速发展期，分红比例高对银行的发展不利。随着我国 GDP 增速的下降，银行股提高分红比例的可能还是挺大的。

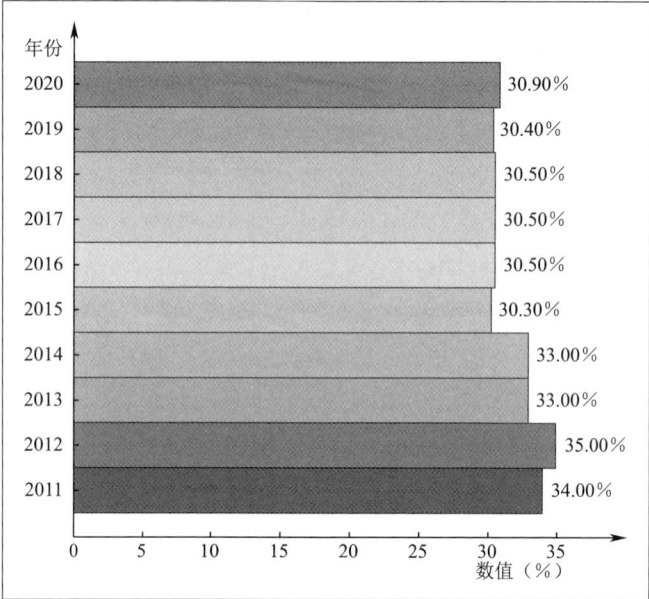

图 7-2　工商银行 2011—2020 年分红比例

A 股高分红比例的典范是双汇发展。双汇发展 2011—2020 年分红比例数据，如图 7-3 所示。

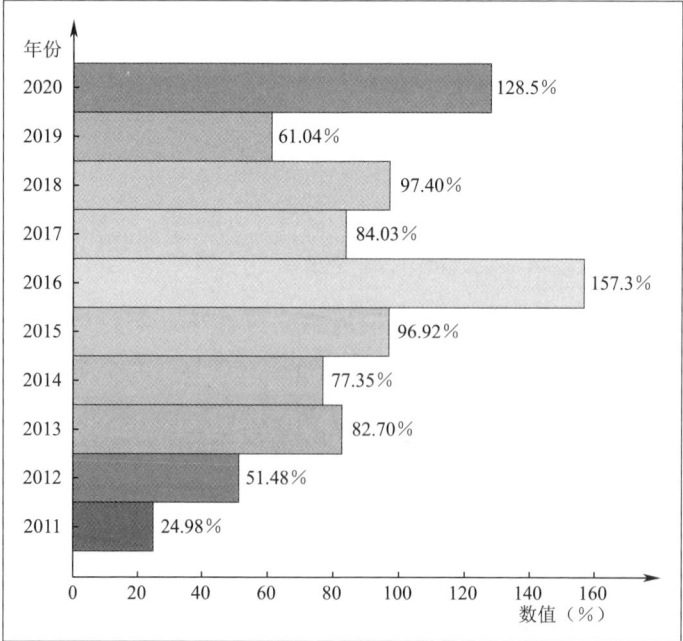

图 7-3　双汇发展 2011—2020 年分红比例

双汇发展 2011—2020 年平均分红比例接近 100%，这个阶段其几乎是为分红而生的公司。在双汇发展股价低迷的时期买入，其分红的回报，已经可以让投资者满意。

如果分红金额很小，那么分红比例没有意义。如果上市公司分红才几万、十几万，还不如一个中产者一年的薪水，那么即使分红比例 100%，也没有意义，因为这个公司赚不到钱。

3. 高股息率

分红金额、分红比例都是公司管理层决定的，和公司的估值无关。股息率是分红金额除以公司市值，随着公司股价的波动而波动，因此股息率和 PB、PE 一样是估值指标，股息率越高，股票的估值越低。以股息率为核心的投资策略，一般都是高股息率策略，属于保守型策略。

一般把股息率大于 5% 的股票，称为高股息率股票，这个 5% 并非绝对，也可以是 4%、6%，视具体情况而定。高股息率，意味着：

（1）股票不受市场欢迎，估值低；

（2）投资者买入股票，股息回报高。

高股息率，一般是两个层面赋予的，一是公司分红力度大，公司分红金额是股息率的分子，分红比例很小的公司的股票很难成为高股息率股票；二是市场给的估值低，公司市值是股息率的分母。因此，热门股票，很难成为高股息率的股票。

了解现金分红比例

由于分红比例在一般的财经网站上面没有直接数据，如果不想查年度报表，可以用市盈率 × 股息率 = 现金分红比例这个计算公式折算一下，这个公式推导很简单：

$$市盈率 = 市值 \div 净利润$$
$$股息率 = 分红金额 \div 市值$$

将上面两式相乘，即：

$$市盈率 \times 股息率 = 分红金额 \div 净利润 = 现金分红比例$$

例如，某公司 PE 是 10，股息率是 5%，那么其分红比例为 10×5% = 50%。

市盈率是每个财经网站的股票页面必定展示的数据，而股息率也有不少财经网站会展示，比如雪球网和雪球 App，均有股息率的数据展示。

这样，不用翻年度报表，就可以推算出上市公司上一年度的分红比例了。而上市公司的分红比例具有延续性，所以一个简单的乘法，可以大致了解上市公司的分红策略。

自由现金流与分红

巴菲特投资生涯的关键进化是认识到公司的价值是"未来所能产生的自由现金流"，这个认知，让巴菲特走出了格雷厄姆"捡烟蒂"的思路，从而铸就了辉煌。

自由现金流是现金流净额去除生产经营必需的资金、扩充产能所需的资金，以及其他方面需要的资金之后的那部分。一言以蔽之，自由现金流就是从公司拿走，也不会影响公司经营的那部分钱。

自由现金流的计算比较复杂，而且其确切数据应该是一个估算值，不同的人去计算，结果不尽相同。

自由现金流看上去非常重要，但其数值的确认不太容易，那么能不能退而求其次呢？分红分去的钱，一般情况下，是不会影响公司经营的那部分资金，属于自由现金流的一部分。

这里需要防止一种情况，就是所谓的"左手分红，右手融资"。解决这个问题的办法很简单，就是把频繁融资的公司直接排除即可。买股票是买资产，如果买了股票之后还要不停地给公司钱，那买的就不是资产而是负债了。

或者，换个角度讲，对于只拥有上市公司微薄份额的散户而言，分红才是真正的自由现金流。分红实实在在流入了散户的腰包，上市公司其他的资产，除非卖出股票，否则对微型股东而言只是账面上的数字。

注意：巴菲特基本上不计算自由现金流。

重视分红是一种意识形态

资产就是把钱放进你口袋的东西，负债就是把钱从你口袋里拿走的东西。

——《富爸爸·穷爸爸》

当年，笔者在价值投资的门槛外徘徊的时候，一个偶然的因素，读了《富爸爸·穷爸爸》这本书，书里的这句话可谓一句点醒梦中人。

简简单单一句话，就把资产和负债厘清了。所谓的投资，肯定是要买资产，这就为投资指明了方向。

股票为什么是一种资产呢？最本质的因素便是买入股票之后，每年会给投资者分红，而股息率的高低，正好可以衡量股票这项资产的回报率。

对比买入一个不断给投资者分红的公司和一个不断再融资的公司，不断给投资者分红的公司，会不断给投资者带来现金流，其股票属于资产。不断再融资的公司，如果投资者参与再融资，则是钱从投资者流向了上市公司；如果投资者不参与再融资，股份将被不断摊薄，那么这个公司的股票类似于负债，成为投资者的负担。

并不是看懂了分红就能成为投资高手，但从股票的分红开始认识投资和从抓涨停板开始认识投资，无疑前者成功的概率更大。

股息率的保底作用

2021 年，无风险收益率只有 3% 多一点，而股息率高的股票，股息率可以达到 6% 以上，超过无风险收益的两倍。

资金永远都在寻找更高的回报，股息率达到 6% 的股票，对保守型资本具有较强的吸引力。如果判断该股票的高分红能大概率保持下去，那么 6% 的股息率具有很强的保底作用。一只股票买入后，无非三种情况，跌、不涨不跌、涨，而一只股息率达 6% 的股票买入后：

（1）跌，可以买入更多的股票，追加买入的股票股息率超过 6%，更加超值，也更加安全；

（2）不涨不跌，那么一直拿着 6% 的股息回报也不算差；

（3）涨，这很好办，涨多了卖出可以拿到资本利得，这是所有投资者都喜闻乐见的。

投资者唯一需要担心的是公司经营状况下滑，后续的年份无法像此前一样分红。事实上，公司经营的稳定性是所有价值投资策略共同需要考虑的问题，并不是高股息率策略的特有问题。

既然是股票，总有不确定性，如果股票的分红 100% 确定，那么就不会有股息率比无风险利率高的股票了。

买入高股息率股票，相当于承担一部分风险，获取比无风险利率更加高的回报。风险和回报的博弈其实是股市的魅力所在，没有风险，股市必定是一潭死水。投资的超额收益正是风险带来的，高明的投资者能驾驭风险。

高分红持续性判别

高分红属于过去，高 ROE 也是属于过去，投资是投未来，以股息率为核心的投资策略面对的核心问题是对高分红持续性的研判。

前面已经提到，买入高股息率股票，无论是涨、平、跌，都是可以接受的，但如下三点令人担忧：

（1）买入高股息率股票之后，会不会无限制下跌？这是市场问题。

（2）买入高股息率股票之后，会不会上市公司有钱也不分红了？这是公司方针政策问题。

（3）买入高股息率股票之后，会不会上市公司没钱分红了？这是公司经营问题。

第一个问题，如果公司经营稳定，能把高分红保持下去，肯定不会无限制下跌。一项高回报的资产，对于资本是有很大的吸引力的，回报越是高，吸引力越是大。但没有人能打包票，股票跌到什么价位会止跌，股票的底，往往是由非理性情绪决定的，不可预测，如果公司经营正常，极端低估值不会持久。

第二个问题，事实上是公司分红政策的问题。公司分红政策是在公司章程里面有约定的，有的公司把分红政策写进年度报表里面。此外，公司年度报表里面，往往有关于分红倾向性的描述。下面专题讨论判断公司高分红延续的判别方法。

1. 公司竞争力是否能延续

这是价值投资的基础，也就是分析公司以后还能不能赚钱，赚更多的钱，这是巴菲特一辈子的修行，也是有志于成功投资的投资者一辈子需要钻研的课题。

2. 公司分红政策

贵州茅台 2020 年度报表里面的"社会责任工作情况"部分的"股东权益保护"片段有披露，如图 7-4 所示。

2.股东权益保护

坚持"股东是茅台永远的家人"，致力于做一个有良心、负责任的企业。公司真实、规范地披露信息，与投资者积极互动，持续稳定回报投资者，切实维护投资者权益。公司坚持每年进行现金分红，截至 2020 年 6 月底，公司累计现金分红 971 亿元，约为上市募资净额的 49 倍，切实让股东分享到公司发展的红利。

图 7-4　贵州茅台 2020 年度报表股东权益维护内容

"股东是茅台永远的家人"，由此可见贵州茅台把分红作为社会责任、股东权益保护的重要内容，其分红的持续性，是有制度性保障的。

3. 公司分红历史

其实，分红分出来的是真金白银，比分红政策更加靠谱，优秀的公司，分红比例的延续性很好，不会无缘无故地降低分红比例。我们看一看贵州茅台 2011—2020 年分红情况，如图 7-5 所示。

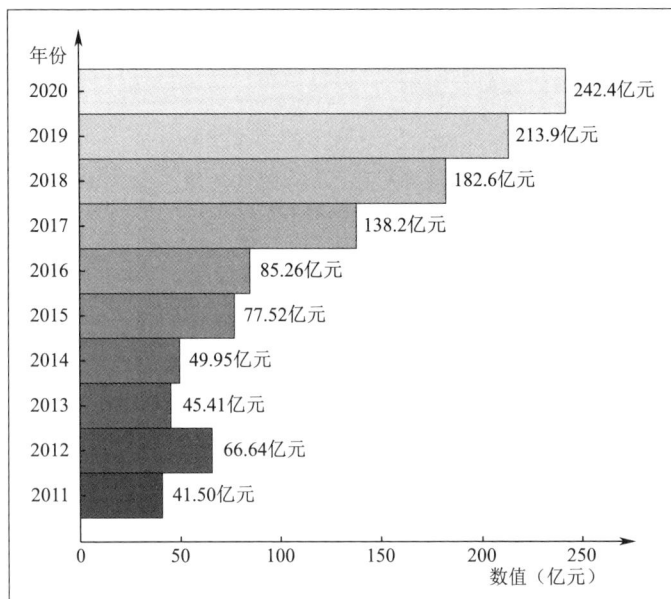

图 7-5　贵州茅台 2011—2020 年分红金额

贵州茅台 2011—2020 年的分红和公司的利润同步增长，符合预期，2020 年分红金额达到了 242 亿元，跻身 A 股上市公司前十。分红是公司实力的最好展示，贵州茅台 2011—2020 年分红比例数据，如图 7-6 所示。

长期跟踪贵州茅台的投资者很清楚，公司在 2012—2014 年度经营上遇到了一些问题，所以这几年的分红比例有所下调。除此之外，公司所有年度分红比例稳定在 50% 左右，令人放心。参考分红历史推断未来分红的延续性，有很高的成功率。

4. 公司控股股东

贵州茅台 2020 年度报表披露的前十大股东如下，如图 7-7 所示。

贵州茅台的控股股东是中国贵州茅台酒厂（集团）有限责任公司，持股比例超过 50%，达 54%。根据年报的披露，集团公司的控股股东是贵州省人民政府国有资产监督管理委员会，是可靠的优质大股东。

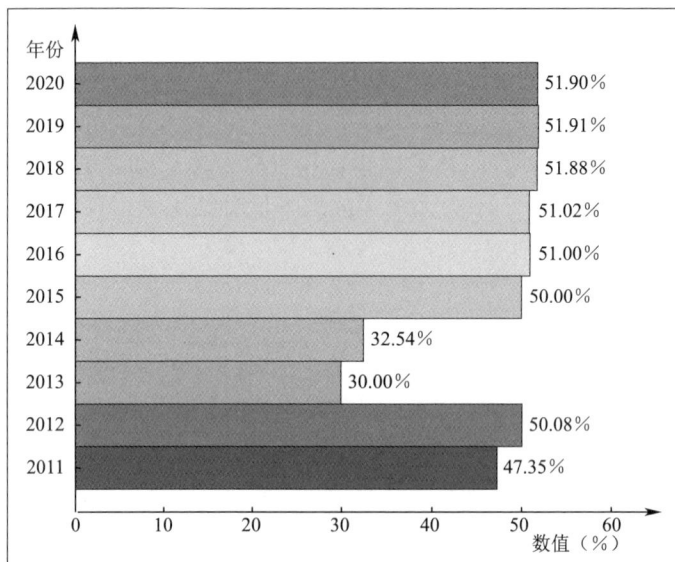

图 7-6　贵州茅台 2011—2020 年分红比例

前十名股东持股情况							
(二) 截止报告期末前十名股东、前十名流通股东（或无限售条件股东）持股情况表							单位:股
股东名称 （全称）	报告期内增减	期末持股数量	比例（%）	持有有限售条件股份数量	质押或冻结情况		股东性质
					股份状态	数量	
中国贵州茅台酒厂（集团）有限责任公司	-50,240,000	678,291,955	54.00		无		国有法人
香港中央结算有限公司	1,991,773	104,353,980	8.31		未知		未知
贵州省国有资本运营有限责任公司	8,583,928	58,823,928	4.68		未知		国有法人
贵州茅台酒厂集团技术开发公司		27,812,088	2.21		无		国有法人
中央汇金资产管理有限责任公司		10,787,300	0.86		未知		国有法人
中国证券金融股份有限公司		8,039,538	0.64		未知		未知
深圳市金汇荣盛财富管理有限公司—金汇荣盛三号私募证券投资基金	1,598,799	5,020,950	0.40		未知		未知
珠海市瑞丰汇邦资产管理有限公司—瑞丰汇邦三号私募证券投资基金	503,548	4,160,932	0.33		未知		未知
中国人寿保险股份有限公司—传统—普通保险产品—005L—CT001 沪	560,548	3,894,273	0.31		未知		未知
中国工商银行—上证 50 交易型开放式指数证券投资基金	-152,907	3,739,261	0.30		未知		未知

图 7-7　贵州茅台 2020 年度报表前十大股东

本章前面提到过，价值投资者购买公司股票，是买资产，上市公司对于占其绝大部分股份的大股东而言，毫无疑问也是一项资产。

大比例分红表明，大股东从上市公司获取利益的主要方式也是分红，这样，在分红这一点上，大股东和小投资者的利益达成一致。

以上四条，对公司未来分红延续性的判断准确率非常高，虽然无法100% 判断公司未来高分红的延续性，但是投资者可以追求模糊的正确，做到大概率判断正确，千万别指望有 100% 判断公司高分红延续性的方法，万事万物皆概率。

规避股息率异常

和其他估值指标一样，股息率也不是万能药，有不少问题需要规避，本小节专题讨论这些问题。

1. 规避公司经营变坏的情况

这是每个技术指标应用的时候都会提及的，一个公司经营持续恶化，那么无论是 PB、PE，还是股息率都毫无意义。

说得更透彻一点，股息率有 6% 已经很高了，但是投资者的本金是100%，6% 的股息和 100% 的本金比起来，就是一个零头。如果本金出问题，股息又有什么意义呢？

这就好比借债，首先考量的肯定不是利率，而是借贷人的信用，如果本金收不回来，利率再高也没用。

顺便奉劝一下，投资者千万不要和利率奇高的 P2P 平台发生业务往来，投资者盯着的是利息，不良平台盯着的是投资者的本金，一言以蔽之，P2P平台，普通投资者就不要碰了。

此外，凡是利率奇高的借贷，都不值得普通投资者参与，这种机会，普通投资者一旦参与，大概率血本无归。

2. 留意刚刚高送转公司的股息率异常

一只股票刚发生高送转，股价会有大幅变动，此时用每股分红除以股价计算股息率，如果网站计算股息率的股价变了，但是每股分红未及时调整，那么显示的股息率很可能会失真。

解决的办法，就是用公司分红金额除以公司市值自行计算股息率，虽然麻烦了一点，但投资是用真金白银下注，还是亲力亲为放心。

3. 防范公司爆发式分红引起的股息率异常

少量公司通常不分红，某一年因为某种需求突然发生了一笔大额分红，此时，用这个分红金额计算出来的股息率看上去非常高，但这是一次性行为，根本不可能持续。再则，公司发生这样的行为，其动机往往并不是出于以前一直不分红，过意不去，其分红的出发点需要分析。防范这个异常的方法很简单，只要看公司多年分红即可，分析多年数据这个方法贯穿本书始终。

4. 周期性行业公司的股息率

周期性行业公司在景气周期，股价在高位，但由于公司盈利惊人，很可能出现低市盈率、高股息率的情形；而在萧条周期，股价在低位，但由于公司游走在亏损的边缘，基本上没有钱分红，却是高市盈率、低股息率的情形。这种情况，需要警惕，道理和低市盈率陷阱是一样的。

对于投资者长期跟踪、知根知底的好公司，以上 1、2、3 异常通常很少发生。如果投资者发现一只以前没有关注过的高股息率股票，最好用上述方法排查一下。

财报中的分红金额

笔者曾经自问过一个有趣的问题，"如果年报只让看一个数字，其他所有内容都不让看，会看哪个数字？"经过仔细思索，给出的答案是"分红金额"。

为什么不是 ROE 呢？笔者在 ROE 和分红金额之间犹豫了好久，最终选择了分红金额，主要基于以下三个方面考虑：

（1）只看 ROE 不知道有没有分红，但分红金额是 ROE 分子净利润的一部分，可以推测公司的 ROE。

（2）分红金额不需要确认，分出去的都是真金白银，根本不能有假，年度报表其余内容不让看，丝毫不会影响分红金额这个数字的品质。

（3）知道了分红金额，就可以计算股息率，给公司估值。

如果年报只让看分红金额一个数字，如何分析上市公司呢？下面以海天味业为例说明。

1. 看 10 年分红金额数据

只看分红金额，当然可以将多年的年度报表的分红金额一起看，通常看10 年。海天味业 2014—2020 年分红金额数据，如图 7-8 所示。

从这张图上可以看出以下几点：

（1）海天味业 2020 年的分红金额达到 33 亿元，在 A 股排名靠前，说明

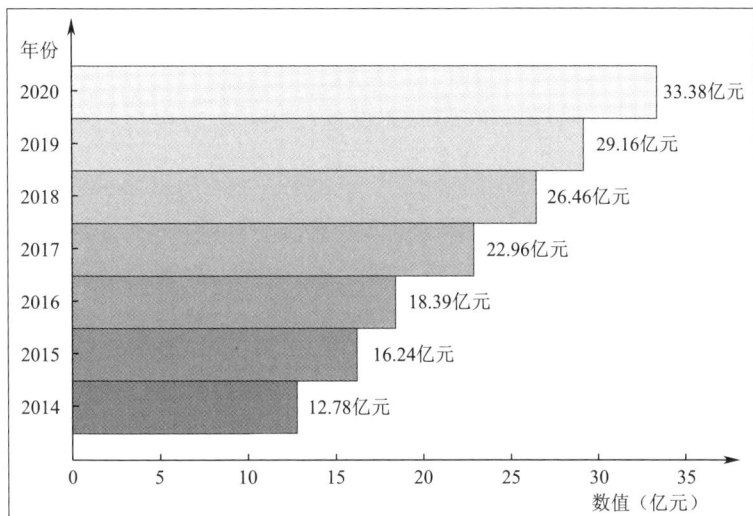

图 7-8　海天味业 2014—2020 年分红金额

海天味业赚钱能力很强。

（2）从 2014 年的 12 亿元到 2020 年的 33 亿元，7 年增幅接近 200%，这是公司欣欣向荣的体现。一个公司分红越来越多，而且增幅很大，唯有赚到的钱越来越多这一种可能。

2. 生活经验

逛超市的时候，几乎每个超市的货架，都有很长一排的海天牌调味品，海天占用货架的数量超过其他品牌，这是公司实力的最佳体现，说明海天味业是调味品行业的龙头公司。生活经验是常识的一部分，对于生活中能接触其产品的上市公司，去商店实地考察是很好的研究方法；然后，在京东商城的自营业务搜索"酱油"，得出如下结果，如图 7-9 所示。

可以看到，海天的生抽排在第一位，其评价达到"100 万＋条"，而第二名是"20 万＋条"，第三名是"2 万＋条"，酱油是海天味业的拳头产品，这个数据表明其龙头地位稳固。

至此，只看海天味业年度报表里面的

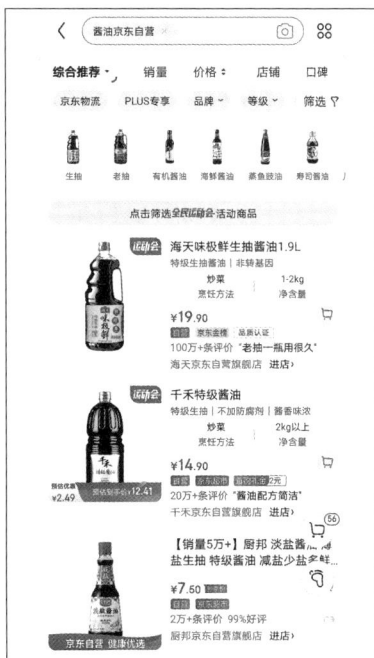

图 7-9　京东商城自营"酱油"
品类 2021-08-06 搜索结果

一个数字，再加上一些生活常识，投资者就可以对海天味业的轮廓形成一个比较靠谱的认知。

年报当然不可能只让看一个数字，投资者肯定也会 ROE、分红金额、净利润、净资产、分红比例、毛利率等一起看。

分红还是不分红

公司分红还是不分红，这个争议比较大。赞成不分红的人认为，分红还要交红利税，不如留在公司，反正都是股东的资产。此外，还有一个最经典的案例，巴菲特的伯克希尔·哈撒韦，基本上不分红，但伯克希尔是一家伟大的公司。

如果是对公司资产有处置权的控股股东，这个说法当然无可厚非，但对于散户而言，如果公司一直不分红，散户就少了一个确认公司经营成果最好的参照；其次散户还少了一个确认大股东是否和自己利益一致的绝佳参照。

另外还有一个问题，留下的利润，公司拿去做什么了，是否能为股东高效地创造利润？这个问题的答案有以下几种：

（1）留存的利润和此前的资产一样高效率运作，即留存部分利润的 ROE 和原先资产的 ROE 保持一致。这种情况，应该少分红。最典型的例子是恒瑞医药。我们看一看恒瑞医药 2011—2020 年的分红比例，如图 7-10 所示。

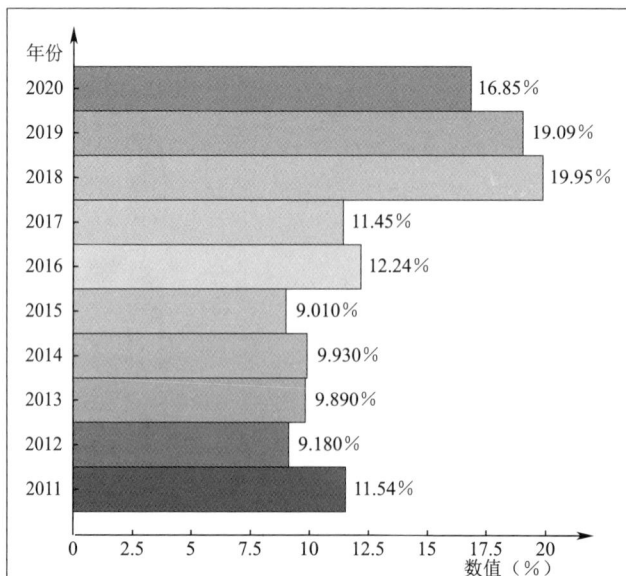

图 7-10　恒瑞医药 2011—2020 年分红比例

恒瑞医药 2011—2020 年分红比例最高的年份也不超过 20%，是典型的低分红比例的公司。由于留存利润，恒瑞医药的净资产越来越多。我们看一看恒瑞医药 2011—2020 年的净资产，如图 7-11 所示。

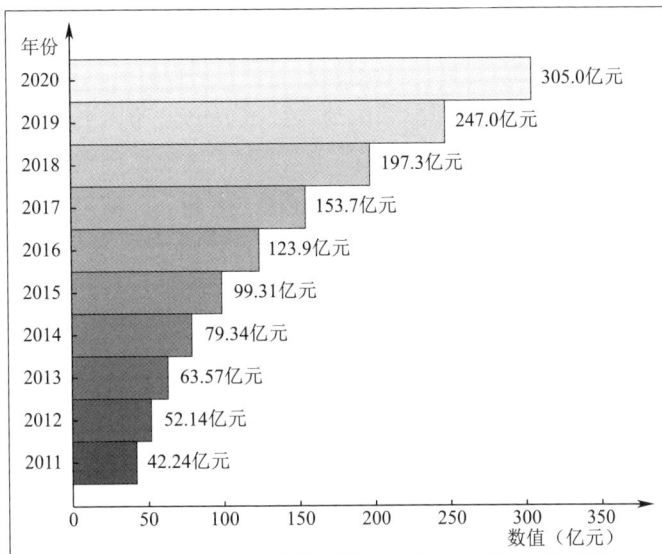

图 7-11　恒瑞医药 2011—2020 年净资产

由于留存大部分利润，公司资产迅速增长，而净资产是 ROE 的分母，所以达成同样的 ROE，需要更多的净利润。我们再看一看恒瑞医药 2011—2020 年的 ROE，如图 7-12 所示。

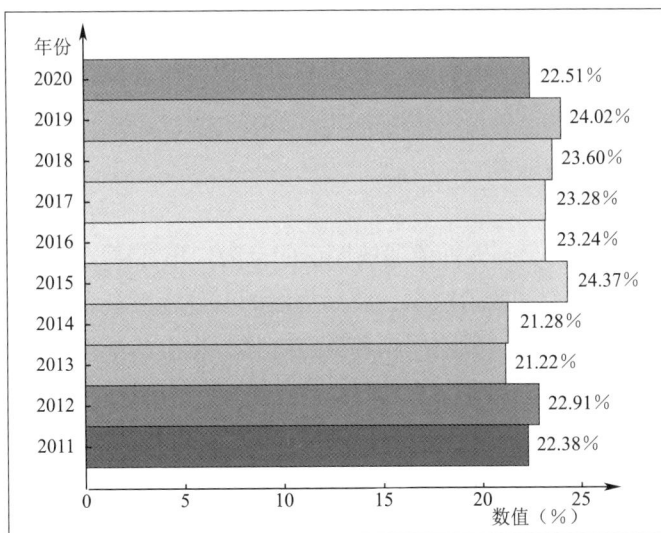

图 7-12　恒瑞医药 2011—2020 年 ROE 指标

尽管恒瑞医药的资产越来越多，但其 ROE 一直维持在 20% 以上，这说明恒瑞医药留存的利润创造了和此前资产等同的经营效率。事实上恒瑞医药留存的利润，主要拿来研发新药，一旦研发成功大单品，公司的利润就会增厚一大截，这便是恒瑞医药留存利润后 ROE 依然保持在高水平的原因。

然而，留存利润能利用到恒瑞医药这种境界的公司凤毛麟角，即使是恒瑞医药，也总会达到"专利悬崖"那一刻，到了这个临界点，如果还是留存大部分利润，也将无法保持如此之高的 ROE。因此，当恒瑞医药达到和国外医药巨头差不多规模的时候，极有可能提高分红比例。

（2）留存的利润比此前的资产运作效率低，但比一般低风险投资渠道的收益率高。此时分红有利还是不分红有利，就和投资者的能力有关了。如果投资者的投资能力高于留存利润的 ROE，那么分红对投资者有利，原因是把钱分给投资者，由投资者来运作回报率更高。如果投资者的投资能力低于留存利润的 ROE，那么留在公司运作回报率更高。这是一个模糊地带，留存利润还是分配利润都说得过去。

（3）留存的利率不参与公司运作，买理财产品或者存活期。这种情况，如果公司原来留存的现金很小，则留存利润可以补充现金储备，提升经营安全性，尚且可说；如果公司原来就现金充沛，那么肯定是分给投资者更合适，就算投资者拿到分红用来买理财产品，效率也比躺在公司的活期账户上高。

所以，分红合适还是不分红合适，需要视具体情况而定，不能一概而论，一般来说，公司经营用不到的钱，还是分给投资者比较合适。

另类的分红：回购股份

回购股份，是指公司购回流通的股份的行为。正常情况，公司回购股份，然后注销，那么公司的股份减少，此后分红的时候，投资者手里的股票可以分到更多的红利。可见，股份回购和分红一样，也是回报投资者的手段。回购相比分红有如下优势：

（1）回购不需要交税，分红要缴纳红利税。

（2）回购从市场购买流通股，有利于稳定股价。

上市公司会在分红派息部分一并披露股份回购情况，例如中国平安 2020 年度报表对 2020 年和 2019 年的股份回购情况作了披露，如图 7-13 所示。

股息分派

根据《公司章程》第二百一十六条，公司的利润分配应重视对投资者的合理投资回报，利润分配政策应保持连续性和稳定性。在公司实现的年度可分配利润（即公司弥补亏损、提取公积金后的税后利润）为正值并且符合届时法律法规和监管机构对偿付能力充足率规定的前提下，公司最近三年以现金方式累计分配的利润应不少于公司最近三年实现的年均可分配利润的百分之三十。具体的现金分红比例将综合考虑公司的盈利、现金流和偿付能力状况，根据公司经营和业务发展需要，由公司董事会制订分配方案并按照《公司章程》规定实施。董事会将遵照利润分配政策的连续性、稳定性，使本集团在把握未来增长机会的同时保持财务灵活性。因公司营运利润的持续增长及对平安未来前景充满信心，董事会建议2020年末期股息为每股现金人民币1.40元（含税），加上已派发的中期股息每股现金人民币0.80元（含税），全年股息为每股现金人民币2.20元（含税），同比增长7.3%。

集团母公司对外分红参考归属于母公司股东的营运利润增幅厘定。过去五年公司现金分红及基于归母营运利润计算的现金分红比例情况如下表所示。平安过去五年的现金分红总额年复合增长率为32.8%。

	每股派发现金股息 （人民币元/股）	每股现金股息 增长率(%)	现金分红总额 （人民币百万元）	按归母营运利润计算的 现金分红比例(%)	股份回购金额 （人民币百万元）	按归母净利润计算的 现金分红比例 （含回购，%）
2020年	2.20	7.3	40,063	28.7	994	28.7
2019年	2.05	19.2	37,340	28.1	5,001	28.3
2018年	1.72	14.7	31,442	27.9	–	29.3
2017年	1.50	100.0	27,420	29.0	–	30.8
2016年	0.75	41.5	13,710	20.1	–	22.0

注：(1) 每股现金股息包含该年度的中期股息和末期股息。根据《上海证券交易所上市公司回购股份实施细则》的有关规定，本公司回购专用证券账户上的本公司A股股份不参与股息分派。
(2) 除2020年末期股息尚待2020年度股东大会批准外，其余各年度的利润分配已于相应年度实施完毕。

图 7-13　中国平安 2020 年度报表披露的股份回购

经过以上分析，回购看上去对投资者很有利，但回购还有其他形式，不得不重视。正常情况，公司利用自有资金，比如现金、公积金回购公司股份，但还有一种情况，公司可以通过发债筹措资金来回购。

这事实上是举债行为，举债是有风险的。这一手，美股很多公司干得很极致，比如前面提到的麦当劳的每股净资产是负的，就是这么来的。由于美国长期的低利率环境，看上去借钱挺划算的。在资本市场没有大幅波动的情况下，如果公司的经营足够稳，这个行为确实对股东有利。但资本市场肯定会有大波动的，在这种情况下，高杠杆就会面临巨大的风险。美股2020年10天4次熔断，就和这种类型的举债行为有关。举债回购，在低利率环境、没有碰到极端情况的时候，由于回购导致股份变少，对投资者还是有利的。

还有一种回购行为，回购股份，但是不注销。如果不注销，就有可能拿去分给公司员工，做股权激励。如果这样，由于股份没有减少，投资者手里股份的价值并没有增长，所以对投资者没有直接意义。所以，看到上市公司回购股份，要关注其回购的股份有没有注销，如果没有注销股份，那么其性质截然不同，需要结合回购股份的处置方式进一步判断对投资者是否有利。

二、分红和成长的关系

有一种说法，分红和成长不能兼顾，其实，这种说法是片面的，一边高比例分红、一边高速成长的公司也有不少。本节专题讨论分红和成长之间的关系。

初创型公司

初创型公司，肯定是大量投入资金和资源，谋求快速发展，要求其分红，是不理性的行为。现在的创投领域，有天使轮、A轮、B轮、C轮、D轮、E轮融资，然后IPO（首次公开募股，initial public offering），这个过程是不断给公司钱的过程，不会要求公司分红。IPO之前的公司，并未公开上市，普通投资者无法参与。

还有一些公司，IPO之后，成长期还未结束，仍需不断再融资，比如互联网公司成长期的首要目标往往是发展更多的客户，创新药公司需要大量资金研发新药，这一类公司分红也没有意义。

但基于以上情形得出分红和成长不能兼得的结论，并不妥当，不少在主板上市的公司，已经过了初创的阶段，可以一边分红、一边成长。

正在成长的龙头公司

一个公司，从0到1，从无到有的巨大涨幅，往往非常吸引投资者的眼球，但投资者看到的往往是光鲜的成功案例，而忽略了成功案例背后大量的失败案例。

有种说法，100家初创型公司，只有10家能活过最初5年，再过5年，10家中的9家又会倒下，这种说法，很形象地道明了初创型公司的巨大风险。

其实更适合投资者的是从1到N的公司。所谓的1是指公司已经成为某领域的龙头，所谓的从1到N是指通过竞争不断成长并巩固龙头地位的过程。从1到N的过程，往往更适合普通投资者参与，其成功率很高。

下面以海天味业为例，讨论这个现象。海天味业2014年上市的时候，已经是调味品行业的龙头，但这并不意味着海天味业就失去了成长性。海天味业上市的时候，管理层提出了口号"再造一个海天"，如今，海天味业上市已经7年。海天味业2014—2020年度净利润如下，如图7-14所示。

海天味业上市以后的7年里，净利润增长超过200%，管理层的口号是"再造一个海天"，事实上管理层做到了"再造两个海天"，让人钦佩。而海天味业市值的增幅远远不止 200%，在这个成绩面前，没有人能否认它的成长性。我们再来看一看海天味业的分红比例，如图 7-15 所示。

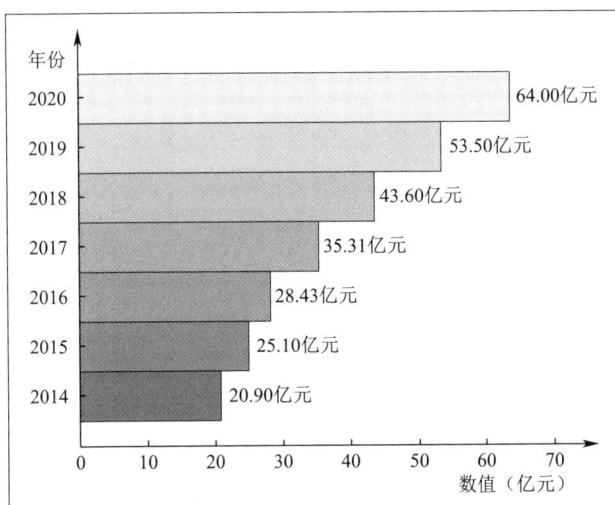

图 7-14　海天味业 2014—2020 年净利润

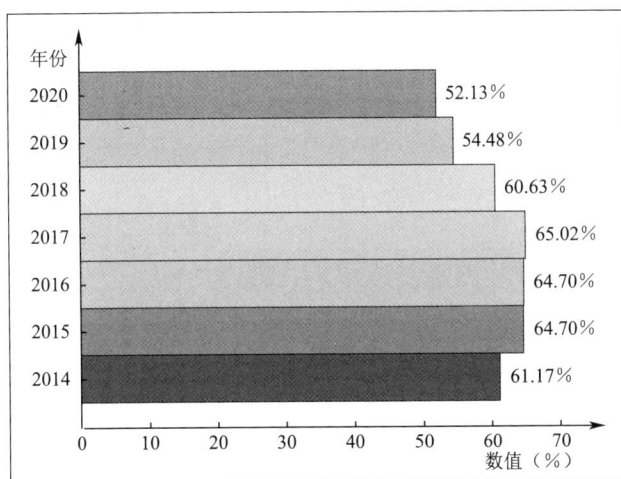

图 7-15　海天味业 2014—2020 分红比例

　　海天味业上市的 7 年里，前 5 年的分红比例均超过 60%，所有年份均超过 50%，这和需要不断融资才能成长的情形完全不同。海天味业上市之后，根本不需要融资，业绩就能飞速提高，不但不需要融资，还能在把赚到的钱大部分分给投资者的前提下，依然飞速发展，这样的公司，才是最佳的成长型公司。再举一个例子，汤臣倍健。汤臣倍健 2011—2020 年的业绩增长，如图 7-16 所示。

　　汤臣倍健 2011 年之前就已经是保健品行业的龙头。2011—2020 年汤臣倍健的净利润从 1.8 亿元增长到 15.2 亿元，增长了超过 8 倍，年复合增长率超过 23%，是典型的高速成长股。2019 年那个净利润的异常，在本书此前章节已经详细分析过了，不再重复。我们再看一看汤臣倍健的分红比例，如图 7-17 所示。

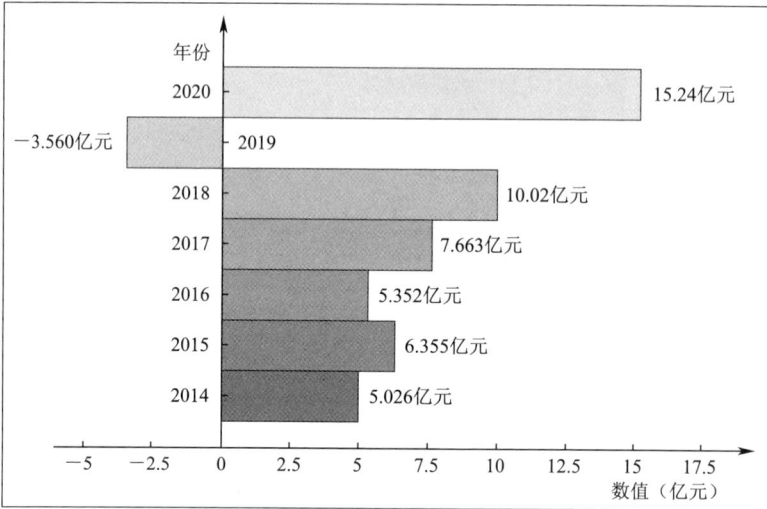

图 7-16　汤臣倍健 2011—2020 年净利润

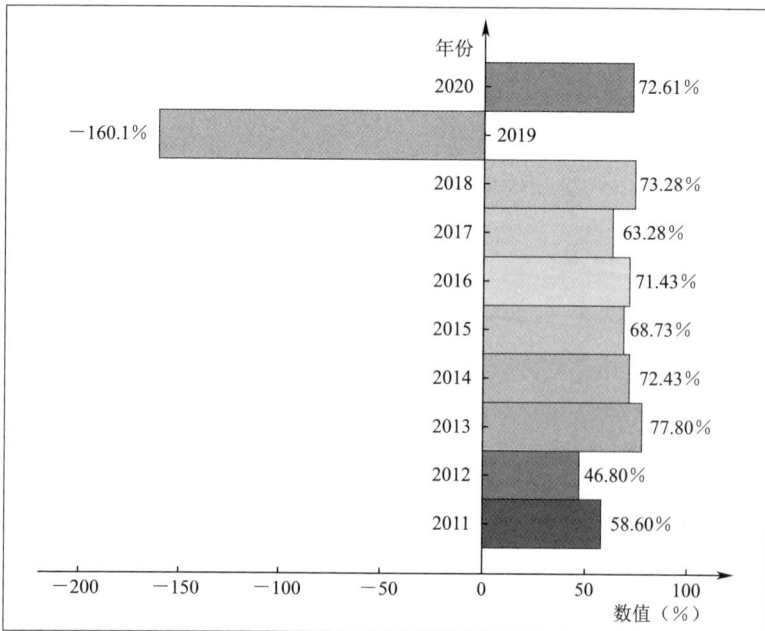

图 7-17　汤臣倍健 2011—2020 年分红比例

汤臣倍健 2018—2020 年 3 年的分红金额逐年增长，2019 年度的分红是正常的，分红比例的负值是净利润为负导致。2011—2020 年这 10 年，汤臣倍健的分红比例只有 2012 年低于 50%，其余年份均超过 50%，有 5 年超过 70%。由此可见，汤臣倍健也是一个一边大比例分红、一边飞速发展的公司。总结一下这一类公司的共同特点：

（1）超级品牌，用户愿意为他们的产品付出溢价，或者价格同等条件下更愿意选择这些公司生产的产品；

（2）轻资产；

（3）不需要大量资金再投入就能高速发展；

（4）不需要太多的研发投入；

（5）参考海外同类龙头公司，这些对标的海外龙头公司也是长牛型公司。

投资者要善于总结长牛公司的共性，以及善于参考成熟市场的历史经验。

不需要保留大量现金也能成长的公司

如果问一个问题，"什么公司能把赚到利润的 90% 分给投资者，且不影响业绩的增长？"首先闪过脑海的很可能是贵州茅台。贵州茅台提升业绩的条件如下：

（1）坚守传统工艺，保持茅台酒的品质；

（2）维护好产品形象；

（3）隔一段时间提价一次。

以上三者，均不需要大量的资本投入即可达成。如此看来，分红和成长之间并没有不可调和的矛盾。

贵州茅台目前的分红比例超过 50%，比例已经不低。事实上，即使贵州茅台把净利润的 90% 分了，也完全没有问题，不会影响其业绩增长。

不需要保留大量现金也能成长的公司，往往是有护城河的好公司，值得价值投资者重点关注。

成长性体现在分红上

关于成长性的另外一个错觉是，只有小盘股才是成长股，这是一种典型的错觉，一些公司成为巨无霸之后，依然能稳定的成长。

以宝洁（美国上市，代码 PG）为例，根据雪球网的资料，在 2005—2021 年的这 17 年里，其每股分红从 2005 年的每股 0.28 美元，一路增加到 2021 年的每股 0.869,8 美元，增长了 3.1 倍，年化增长率 7%。并且其股息稳稳地增长，没有倒退过。

投资者可能觉得，7% 的增长也叫增长吗？但宝洁是市值 2 万亿元人民币的巨无霸，红利能保持 7% 的增速，就好比大象起舞，虽然动作不算快，可也有效地反驳了大象不能起舞的观点。

A 股上市的不少公司的股息，也保持稳定的增长，且其增长速度远超宝洁的 7%。2011—2020 年 A 股部分优秀公司的股息增长统计，见表 7-1。

表 7-1　A 股部分优秀公司分红统计

公司＼项目	2011 年分红金额（亿元）	2020 年分红金额（亿元）	2011—2020 年分红总增长率	2011—2020 年分红年化增长率
贵州茅台	21.71	242.4	1,116.54%	30.75%
伊利股份	4	49.88	1,247.00%	32.36%
汤臣倍健	1.09	11.07	1,015.60%	29.38%
万华化学	12.97	40.82	314.73%	13.59%
海康威视	4	74.7	1,867.50%	38.44%
招商银行	90.62	316	348.71%	14.89%
中国平安	31.66	400	1,263.42%	32.55%
万科 A	14.29	145	1,014.70%	29.36%
海螺水泥	18.54	112	604.10%	22.12%

以上这些 A 股公司，分属不同的行业，都是行业龙头，都在 2011—2020 年这 10 年一边大笔分红、一边成长，这些例子足以表明，分红和成长并不矛盾。

相对于初创型公司的高度不确定性，这一类成长型龙头，普通投资者更容易把握。

三、围绕股息率构建投资策略

红利策略已经被多国证券市场证明长期有效，本节专题讨论围绕分红和股息率的投资策略。

红利策略

红利策略，便是以股息率为参考建立的投资策略，其标的是高股息率股票。红利基金的策略往往只是机械地参照股息率，对分红的持续性、股票的质地考虑得并不充分。

本小节讨论的策略，也是以高股息率为核心，不过对其标的做了一些更严格的限定。下面一起来看看以股息率为核心的投资策略。

1. 选股

选股步骤如下：

第 1 步，设置一个股息率的门槛值，例如 5%，也可以是 4% 或者 6%，但一般不低于无风险利率；然后借用筛选器，比如雪球网的股票筛选器，筛选出所有符合条件的股票。

第 2 步，观察选出来的股票过去 5~10 年的分红金额，剔除 1~3 年以上不分红的股票。

第 3 步，观察其分红的稳定性，剔除分红金额持续性差的股票。

第 4 步，评估其业务的稳定性，剔除前景差的股票。

第 5 步，考虑行业分散，最终确定 20~50 只股票，尽量分散一些，特别的，为了降低投资的不确定性，最好限制高负债率公司的仓位比例在 10%~20% 之内。

2. 买入

买入的步骤很简单，等权买入即可。

3. 长期持有持续跟踪

高股息率股票，一般都是不太受市场欢迎的品种，买入的出发点肯定是长期持有，拿股息。但高股息率股票并不是没有波动，涨的可能性还是有的，而且涨起来一般涨幅可观。持续跟踪非常有必要，主要目的是防止标的忽然不分红了或者经营状况恶化，那就要考虑调换品种了。

4. 卖出、轮动

有几种情形可以考虑卖出：

（1）股票无缘无故不分红了。

（2）股票背后的公司赚不到钱了，没钱分红了。

（3）股票价格大幅上涨，退出高股息率行列。

卖出之后，可以再按照选股的步骤，筛选合适的标的买入，如此循环往复，保证持仓的都是高股息率、经营前景稳定的公司的股票。

这个策略的本质，有点像债券增强。首先，高股息率股票，其股息率比一般高信用债券的利率更高。其次，既然是股票，就有可能大幅上涨，让投资者得到资本利得的额外收益。

在 A 股，一些股票往往意外卷入某个概念，成为概念股，从而大幅上涨。比如上港集团这个股票，公司的生意是经营上海港，按理来说，这样的公司稳定为主，几乎想不到有什么理由让它大幅波动。但是，由于公司地处上海，而上海又是国内经济的龙头区域，国家经常有针对上海的新政策出台，所以上港集团偶尔会成为概念股，从而股价大幅上涨。一般来说，债券通常不会忽然有 50% 以上的涨幅；而股票，就算平时波动很小的股票，也有可能忽然几个涨停，涨幅达到 50% 以上。

高股息率策略，是一种偏保守、偏防守的策略，以稳健为主，选择的标的也是经营稳定公司的股票；此外，需要行业分散、股票分散，相当于再加两道保险，确保其稳上加稳。一言以蔽之，拿着股息，还偶尔会有意外惊喜。投资者对这类策略，其年化收益不宜期待过高，一般预期 10% 的年化收益。

这种策略，由于优质股的高股息率的保底作用，再加上足够分散，投资者很像是持有高利率债券外加一张附送的看多期权。

高股息率股票策略和保本可转债策略比较

先简单介绍一下可转债这个神奇的品种。可转债是一种低息债券，如果只是低息，可转债不可能吸引那么多投资者的关注。可转债的主要吸引力在于"可转"二字，进入转股期的可转债，可以按照一定的比例，转换成正股，可转债能转成正股是一份看涨期权。可转债能转成正股，是可转债持有者的权利，正股不能转成可转债。如果正股大幅上涨，可转债不涨，那么：

（1）可转债的持有者可以行使转股的权利，把可转债转成正股，然后抛售获利。

（2）套利者可以买入可转债，然后抛售，赚取差价。

由于以上两点，可转债转成正股，大多数时间都是亏的，也就是可转债相对于正股，是有溢价的。

如果正股大涨，缩小了溢价率，可转债会跟随上涨，否则一旦折价，套利者会买入可转债转股套利，抹平可转债的折价。正股上涨，可转债附带的看涨期权的价值才开始体现。

由于我国股市波动较大，而且有炒作题材概念股的习惯，大部分可转债在其长达 5~6 年的生命周期内，其看涨期权的价值会得到体现，可转债的吸引力正在于此。

除了附带的看涨期权之外，可转债还享有多项额外的福利：

（1）如果正股分红，可转债会下调转股价，相当于可转债的内在价值提升了，间接得到了正股分红的收益。

（2）大部分可转债如果正股价格长期低迷，达到可转债本身条款的约定条件，可转债持有者可以按照可转债的面值回售给上市公司，这一条对于可转债的持有人是一种很好的保护，尤其是在大熊市。

（3）可转债的发行人，有权利下调转股价。下调转股价，发行人是吃亏的，但由于回售条款的存在，如果正股价格长期低迷，可能触发回售，发行人就会考虑下调转股价，避免回售的发生，缓解资金压力。

这样一看，可转债除了利息低之外，可以说是对投资者保护最周全的品种了，非常值得小微型投资者关注。

可转债是一种债，那么有保本和不保本两种状态。保本，就是当前价格买入，持有到期有盈利，不保本反之。根据历史统计：

（1）绝大部分可转债在存续期内会出现保本状态，价格在 105 元以下。

（2）绝大部分可转债的价格在存续期内达到 130 元以上。

这样，敏感的投资者肯定已经发现，如果在可转债保本的时候买入，到 130 元以上卖出，岂不是能套利？

事实上确实是这样的，这是不少保守型投资者投资可转债的策略，简单有效。买入保本的可转债，唯一的风险就是违约，但在我国可转债的历史上，还没有出现过违约的案例。虽然可转债违约迟早都会出现，但可转债违约的概率确实不高，保本可转债组合大概率能抵御未来的违约风险。

因此，有一个说法，打新股、可转债、分级 A 是我国股市的三大 BUG，这个说法很有道理，现在分级 A 已经成为历史，而打新股和可转债的神话依然在持续，且行且珍惜。

通过以上分析，高股息率组合策略和保本可转债组合策略有不少相似之处，高股息率组合策略和保本可转债组合策略的比较，见表 7-2。

表 7-2　高股息率组合策略和保本可转债组合策略的比较

比较项目 \ 品种	高股息率股票策略	保本可转债组合策略
保底	模糊的保底，参考本章第一节股息率的保底作用	到期之前，也是模糊的保底，即债底，比股票的保底效果好些 到期的时候，除非违约，否则有个真正的保底：本金＋利息－利息税
股息	较高，正常情况下，不考虑某一年出于特殊需要突然分红此类一次性因素，A 股经营稳健的股票最高股息率可达 7% 以上，5% 左右的股息率股票一般不少	较低，债性最强的能超过 5%，一般 3% 算是高的了。随着可转债快速扩容，高收益率的可转债规模会逐渐扩大
期限	无	一般 5~6 年最常见
弹性	偏弱，整体上比可转债强一些	债性强（折价率高）的品种弹性较低，正股必须上涨到基本把溢价率填平，可转债才会跟随上涨
额外福利	不明显。净利润分红后留存的部分利润的 ROE 带来的复利是主要的分红之外的收益，其他的额外收益，是可以兼做打新门票	（1）大股东很缺钱的时候，有动力想办法让可转债正股价格涨上去 （2）大股东很缺钱的时候，怕暴跌引起回售，有动力下调转股价
保守型投资思路	选择的品种的股息率都会大幅高于十年期国债利率，拿着较高的利息，坐等股票意外上涨的机会，比如牛市来临	拿着较低的利息，一般年化收益率会低于十年期国债利率，坐等可转债正股意外上涨的机会，比如牛市来临，比如大股东发布利好，引发股价大幅上涨从而带动可转债价格上涨

　　高股息率组合策略和保本可转债组合策略的对比，看这张表就差不多了，它说明一个观点，基于保守型投资思路，高股息率股票组合策略和保本可转债策略，有很多相似之处。

　　高股息率股票的核心优势是，股息率相对更高一些，股息率低的，投资者可以不买。

　　可转债的核心优势有三个：

　　（1）明确的结账点，到期还本付息，卸下心理上的负担；肯定能赚钱，只是赚多赚少的问题；还能准时离场。很多股民炒股赔钱，不是没有赚到过钱，而是赚到钱没有及时撤离。

　　（2）上市公司分红并不是刻意为小微股东的利益着想，所以，买持续高分红、高股息率股票，大致相当于跟大股东搭上了同一条船。买了可转债这个品种，很多时候大股东不但跟你在同一条船上，特别是当大股东没钱的时候，还会拼命给投资者划桨。

　　（3）省心。当前阶段，可转债只要足够分散、保本买入，不用操其他的心。

于是，为了可转债的这几点好处，利率会低一点点。

总结一下，高股息率组合策略和保本可转债组合策略都是在实现模糊的保底的前提下，手握一张看涨期权，例如，牛市来了，这两种看涨期权都会大概率兑现。

本小节的最后，分享一个极其简单的交易系统。

第1步：把市面上所有未触发"强制赎回"的、价格低于105元的可转债，按照溢价率从低到高排序，这个步骤，依靠一个叫"集思录"的网站可以轻松实现。参数105元可以自行调节，但最多不超过110元。

第2步：选择其中溢价率最低的20~33只，等权买入。

第3步：任意一只持仓的可转债价格高于130元，立刻卖出。重复第1步，把卖掉的可转债替换成新的符合条件的可转债，其余可转债不动。如果找不到符合条件的可转债，则持有现金等待机会，定时执行第1步，直到符合条件的可转债出现，再买入。参数130元可以自行调节，但最低不低于125元。

第4步：不断重复第3步。

这个交易系统非常简单，笔者投资生涯赚到的利润的三分之一左右，正是使用这个简单的交易系统赚来的。

很神奇吧？笔者不敢说这个交易系统永远有效，但目前为止，它依然有效，如果感兴趣，可以进行深入研究。

> **注意**：本小节介绍的可转债知识只是九牛一毛，如果读者希望更多地了解可转债的知识，可以参阅安道全的《可转债投资魔法书》，这本书可以说是可转债的大百科全书。

股息的成长型投资策略

笔者2007年曾经留意过，如果在公司旁边租一套50平方米的房子，当时的租金是500元/月，年租金为6,000元。当时该楼盘二手房的价格是6,000元/平方米，所以这套小户型的价格是30万元。当时如果买下它，然后出租，投资回报率是2%，相当于房子的市盈率是50倍。

到了2020年，有一次笔者路过该地段，看了一眼中介门面屋外的黑板，发现该楼盘单价涨到了30,000元/平方米，50平方米就是150万元。如果租同样面积的房子，租金是2,500元/月，年租金30,000元。如果此时买下它，然后出租，投资回报率也是2%，相当于房子的市盈率还是50倍，和10

年前并无变化。

2007—2020 年之间的 13 年，房价翻了 5 倍，租金翻了 5 倍。如果 2007 年买下房子，相对于 2007 年的买入价格，2020 年的年租金可达 2007 年买入价格的 10%，相当于以 2007 年的买入价格为参照，房子的市盈率变成了 10 倍。

如果 2007 年买这个房子，大部分投资者会感觉投资回报率太低，不肯投资。但如果早知道 2007 年买入它，到 2020 年租金回报率可达 10%，那大部分投资者肯定毫不犹豫地买下它，这便是以动态的观点看待分红。

接下来看股票的例子。假设两只股票，股票 A 和股票 B，股票 A 股息率 3%，股票 B 股息率 4%，但股票 A 的分红金额未来 10 年以 10% 的速度递增，股票 B 的分红金额未来 10 年保持不变。下面计算一下，如果投资者买入股票 A 和股票 B，持有 10 年的红利回报。假设股票 A 第一年的股息均为 1 万元，那么股票 B 第一年的股息为 1.33 万元。我们算一算两只股票持有 10 年的总股息回报：

1. 股票 A

10 年的分红分别为 1.00、1.10、1.21、1.33、1.46、1.61、1.77、1.95、2.14、2.36 万元，总共回报为 15.94 万元。

2. 股票 B

10 年的分红分别为 1.33×10 ＝ 13.33（万元）。

可见，如果持有 10 年，那么持有 3% 股息率、股息 10% 增速的股票比持有 4% 股息率的股票拿到的总红利多出将近 20%。

如果再细致观察会发现，只要持有超过 7 年，股票 A 的股息回报就会超过股票 B。总结一下：

（1）如果持有 7 年以下，股票 A 的红利收入不如股票 B。

（2）如果持有 7 年，股票 A 的红利收入和股票 B 相当。

（3）如果持有 7 年以上，股票 A 的红利收入高于股票 B。

（4）持有时间越长，股票 A 的优势越是明显。

这还不算，如果持有到期，股票 A 的市值涨幅大概率会和其红利增长率保持同步，也就是股价上涨 2.36 倍左右比较合理；而股票 B 的股价原地踏步比较合理，因为它和债券差不多了。那么估值的时候，股票 A 能给出的估值，应该高于股票 B，至于高多少，那就要看投资者的偏好了。

这就是以红利为目标的成长股投资原理，比自由现金流的计算简单多了，这便是笔者一直习惯从股息的角度看待股票的原因。至繁归于简，获得红利本来就是投资的初衷，为什么不以红利作为投资的终极参照呢？

当然，这只是原理简单，要判断一只股票的股息未来 10 年，甚至更长时间的红利增长率，却一点儿都不容易。再则，有多少人买入股票之后会持有 10 年呢？

四、一种以股息为核心的"佛系"策略

笔者从 2018 年 7 月底，开始做一个"佛系"策略，该策略以获取分红作为核心。本节主要专题讨论这种以股息为核心的"佛系"策略。

了解"佛系"策略

"佛系"策略非常简单：

（1）每次收到钱，从中扣出 10%。收到的钱，包括工资，以及工资之外的一切收入，这个很容易理解。

（2）把扣下的钱，买入能不断产生现金流的证券。

（3）这个策略的考核方式是最大的特色，考核的是年分红金额，简单一点说，这个策略的经营思路是获得最大现金流。一般组合的考核方式，都是考核净值，比如基金、雪球组合考核的核心指标都是净值。考核方式是这个策略佛系的根源，采用了独特的考核体系，和其他组合就不存在比较、竞争关系了，看上去与世无争。

这个"佛系"策略，本质上属于定投策略，不同的是考核方式，或者说投资目标。

该策略运行至今已经三年。刚开始，投资的都是硬资产、红利基金，因为股息率高；后来开始投资一些龙头股，包括美的集团、中国平安、招商银行、万华化学，这些标的虽然暂时股息率没有硬资产高，但是股息逐年增长，如果拿的时间足够长，最终拿到的分红，应该会跑赢硬资产，具体可以参照上一小节的分析。笔者的这个组合是长期组合，考虑的是 10 年或者 20 年后组合每年能产生多少红利。

这个"佛系"策略，笔者会一直经营下去，看看 20 年或 30 年后它的现金流能成长到什么程度。笔者把这个策略推荐给年轻人，因为它的付出只是现金流的 10% 而已，不会对生活造成大的影响，而收获却有可能很大：

（1）有强制储蓄的作用，至少，这些钱没有被用在不该用的地方，而是以优质资产的形式沉淀下来了；而且买入的标的股息率高，通常不会买贵。

（2）时间一长，能产生工资之外非常可观的现金流，这是睡觉的时候都会流入口袋的钱，和薪水的性质截然不同，一旦停止工作，薪水就停了，这份现金流不会停。

（3）如果用心观察自己的投资，仔细去领悟和体会，说不定投资能力能得到巨大的提升，有一定概率让投资者成长为投资高手。

很遗憾没有尽早做，如果 30 岁开始运行这个策略，想必这个组合每年产生的红利已经非常可观，能和工资在同一个数量级上。

策略的创意来自《富爸爸·巴比伦最富有的人》一书，这是笔者看过的最好的投资书籍，这本书为工薪阶层理财指明了一条可行的路线。

注意：富爸爸系列是笔者投资理财意识的引路人，丛书有几十本之多，富爸爸系列，笔者基本都看过，推荐其中最有启发意义的三本，《富爸爸·穷爸爸》《富爸爸·财务自由之路》《富爸爸·巴比伦最富有的人》。很神奇的是，看了这些书，工作都会更勤奋些。

"佛系"策略的问题解答

关于"佛系"策略的一些常见问题，总结如下：

（1）问：什么是股票的现金流？什么是组合的现金流？什么是个人的现金流？

答：股票的现金流，可以理解为分红。组合某一年的现金流，就是组合里所有证券这一年的分红之和。个人的现金流，可以理解为他当年所有的收入，包括薪酬、收到的房租，等等。

（2）问：为什么扣 10%？

答：扣 10% 是为了不影响生活。现金流扣 10%，几乎不会对生活造成实质性的影响。事实上，策略运行三年，笔者从未感觉 10% 现金流的抽取对自己的生活产生过影响，如果笔者年轻 10 年，这个比例或许是 20%，甚至 30%。比例视个人情况而定，高收入者可以扣除更高的比例，也不会影响生活，这是高收入者的优势，很容易理解，而 10%，就算对于低收入者来说，其影响也很小。

（3）问：为什么要做这个策略？

答：在某个时间点之前，这个组合的分红会不断再投入，买入其他证券；

在某个时间点之后，这个策略产生的现金流，将全部用于改善生活。某个时间点或许就是笔者退休的时刻。

（4）问：组合的目标是什么？

答：在某个时间点之后，这个组合将产生足够的现金流，能支撑我和我家人的生活。

（5）问：投资的标的是什么？

答：由于投资是基于某个证券账户，所以标的是各类证券，包括：

①每年稳定分红的股票。每年稳定分红的股票，包括经营稳定向好、分红稳定的股票，本书提及的大部分优秀的公司，都符合这个条件。此外，还有一些优质硬资产类公司，通常经营稳健，股息率较高，也是非常合适这个策略的标的。优质硬资产主要包括经济发达地区的机场、港口、高速公路、发电设施、城市服务设施，还有龙头水电公司、铁路公司，这些都是现金奶牛，能够源源不断地给投资者分红。

②指数基金。最符合这个策略的标的是红利 ETF 510880，红利 ETF 已经保持每年次一分红的策略多年，而且红利基金的成分股都是高股息率的股票，估值通常很低，所以红利基金的股息率常常能达到 4%。红利基金的另外一个优势是永续，不用担心其破产。此外，红利基金背后的指数，会根据约定的规则，定期调整其成分股，保证其风格的延续性，不会受到人为因素的干扰。

其他每年分红的指数基金包括沪深 300ETF 510300，上证 50ETF 510050，这两只指数基金近年来也是每年一分红，但其股息率远远不如红利 ETF。

需要注意的是，指数基金分红，只是这个特殊策略的需求，并不是说分红的指数基金比不分红的指数基金更好，指数基金的好坏和是否分红无关。

③债券基金。债券基金包括万家强债 161911、富国天丰 161010、富国天锋 161019，值得一提的是万家强债，多年来每个季度分红，很稳定。债券基金的另外一个好处是，这些债券基金一手才 100 元，定投剩余的几百元的零钱，可以买点债券基金。如此小额的交易，需要留意投资者的券商是不是会收取手续费，由于交易金额小，如果券商收取 5 元/笔的手续费，那么交易费用就太高了，投资者可以考虑找券商下调，或者考虑更换券商。

④货币基金、逆回购。如果遇到牛市行情，造成持仓的标的估值过高，暂时找不到合适的标的投资，组合也会买入货币基金或者拿着现金做逆回购。

一言以蔽之，这些标的，有一个共同的特征，定期分红，产生现金流，这个策略，不投不分红的标的，因为分红才能产生现金流。

五、本章小结

总结一下本章内容：

（1）做生意的初衷是获得红利，而不是考虑把生意转手赚差价。

（2）股息率有一定的保底作用，是保守型投资者的重要参考。

（3）红利本身无法作假，因为分出去的都是真金白银。

（4）分红是自由现金流的一部分，也是最容易确认的部分。

（5）经营持续恶化的公司的股息率没有意义。

（6）上市公司不参与公司运作的空闲资金，以分红的形式分配，对投资者有利。

（7）回购股份并注销，对投资者有利，和分红一样，是回报投资者的方式。

（8）分红和成长并没有根本的冲突，部分优质公司可以一边高分红、一边高增长。

（9）理解以高股息率为核心的投资策略。

（10）讨论以获取分红为核心的投资策略。

第八章

围绕ROE的简式财务报表分析法

阅读上市公司财务报表，是入门级投资者了解上市公司、提升投资水平的最佳途径，也是资深投资者跟踪上市公司经营情况的最佳途径。对于跟踪股票较多的投资者而言，尤其是业余投资者，如果财务报表都要逐份细看，那么对精力的消耗将是巨大的。本章主要讨论一种围绕 ROE 的简式财务报表分析法，对于长期跟踪的股票，投资者可以大幅缩短财务报表的阅读时间。

主要涉及内容如下：
- ROE 和利润增长率的区别。只有不分红的情况下，ROE 和利润增长率才保持一致。
- 财务报表内容繁杂，人的经历有限，有简化的必要。
- 重点介绍一种简式财务报表分析法。

一、ROE 和利润增长率

芒格曾经说过"如果 ROE 较为稳定，长期来看，一只股票的回报率约等于它的 ROE。"这样看来，ROE 和利润增长率似乎差不多。其实，芒格的说法比较简略，没有考虑分红的影响，一旦股票分红，则 ROE 和利润增长率截然不同。本节主要围绕 ROE 和利润增长率展开分析。

不同公司的情况

假设有两个公司，公司 A 和公司 B，其初始净资产都是 100 亿元，初始 ROE 都是 20%，A 公司分红比例是 100%，B 公司分红比例是 0%。那么 A

公司和 B 公司为了保持 20% 的 ROE 所需付出的努力截然不同。

先看 A 公司：

（1）第一年，A 公司净利润是 20 亿元，ROE 为 20%，这 20 亿元全部以分红的形势分配给投资者。

（2）第二年，A 公司的净利润只要保持 20 亿元，也就是业绩零增长，其 ROE 还是 20%。

（3）只要公司保持 20 亿元的净利润不变，把净利润全部分红分了，其 ROE 可以一直维持在 20%。

再看 B 公司：

（1）第一年，B 公司净利润是 20 亿元，ROE20%，这 20 亿元全部保留下来，不分红，此时公司资产达到 120 亿元。

（2）第二年，为了维持 20% 的 ROE，其净利润必须达到 24 亿元，也就是 20% 的利润增长率，此时公司净资产达到 144 亿元。

（3）第三年，为了维持 20% 的 ROE，其净利润必须达到 28.8 亿元，也就是 20% 的利润增长率，此时公司净资产达到 172.8 亿元。

ROE 和利润增长率的不同

从上一小节的计算结果可见，为了保持 20% 的 ROE，100% 分红的 A 公司只要业绩零增长即可，而不分红的 B 公司的业绩必须以 20% 的速度增长，才能保证 ROE 维持在 20%。一言以蔽之，100% 分红的公司更像债券，不分红的公司更像股票。再换个角度，100% 分红的股票是单利，不分红的股票是复利。

以上分析可见，分红比例会导致 ROE 的性质截然不同，只有分红比例为 0%，ROE 才可以和利润增长率一致，芒格的说法才成立。对于基本不分红的伯克希尔·哈撒韦，回报率约等于 ROE，之所以是约等于，是因为巴菲特的伯克希尔·哈撒韦应该是一不小心分过一次红的。

二、三大报表的阅读方法

笔者刚开始学习价值投资的时候，对三大报表痴迷过一阵子，当时认为年度报表里的资产负债表、利润表、现金流量表这三大报表是必须仔仔细细阅读的，然而三大报表一定要逐项细看吗？

简化阅读报表的理由

由于笔者走的是分散持仓路线，长期关注的公司达到了 75 只，如果每一份财务报表都要细看，精力远远不够覆盖如此多的信息，于是开始寻求简化方案。

随着投资经验的累积，投资者都会发现，拿到一份财务报表，只要扫一眼重点关注的几个科目，看看有没有明显的异常，即可形成一个比较靠谱的整体感觉。

对于长期跟踪的公司，确实可以简化财务报表的阅读方式，理由如下：

（1）经验丰富的投资者长期跟踪的都是优秀的公司，其经营状况一般来说比较稳定，财务造假的可能性几乎为零。

（2）投资者长期跟踪的公司，基本上心里有数，年度报表扫一眼就能了解个大概，就算认认真真吃透年度报表的每一个数字，对提升投资收益也几乎没有帮助。

（3）看 10 年主要数据，做成图表，纵向对比，对公司的发展情况能理解得很充分。

（4）除了数据之外，重点阅读"经营情况讨论与分析"部分，可以了解管理层对公司和行业的看法以及对未来的展望，这些内容对于投资者阅读财务报表形成的整体印象是很好的印证。

（5）靠阅读财务报表，无论阅读得如何细致，也极难判断公司业绩的拐点。例如，老板电器 2018 年度业绩增幅忽然失速、伟星新材 2019 年度业绩增幅忽然失速、海天味业 2021 年度业绩增幅忽然失速，并没有多少投资者提前预判到。长期跟踪这些明星公司财务报表的优秀投资者众多，然而提前预判公司业绩增速的拐点依然是极其困难的。而恒瑞医药 2021 年度业绩增幅忽然失速，不少投资者有预期，原因是医药集采，导致恒瑞医药仿制药业务盈利暴跌，这个预判并不是阅读财务报表的功劳。

阅读报表的心得体会

对于长期跟踪的好公司而言，投资者可以看 10 年主要数据，如果发现数据有不符合预期的地方或者明显的异常，再仔细查阅三大报表，解除疑惑、定位原因。此外，通过阅读"经营情况讨论与分析"等几个重点章节，对于经营正常的公司来说，研究深度基本上够了，毕竟财务报表解决不了所有问题。

下一节将讨论一种财务报表的简化分析方法，这是笔者经过几年的研究和思考之后总结出来的一种简单偏量化的分析方法。

三、简式财务报表分析法

本节以分析双汇发展和恒瑞医药 2020 年度报表为例，讨论简式财务报表分析法，这种简化方法的核心思想是，分析 2020 年度报表的时候，把 2011—2020 年数据放到一起分析。

数据来源分析

简式财务报表分析法的核心是先看主要财务指标，如果没有问题，不再仔细阅读三大报表；如果主要财务指标发现疑点，再通过三大报表把疑点查清楚。简式财务报表分析法的数据均来自年度报表，数据详细来源如下：

1. 主要会计数据和财务指标

"主要会计数据和财务指标"表格，一般在"公司简介和主要财务指标"一节披露，大部分年度报表，在第二节。以恒瑞医药 2020 年度报表为例，如图 8-1 所示。

重点查看和记录其中的以下科目：

（1）营业收入；

（2）归属于上市公司股东的净利润；

（3）归属于上市公司股东的净利润增长率；

（4）经营活动产生的现金流量净额；

（5）归属于上市公司股东的净资产；

（6）总资产；

（7）加权平均净资产收益率。

2. 主营业务分析

"主营业务分析"一般在年度报表的"经营情况讨论与分析"一节，大部分年度报表，在第四节，主要看其中的毛利率数据。对于制造产品的公司，毛利率数据至关重要。以恒瑞医药 2020 年度报表为例，如图 8-2 所示。

七、近三年主要会计数据和财务指标

(一) 主要会计数据

单位：元　币种：人民币

主要会计数据	2020年	2019年	本期比上年同期增减(%)	2018年
营业收入	27,734,598,747.82	23,288,576,607.05	19.09	17,417,901,050.02
归属于上市公司股东的净利润	6,328,383,219.69	5,328,027,519.56	18.78	4,065,609,716.04
归属于上市公司股东的扣除非经常性损益的净利润	5,961,246,061.35	4,978,851,425.83	19.73	3,802,502,271.50
经营活动产生的现金流量净额	3,431,934,805.24	3,816,832,867.29	-10.08	2,774,212,734.45
	2020年末	2019年末	本期末比上年同期末增减（%）	2018年末
归属于上市公司股东的净资产	30,504,303,351.44	24,775,324,520.14	23.12	19,728,178,442.95
总资产	34,729,589,915.43	27,556,475,495.47	26.03	22,361,229,608.42

报告期计提股权激励费用 33,234.70 万元，剔除股权激励费用影响，归属于上市公司股东的净利润较上年同期增长 20.45%，归属于上市公司股东的扣除非经常性损益的净利润较上年同期增长 21.49%。

(二)　主要财务指标

主要财务指标	2020年	2019年	本期比上年同期增减(%)	2018年
基本每股收益（元／股）	1.19	1.00	19.00	0.76
稀释每股收益（元／股）	1.19	1.00	19.00	0.76
扣除非经常性损益后的基本每股收益（元／股）	1.12	0.93	20.43	0.71
加权平均净资产收益率（%）	22.51	24.02	减少1.51个百分点	23.6
扣除非经常性损益后的加权平均净资产收益率（%）	21.20	22.44	减少1.24个百分点	22.07

图 8-1　恒瑞医药 2020 年度报表主要会计数据和财务指标

2.　收入和成本分析

□适用　√不适用

(1)．主营业务分行业、分产品、分地区情况

单位:元　币种:人民币

主营业务分行业情况						
分行业	营业收入	营业成本	毛利率(%)	营业收入比上年增减(%)	营业成本比上年增减(%)	毛利率比上年增减(%)
医药制造业	27,612,687,144.38	3,347,652,802.65	87.88	18.78	15.01	增加0.4个百分点
主营业务分产品情况						
分产品	营业收入	营业成本	毛利率(%)	营业收入比上年增减(%)	营业成本比上年增减(%)	毛利率比上年增减(%)
抗肿瘤	15,268,085,875.58	1,015,572,517.62	93.35	44.37	59.11	减少0.62个百分点
麻醉	4,591,055,483.47	443,454,826.70	90.34	-16.63	-17.72	增加0.13个百分点
造影剂	3,630,251,586.26	1,001,706,523.52	72.41	12.40	14.64	减少0.54个百分点
其他	4,123,294,199.07	886,918,934.81	78.49	4.78	3.17	增加0.34个百分点
主营业务分地区情况						
分地区	营业收入	营业成本	毛利率(%)	营业收入比上年增减(%)	营业成本比上年增减(%)	毛利率比上年增减(%)
国内	26,854,840,641.57	3,090,356,632.80	88.49	18.75	13.56	增加0.53个百分点
国外	757,846,502.81	257,296,169.85	66.05	19.96	35.97	减少4.00个百分点

主营业务分行业、分产品、分地区情况的说明：

公司进一步加强专业化学术推广和数据营销，加速完善营销管理一体化信息平台，稳步推进制剂产品的国际化。报告期实现主营业务收入增长 18.78%，其中肿瘤药产品销售收入增长 44.37%，造影剂产品销售收入增长 12.40%，国外业务收入增长 19.96%。

图 8-2　恒瑞医药 2020 年度报表主营业务分析

重点查看和记录毛利率数据，以及观察毛利率相对于上个年度的变化。此外还有表格下面的说明，主要内容是各项毛利率变化的原因说明，如果有，一定要顺便看一下。

3. 分红数据

分红数据一般在年度报表的"重要事项"一节，大部分年度报表，在第五节的开头。以恒瑞医药 2020 年度报表为例，如图 8-3 所示。

第五节　重要事项

一、普通股利润分配或资本公积金转增预案

(一) 现金分红政策的制定、执行或调整情况

√适用　□不适用

　　报告期内，公司严格执行《上市公司监管指引第 3 号——上市公司现金分红》《关于进一步落实上市公司现金分红有关事项的通知》等法律法规和公司章程的相关规定，在综合考虑公司的盈利情况、资金需求等因素的基础上，经公司于 2020 年 4 月 16 日召开的股东大会审议批准，以总股本 4,422,291,951 股为基数，向全体股东每股派发现金红利 0.23 元（含税），每股派送红股 0.2 股。

　　该利润分配方案符合公司章程及审议程序的规定，经独立董事发表同意的意见，保证了股利分配政策的连续性和稳定性，同时兼顾了公司的长远利益、全体股东的整体利益及公司的可持续发展，切实维护了中小投资者的合法权益。现金红利已于 2020 年 5 月 25 日发放完毕。

(二) 公司近三年（含报告期）的普通股股利分配方案或预案、资本公积金转增股本方案或预案

单位：元　币种：人民币

分红年度	每 10 股送红股数（股）	每 10 股派息数（元）（含税）	每 10 股转增数（股）	现金分红的数额（含税）	分红年度合并报表中归属于上市公司普通股股东的	占合并报表中归属于上市公司普通股股东的净利润的比率(%)
2020 年	2	2	0	1,066,343,408.20	6,328,383,219.69	16.85
2019 年	2	2.3	0	1,017,127,148.73	5,328,027,519.56	19.09
2018 年	2	2.2	0	810,889,652.54	4,065,609,716.04	19.95

图 8-3　恒瑞医药 2020 年度报表分红信息

重点查看和记录其中的以下两项：

（1）现金分红的数额（含税），即分红金额；

（2）占合并表中归属于上市公司普通股股东的净利润的比率（%），即分红比例。

本方法主要考察的数据就以上这些，非常简洁，而且除了金融类公司，这些数据的位置基本固定，如果熟练，5 分钟之内肯定可以摘录完成，录入自己设计好的表格。

数据观察流程

由于是长期跟踪的股票，所以 2020 年之前的数据也都存着，因此可以把此前若干年的数据拿出来一起看，也就是说，2020 年度报表发布后，可以同时看 2011—2020 年这 10 年数据。

1. 分红金额观察

既然是围绕 ROE 的分析法，为什么不先看 ROE 呢？原因本章第一节已经阐述过了，分红比例对 ROE 的性质产生决定性影响。再则，分红是确认难度最低、最实在的指标，所以先看分红金额和分红比例，再看 ROE。

恒瑞医药 2011—2020 年分红金额，如图 8-4 所示。

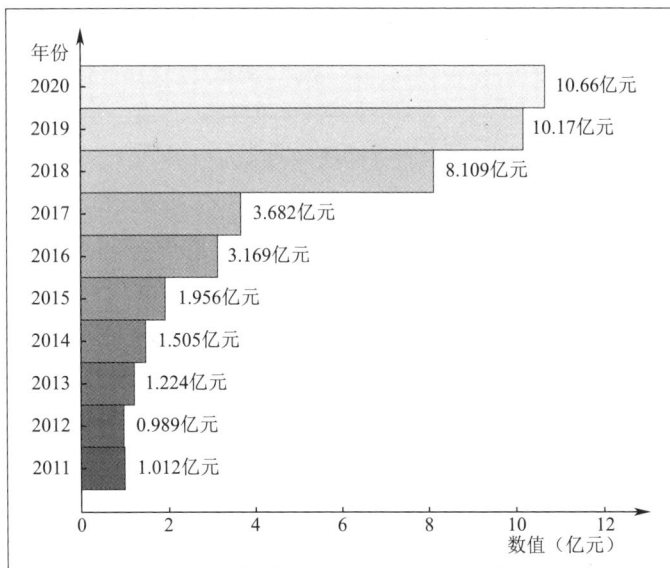

图 8-4 恒瑞医药 2011—2020 年分红金额

恒瑞医药的分红金额增长很快，但考虑恒瑞医药几千亿元的市值，其股息率很低，因此分红对于恒瑞医药的投资而言，暂时来说价值并不大。

双汇发展 2011—2020 年分红金额，如图 8-5 所示。

双汇发展的分红金额在 2011—2020 年也有明显的增长，2020 年分红金额达到了 80 亿元，考虑双汇发展千亿元左右的市值，其股息率很高。

2. 分红比例观察

分红比例，决定 ROE 的性质，对其进行观察是重点内容。

恒瑞医药 2011—2020 年分红比例，如图 8-6 所示。

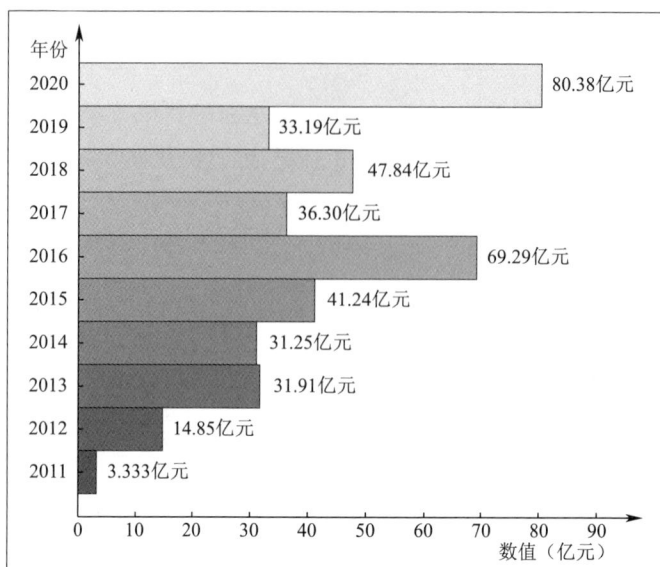

图 8-5　双汇发展 2011—2020 年分红金额

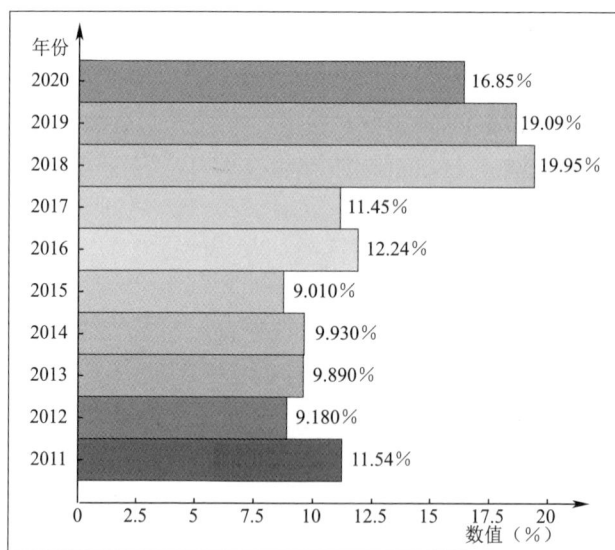

图 8-6　恒瑞医药 2011—2020 年分红比例

恒瑞医药 2011—2020 年分红比例一直在 20% 以下，属于典型的低分红比例的股票。

双汇发展 2011—2020 年分红比例，如图 8-7 所示。

双汇发展 2011—2020 年分红比例平均值在 80% 以上，属于典型的高分红比例的股票，和恒瑞医药正好是两个极端。

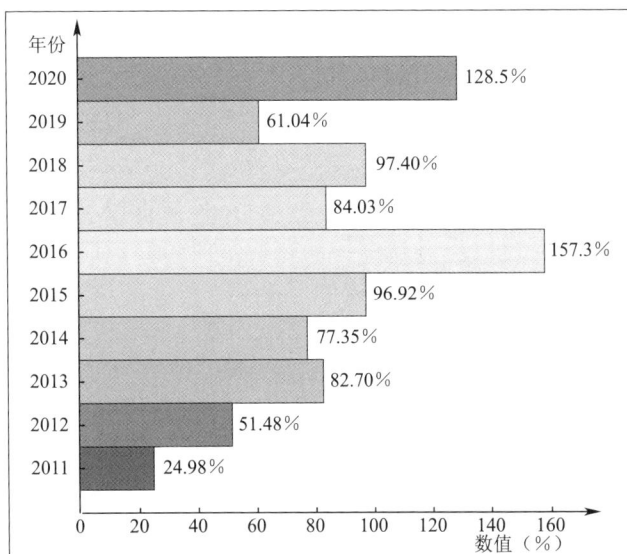

图 8-7　双汇发展 2011—2020 年分红比例

3. 10 年 ROE 观察

然后就是关注的核心指标 ROE 了。

恒瑞医药 2011—2020 年 ROE，如图 8-8 所示。

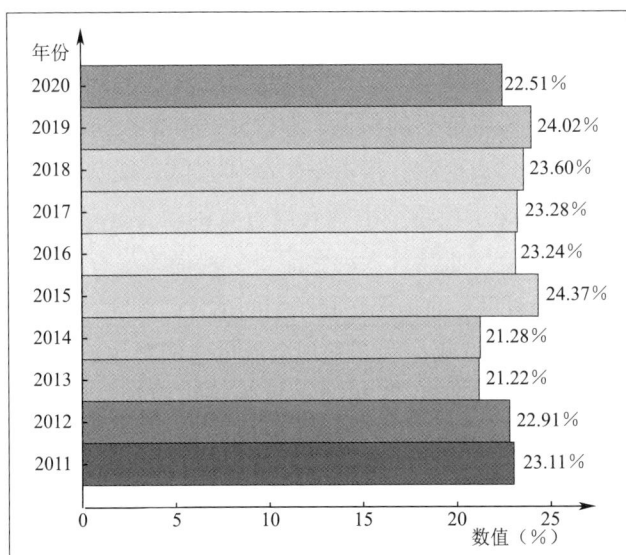

图 8-8　恒瑞医药 2011—2020 年 ROE

恒瑞医药 2011—2020 年 ROE 均超过 20%，而且非常稳定，再考虑恒瑞医药的分红比例不超过 20%，所以这份 ROE 数据的含金量非常高，净利润的增长率和 ROE 相差不大，这表明恒瑞医药的业绩在这 10 年飞速增长。

双汇发展 2011—2020 年 ROE，如图 8-9 所示。

双汇发展 2011—2020 年平均 ROE 在 30% 左右，超过恒瑞医药，但双汇发展分红比例超过 80%，所以双汇发展和恒瑞医药的 ROE 的性质完全不同。无论如何，30% 的 ROE，也符合巴菲特标准，双汇发展也是好公司。

4. 净利润观察

净利润是 ROE 的分子，PE 的分母，是公司经营的核心指标。

恒瑞医药 2011—2020 年净利润，如图 8-10 所示。

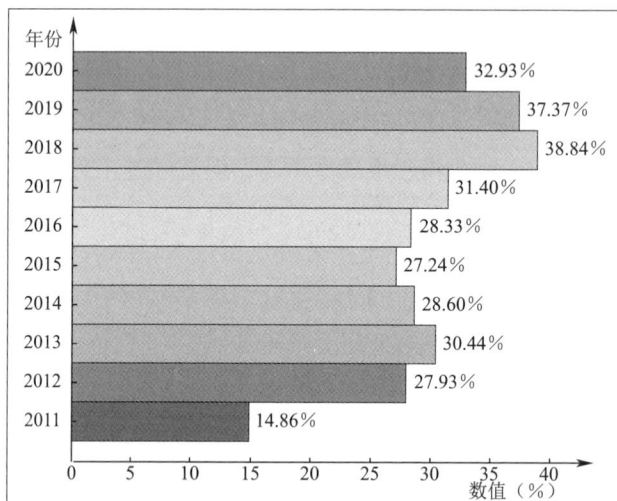

图 8-9　双汇发展 2011—2020 年 ROE

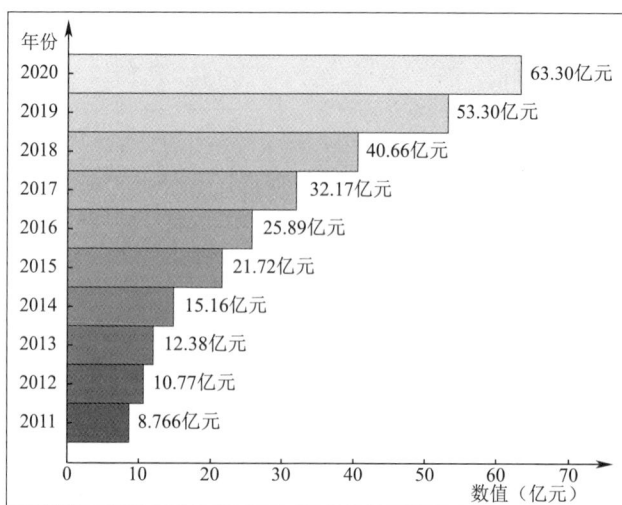

图 8-10　恒瑞医药 2011—2020 年净利润

恒瑞医药 2011—2020 年净利润增长趋势明显，属于高速成长型公司，这是对前面观察的 ROE 和分红比例的一个印证。

双汇发展 2011—2020 年净利润，如图 8-11 所示。

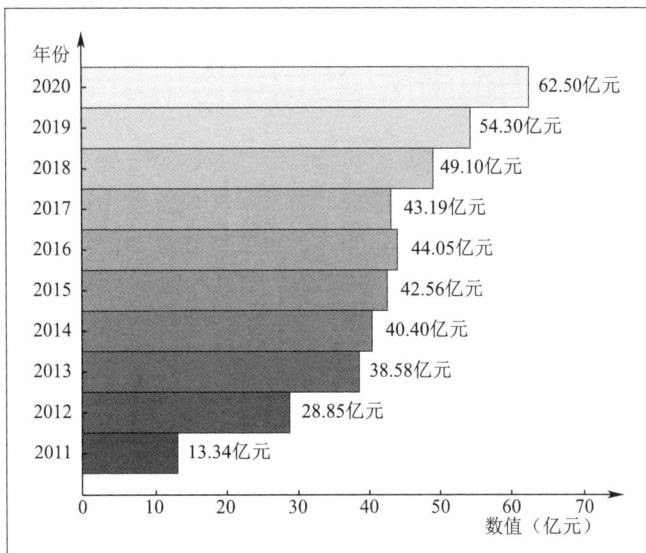

图 8-11　双汇发展 2011—2020 年净利润

双汇发展 2011—2020 年净利润也有明显的增幅，其成长速度虽然比不过恒瑞医药，但双汇发展赚的钱基本上都分红分了，对于股东来说，公司赚的钱几乎全部落入腰包，不需要利润再投入，净利润也有不错的增长，这份增长对于股东而言，可以视为一个额外的大礼包。双汇发展这类增长不需要净利润再投入的公司，成长性差一些，完全可以接受。

5. 净利润增长率观察

事实上，10 年净利润数据基本包含了净利润增长率的信息。考虑以下两点，一般净利润增速需单独观察：

（1）净利润增速也有增减，而只看净利润图，是没办法直观地判断净利润增速的增减的。

（2）净利润增速，也就是成长性指标，是投资者关注的核心指标。在成熟市场，投资者一般偏好净利润持续增长的公司，其增速决定公司估值。在成熟市场，投资者对于利润增长率以及利润增长持续时间的预期决定了一家成长型公司的估值。

恒瑞医药 2011—2020 年利润增长率，如图 8-12 所示。

如果分红比例很小，净利润增长率和 ROE 接近，图 8-12 对比图 8-8 的

ROE 数据，可以看出恒瑞医药的 ROE 和净利润增长率确实非常接近，都是在 20% 左右。20% 属于高增长型公司，所以在这 10 年里资本市场一直给了恒瑞医药很高的估值。

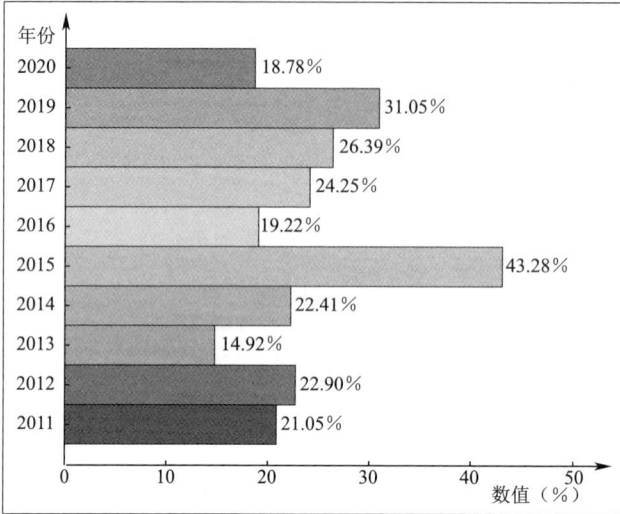

图 8-12　恒瑞医药 2011—2020 年利润增长率

双汇发展 2011—2020 年利润增长率，如图 8-13 所示。

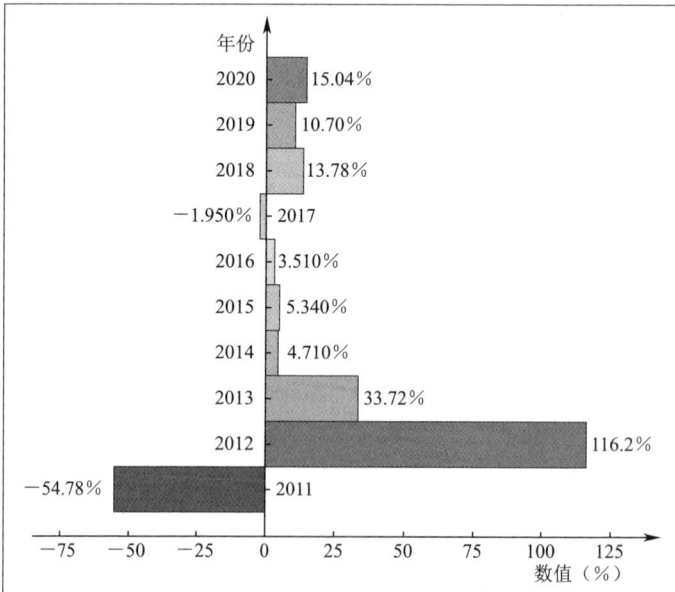

图 8-13　双汇发展 2011—2020 年利润增长率

由于双汇发展分红比例接近 100%，所以虽然它的 ROE 高达 30% 左右，但其利润增长率并不高，这和前面的数据吻合。由于净利润增速较低，所以市场给双汇发展的估值较低，双汇发展常常会出现股息率达到 7% 以上的情形。

双汇发展 2011 年的增速－54% 和 2012 年的增速 116% 基本可以互相抵消，因为先跌 50%，再增 100%，正好回到原值。

6. 营业收入观察

无论毛利润、净利润，都是营业收入扣除不同成本后的产物，是营业收入的一部分，营业收入萎缩，代表公司业务萎缩，是公司走下坡路的象征。一般来说，营业收入和净利润同步增减。

恒瑞医药 2011—2020 年营业收入，如图 8-14 所示。

恒瑞医药 2011—2020 年净利润和营业收入趋势高度一致，这是对其净利润和 ROE 数据的又一很好的印证。

双汇发展 2011—2020 年营业收入，如图 8-15 所示。

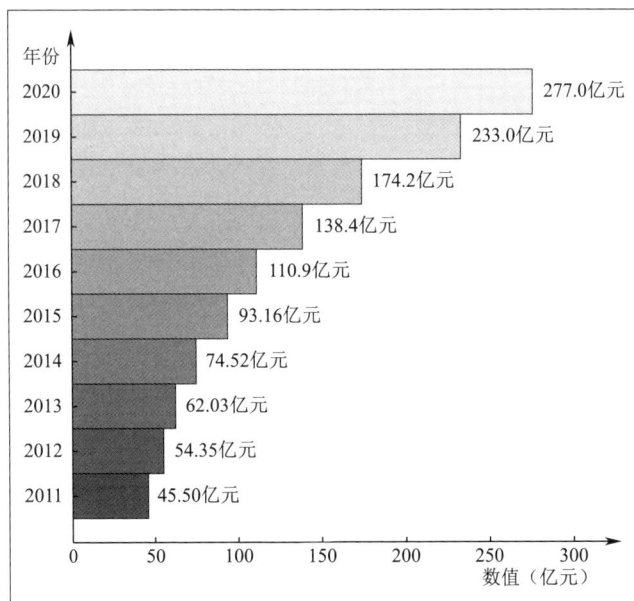

图 8-14　恒瑞医药 2011—2020 年营业收入

除了 2011 年，双汇发展从 2012 年开始净利润和营业收入趋势高度一致。

7. 10 年净资产观察

钱也是资产的一种，赚钱，赚到的都是资产。企业赚到的钱，一部分以分红的形势分配给投资者，一部分以资产的方式沉淀下来。

恒瑞医药 2011—2020 年净资产，如图 8-16 所示。

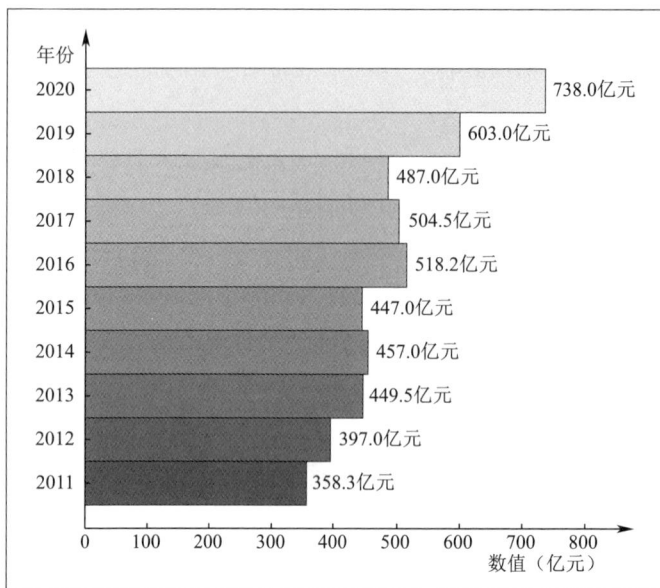

图 8-15　双汇发展 2011—2020 年营业收入

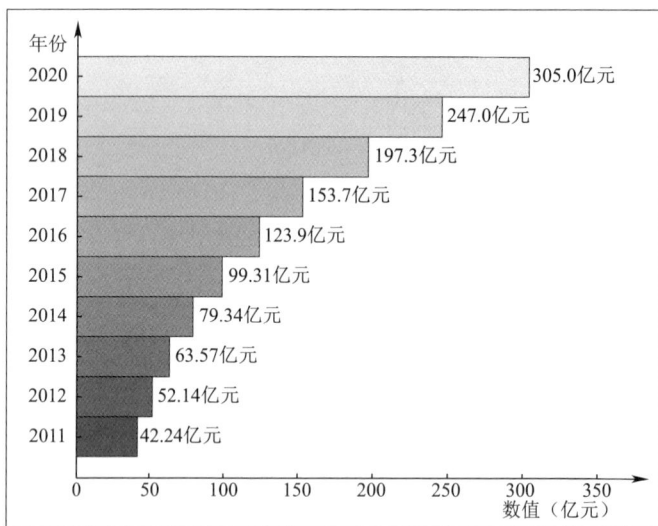

图 8-16　恒瑞医药 2011—2020 年净资产

　　由于恒瑞医药分红比例小，所以公司的净利润大部分以资产的方式积累下来，其净资产的增速很高，这和前面的数据可以很好地印证。

　　双汇发展 2011—2020 年净资产，如图 8-17 所示。

　　虽然双汇发展的净资产收益率高达 30%，但由于双汇发展的净利润基本都以分红的形式分配给投资者了，所以其净资产的增长势头远不如恒瑞医药，符合预期。

双汇发展 2016、2018 年净资产倒退，并不是因为亏损，而是因为公司当年分红金额大于利润所致。

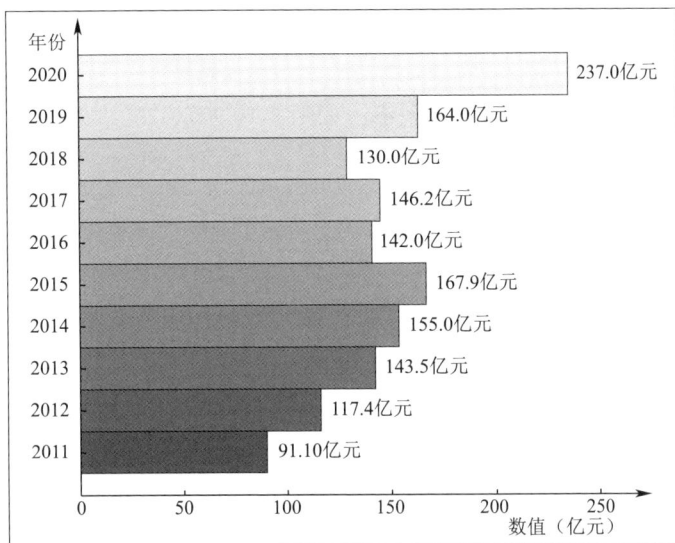

图 8-17 双汇发展 2011—2020 年净资产

8. 毛利率观察

对于制造产品类公司，毛利率是非常重要的指标，毛利率稳定，意味着公司的竞争力没有下滑，制造产品类公司的毛利率需要重点观察。

恒瑞医药 2011—2020 年毛利率，如图 8-18 所示。

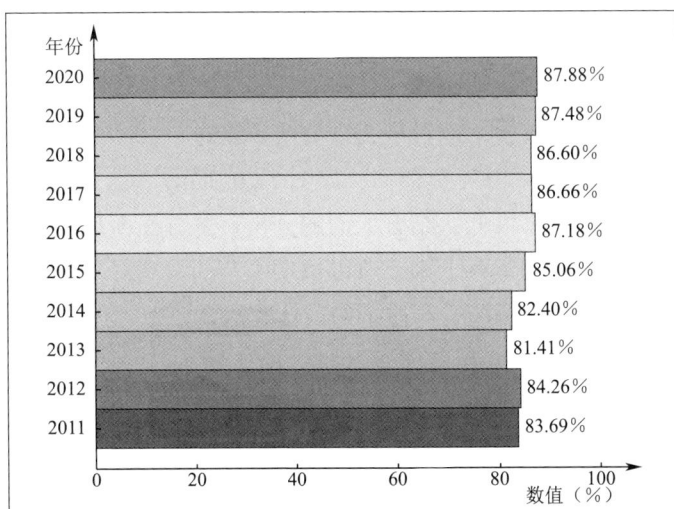

图 8-18 恒瑞医药 2011—2020 年毛利率

恒瑞医药 2011—2020 年毛利率稳定在 85% 左右，符合预期，对于一个创新药公司，毛利率理应保持在极高的水平。此外，恒瑞医药的毛利率从 2011 年的不到 84% 增长到 2020 年的接近 88%，是由于创新药业务在恒瑞医药营业收入中比例上升所致，对于一个毛利率 84% 的公司，再上升 4% 是非常难能可贵的。

双汇发展 2011—2020 年毛利率，如图 8-19 所示。

双汇发展的毛利率基本稳定在 17%~20%，略有起伏。

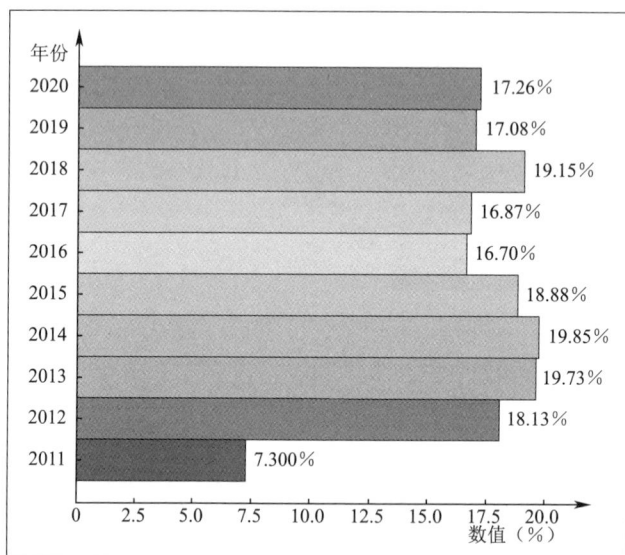

图 8-19　双汇发展 2011—2020 年毛利率

9. 负债率观察

负债率过高，通常表明公司经营存在风险，如果发现公司负债率高，最好确认一下是不是预收款，或者是无息负债导致的。

恒瑞医药 2011—2020 年负债率，如图 8-20 所示。

恒瑞医药的负债率极低，结合上面的分析，方方面面都非常优秀。由于恒瑞医药的大部分利润留存下来，所以恒瑞医药的发展都是靠自有资金，不需要借债，这是对恒瑞医药资产质量的最佳确认。

双汇发展 2011—2020 年负债率，如图 8-21 所示。

双汇发展的负债率也不高，这也符合预期，不然就是一边分红、一边借债，就不符合常理了。后面会分析到，双汇发展的资产负债表有大量的"应付账款"，这部分属于本书提到的"良性负债"，需要剔除。如此一来，双汇发展也是一家真实负债率极低的公司，其资产质量让人放心。

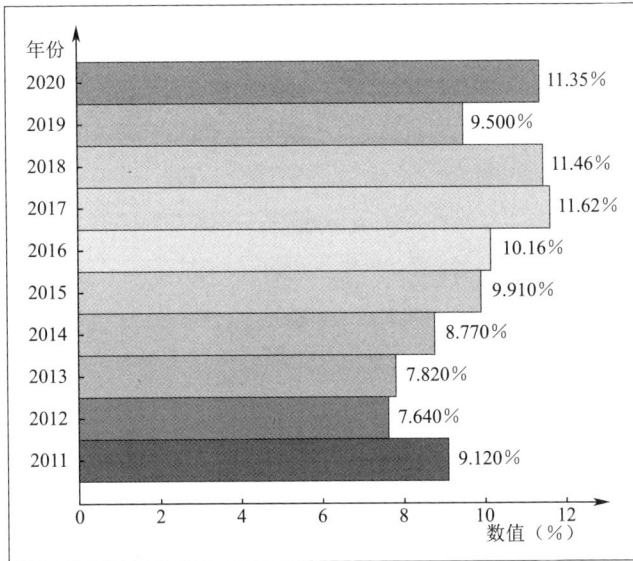

图 8-20　恒瑞医药 2011—2020 年负债率

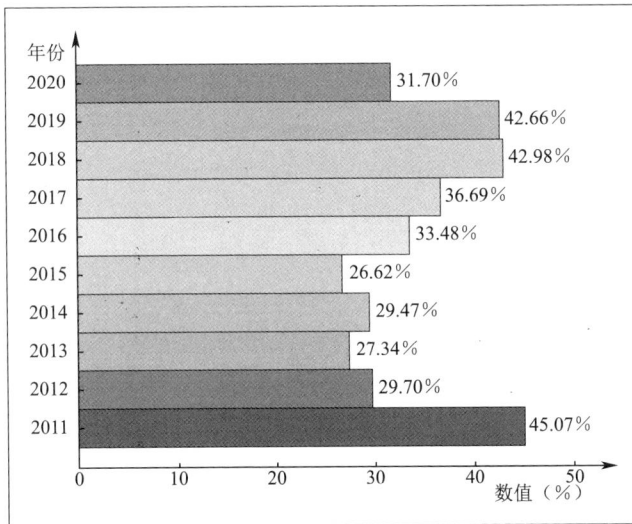

图 8-21　双汇发展 2011—2020 年负债率

10. 总股本观察

一般来说送转操作、发行的可转债转股、股权激励、增发股份等会导致总股本增加，而回购注销股份，则会导致股本减少。查看总股本变化，可以发现这些变动。

恒瑞医药 2011—2020 年总股本，如图 8-22 所示。

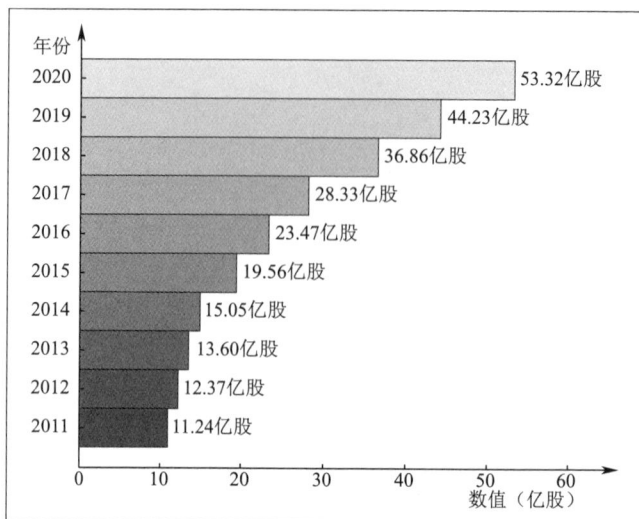

图 8-22　恒瑞医药 2011—2020 年总股本

恒瑞医药多年持续送转，导致总股本不断增加，这是属于中性的行为。

双汇发展 2011—2020 年总股本，如图 8-23 所示。

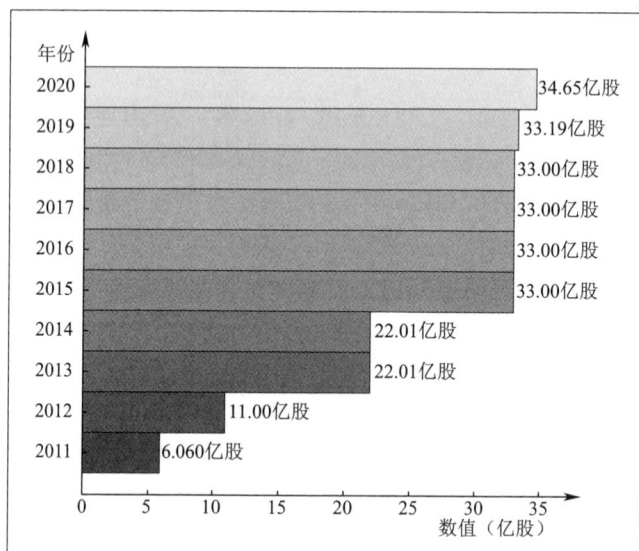

图 8-23　双汇发展 2011—2020 年总股本

双汇发展的总股本也有三次明显的变动，以及 2020 年的一次小幅变动。三次大比例股本变动分别是记载于 2012 年度报表里面的新股发行494,294,324 股和 2012 年的 10 转 10 以及 2014 年的 10 转 5，一次小幅变动为 2020 年度报表里面记载的发行新股 145,379,023 股。

2012 年发行新股的目的在年报有披露，用于"购买资产及吸收合并广东双汇食品有限公司、内蒙古双汇食品有限公司、漯河双汇牧业有限公司、漯河华懋双汇化工包装有限公司、漯河双汇新材料有限公司"。2020 年发行新股的目的在年报也有披露，"报告期内，公司通过非公开发行股票 145,379,023 股，发行价格为 48.15 元 / 股，募集资金 6,999,999,957.45 元，用于完善公司产业链，增强对上游资源的掌控力，提高应对成本波动的能力，升级工业的自动化、信息化、智能化水平，进一步提升企业综合竞争力。"发行新股对于投资者是否有利，需要投资者自行判断。

11. 分红增长率观察

分红增长率这个指标，关注的人不多，如果投资者对本书第七章第三节的分红成长策略感兴趣，可以关注该指标。参照分红增长率，可以对公司未来分红增长率做外推，外推虽然准确率不高，但总好过凭空估计。

恒瑞医药 2011—2020 年分红增长率，如图 8-24 所示。

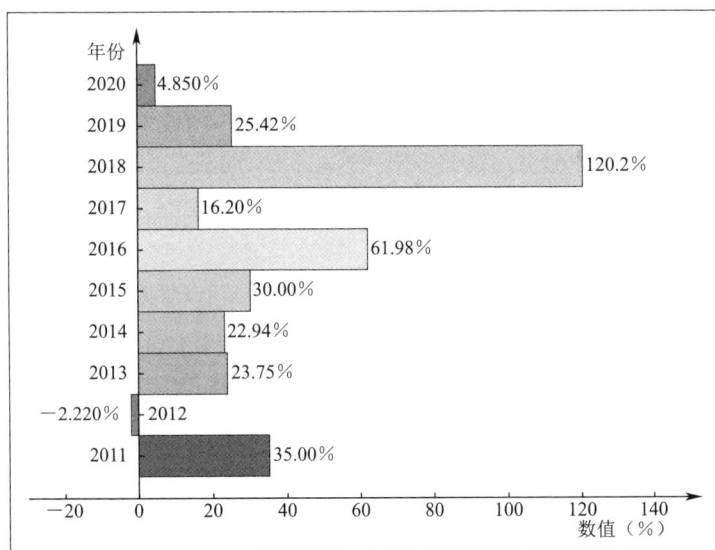

图 8-24　恒瑞医药 2011—2020 年分红增长率

分红增长率不太规律，但从图 8-24 中看，恒瑞医药 2011—2020 年平均分红增长率超过 30%，考虑恒瑞医药分红比例才 20% 不到，这个分红增长率参考价值并不大。如果恒瑞医药进入成熟期，大幅提高分红比例，那么分红就能大幅提升。

双汇发展 2011—2020 年分红增长率，如图 8-25 所示。

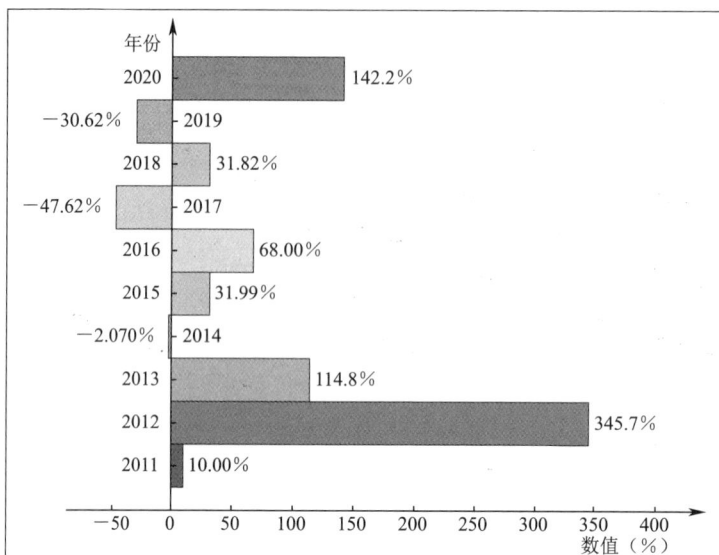

图 8-25　双汇发展 2011—2020 年分红增长率

最近 4 年双汇发展分红金额 2 进 2 退，所以这个图参考价值不大。事实上，双汇发展的分红金额很大程度上受当年分红比例的影响。由于几年综合起来双汇发展分红率接近 100%，用净利润的增速替代分红的增速，外推效果可能更好。

12. 现金流量净额观察

现金流是不少投资者推崇的项目，原因是净利润是遵循权责发生制，而现金流量表是遵循收付实现制。权责发生制和收付实现制的区别是，权责发生制一旦签订合同，交了税款，不管有没有收到现金，都可以计入净利润。而只有实际收到的款项，才能计入现金流量，现金流量看起来更加真实。所以通常不单独看现金流量，而是把它和净利润结合起来看。

恒瑞医药 2016—2020 年净利润和现金流量净额对比，如图 8-26 所示。

在看这张图之前，恒瑞医药 2020 年度报表可以说是完美的，看到这张图，问题就来了。恒瑞医药连续 4 年现金流量净额小于净利润，2020 年差额达到了 29 亿元。扫描年度报表，如果主要财务数据没有问题，一般不必深究三大报表复杂冗长的细节，但现在发现了问题，不深究也不行了，这应该是恒瑞医药年度报表唯一的瑕疵，必须查清楚。

关于恒瑞医药现金流量和净利润的差异，有不少说法，但读者请牢记，一般现金流量小于净利润，先盯紧四个字"应收账款"。翻到恒瑞医药 2020 年度报表的"合并资产负债表"项，如图 8-27 所示。

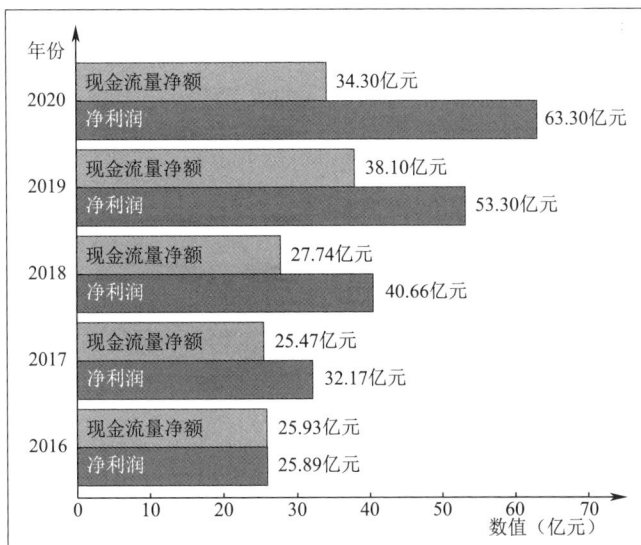

图 8-26　恒瑞医药 2016—2020 年净利润和现金流量净额对比

2020 年年度报告

二、财务报表

合并资产负债表

2020 年 12 月 31 日

编制单位：江苏恒瑞医药股份有限公司

单位:元　币种:人民币

项目	附注	2020 年 12 月 31 日	2019 年 12 月 31 日
流动资产：			
货币资金	1	10,804,668,034.15	5,043,646,264.33
交易性金融资产	2	5,628,004,081.30	8,519,801,626.69
应收票据	4	-	528,556,741.86
应收账款	5	5,073,694,217.16	4,906,245,353.78
应收款项融资	6	3,102,029,708.53	
预付款项	7	562,113,726.61	591,162,216.85
其他应收款	8	651,152,636.58	894,375,686.39
存货	9	1,778,057,205.65	1,606,805,898.04
其他流动资产	13	450,316,393.41	220,711,029.06
流动资产合计		28,050,036,003.39	22,311,304,817.00
非流动资产：			
长期股权投资	17	60,000,000.00	60,000,000.00
其他非流动金融资产	19	1,442,463,384.25	539,427,809.04
固定资产	21	3,280,173,663.32	2,541,973,090.17
在建工程	22	1,305,065,234.04	1,532,826,693.66
无形资产	26	341,252,853.55	349,761,512.39
长期待摊费用	29	197,632,234.59	155,090,991.74
递延所得税资产	30	52,966,542.29	66,090,581.47
非流动资产合计		6,679,553,912.04	5,245,170,678.47
资产总计		34,729,589,915.43	27,556,475,495.47

图 8-27　恒瑞医药 2020 年度报表应收账款

　　这里有一项 50 亿元的应收账款，这就解释了恒瑞医药现金流量相对于净利润的差额原因。这相当于恒瑞医药的客户打欠条把货拉走了。

现在的关键问题是，这些赊账还能不能收回来？这超出了本书的讨论范围。此后阅读恒瑞医药年度报表的时候，需要留意其中计提相关的内容，如果不产生大额的计提，说明没有问题。

河南双汇投资发展股份有限公司（简称双汇发展）2016—2020 年净利润和现金流量净额对比，如图 8-28 所示。

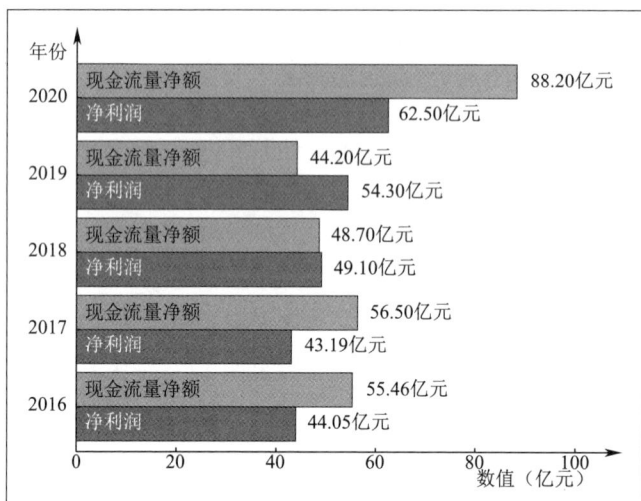

图 8-28　双汇发展 2016—2020 年净利润和现金流量净额对比

双汇发展 2016—2020 年的现金流量比净利润高，这让人放心。如果深究一下，一般来说，现金流量大于净利润，就去找"应付账款"，"应付账款"是"应收账款"的对手盘，对于供货公司是应收账款，对于采购公司来说就是应付账款。

应收账款就是公司被别人打欠条把货拉走，应付账款就是打欠条拉走别人的货，属于占款行为。2020 年双汇发展现金流量比净利润多了 26 亿元，我们翻开双汇发展 2020 年度报表的合并资产负债表，找到"应付账款"，如图 8-29 所示。

双汇发展的应付账款达到 17 亿元，这就解释了双汇发展现金流高于净利润的原因。注意，这一笔钱被纳入了负债，肯定是属于无息负债，这样看，双汇发展 30% 左右的负债率还要向下修正。大家稍微细想一下，一个分红比例接近 100% 的公司，是妥妥的现金奶牛，根本不需要借债才对。

现金流量持续比净利润高的特点，说明双汇发展占款的行为长期存在，进一步印证了双汇发展现金奶牛的成色，具有非常重要的意义。

河南双汇投资发展股份有限公司 2020 年年度报告全文

项目	2020 年 12 月 31 日	2019 年 12 月 31 日
向中央银行借款		
拆入资金		
交易性金融负债		
衍生金融负债		
应付票据	4,000,000.00	137,182,676.99
应付账款	1,708,284,564.46	2,946,334,768.68
预收款项		1,894,352,662.62
合同负债	2,448,851,578.28	
卖出回购金融资产款	819,330,088.75	627,543,125.04
吸收存款及同业存放	49,050,315.18	42,218,682.73
代理买卖证券款		
代理承销证券款		
应付职工薪酬	1,113,665,467.11	939,141,147.34
应交税费	411,792,409.48	381,237,939.61
其他应付款	885,599,607.38	970,114,482.45
其中：应付利息		311,406.24
应付股利	89,896,338.39	123,607,556.39
应付手续费及佣金		
应付分保账款		
持有待售负债		
一年内到期的非流动负债	1,170,765.56	67,979,596.11
其他流动负债	170,555,854.91	
流动负债合计	9,994,949,792.45	11,283,570,251.07

图 8-29　双汇发展 2020 年度报表应付账款

请读者注意，没有必要把年度报表里面每一个细微的差异弄得清清楚楚，首先那是不可能的事情；其次，也完全没有必要。如果一个公司的年度报表让投资者觉得疑点重重，最佳的处理方式是排除这家公司，而不是彻底查清楚这家公司。有精力，还不如用来跟踪好公司，好公司才能让投资者持续赚到钱。

13. 10 年数据整体印象

财务数据看到这里就差不多了，然后投资者就可以得出一个对恒瑞医药、双汇发展年度报表的整体印象。

恒瑞医药 2011—2020 年正在高速发展期，其赚取的利润大多数留存，用来研发新产品，留存的利润保持了很高的经营效率。等恒瑞医药过了快速成长期，成为创新药巨头，其专利悬崖到来的时候，双汇发展的模式很可能是恒瑞医药的未来。但目前恒瑞医药的市值距离辉瑞、默沙东等国际巨头还有数倍的差距，如果恒瑞医药一直保持研发效率，还有很大的发展空间。恒瑞医药 2020 年度报表应收账款的提升，说明公司降低了销售的门槛，这个需要持续观察。

双汇发展 2011—2020 年保持高比例分红，赚取的利润大部分以分红的形式回馈投资者，虽然利润没有再投入，但是双汇发展的业绩也有一定程度的增长，可以看作意外惊喜。此外双汇发展的现金流很好，这说明公司在产业链上是强势的一方。

以上步骤，相当于根据年度报表里面披露的公开数据，给上市公司画像，其准确度还是非常高的。总结历史不难，预测未来公司的发展趋势，才是重点和难点。

恒瑞医药披露的 2021 年年度报告显示，其营业收入下滑超过 6%，净利润下滑超过 28%，因此，对于投资者而言，判断恒瑞医药未来的发展趋势，并不是非常容易的事情。双汇发展的股价，从 2020 年 8 月的高点 65 元跌到了 2021 年 8 月 31 日收盘的 23.8 元，这足以给投资者判断公司的未来发展带来困扰。

任何一份财务报表，记载的都是历史数据，代表过去，投资是投未来，判断上市公司的未来，不能仅仅依靠历史数据。

14. 阅读"经营情况讨论与分析"部分

以上 13 个步骤，都是对数据的记录和分析，年度报表里面的"经营情况讨论与分析"，一般在年度报表第四节，应该看一看，作为对数据的补充。值得一提的是，如果是入门阶段的投资者，第一次阅读某上市公司的财务报表，那么强烈推荐看一看"公司业务概要"，通常是在年度报表第三节，内容是公司生产什么产品、提供什么服务，竞争力分析、行业地位。入门阶段的投资者通常最需要了解的是公司的基本资料，其实没有必要去财经网站、自媒体找资料，一个优秀诚信的公司，其财务报表才是最客观、最优质的资料。

"经营情况讨论与分析"主要是讨论公司报告期内经营情况，包括公司所在行业的情况、主营业务分析等，其实就是从公司管理层的视角看公司目前的经营情况，以及对未来的看法。通常来说，一个拥有优秀管理团队的公司其观点往往全面客观，具有很高的参考价值。

公司的经营情况，通过对前面数据的解读，投资者已经掌握了大量的信息，而对于未来的发展，最好看一看"经营情况讨论与分析"部分的"公司未来发展的展望"部分，这部分是公司管理层对未来发展的规划和展望，投资者可以把这部分内容和自己的预期做对比，做出自己的判断。

> **注意：**制作图表，其实并不难，WPS 软件也可以做出与本章类似的图表，对于投资而言，已经非常直观，具体步骤可以参考网上相关的教程，百度搜索一下即可，此处不做详细讲解。

四、本章小结

总结一下本章内容：

（1）在公司分红的情况下，ROE 不等于利润增长率。

（2）三大报表内容繁杂，非专业投资者需要寻找到适合自己的简化方法。

（3）介绍一种围绕 ROE 的简式财务报表分析法。

第九章

财务指标不是万能的

财务指标对投资具有重要的参考意义，但在投资的世界里，没有完美的指标。各类指标，只有活学活用，以动态的视角去看待，才能对投资起到指导作用，本章主要讨论这部分相关内容。

主要涉及内容如下：
- 没有完美的指标。没有指标能给投资者 100% 的保障。
- 没有完美的分析。投资者掌握的上市公司信息肯定是片面的，分析必定是片面的。
- 净值回撤。论述净值回撤过大是重要风险。
- 风险防范。风险无处不在，风控是投资的基础。
- 风险控制。讨论风险控制的若干方法。
- 投资大师的风控。跟投资大师学风控。
- 概率思维。万事万物皆概率，探讨投资中的概率思维。投资者的系统，一定要有容错能力。

一、指标与分析

证券市场没有完美的指标，没有完美的分析，风险总是和投资一路同行，风险防范总是有必要的。风险控制和选股指标、估值指标一样，都是投资者的必修基础课。

没有完美的指标

如果一个公司的经营状况不断下滑，那么就算这个公司的市盈率低至 2

倍，市净率不到 0.1，股息率超过 50%，对没有控股地位的投资者也没有投资价值，这种情景，可以否定所有财务指标。

本书讨论的所有策略，都有一个前提，公司的经营至少不倒退。投资一个即将覆灭的行业或公司，通常是不明智的行为。

价值投资大师，无论是巴菲特、沃尔特·施洛斯、约翰·涅夫，都是把股票背后的公司的经营稳定性放到第一位的，没了这个前提谈价值投资毫无意义。

此外，公司的竞争力，不是几个简单的技术指标能说清楚的，除了定量分析之外，往往还需要很多定性分析。比如公司的护城河，虽然护城河能影响财务指标，能够部分地体现在指标上，但远不是简单的几个指标能描述清楚的，两个财务指标一模一样的公司，可能其投资价值有天壤之别。

没有完美的分析

正如本书前面提到的，分析必然是理性的，不理性怎么去分析呢？但股市是非理性的，顶和底都是由极端情绪决定的，不可以理性揣测，只此一条就决定了完美的分析是不存在的。

此外，证券市场并不是一个封闭系统，政策、自然灾害等极难预测的因素，都会对证券市场产生重大影响。我们分析的时候，很难预测此类事件，分析的结果自然也很难包含这些未知因素的影响。

二、风险分析

本节重点讨论风险防范。风险分为两大类：一类是看得见的风险；一类是看不见的风险。看不见的风险，本书分为黑天鹅事件和灰天鹅事件两种。本节不可能穷举所有的风险，只是讨论几种常见的风险类型，供读者参考。

芒格说过，"如果知道死在哪里，那我永远都不去那个地方。"如果投资者已经知道哪里有风险，就不应该再抱侥幸心理，铤而走险。

看得见的风险

看得见的风险，就是历史上已经出现过的，被证实了的风险，投资者应以史为鉴，尽量规避此类风险。

1. 杠杆

看得见的风险里，杠杆首当其冲。借钱炒股，其实是给了市场打爆自己账户的机会，尤其是高杠杆，杠杆倍数越是高，越是脆弱。

杠杆最让人痛心疾首的地方是，即使看对了方向，还是有可能输得精光。由于杠杆的原因，倒在黎明到来之前的投资者数不胜数。

投资者加杠杆往往出于片面的视角，只看到杠杆增强收益的可能，没有看到杠杆放大亏损的可能，或者明明看到了风险，但侥幸心理使得投资者忽略了风险。下面展示波动和爆仓的关系，见表 9-1。

表 9-1　杠杆倍数和引起爆仓的下跌幅度

杠杆倍数	引起爆仓的下跌幅度	杠杆倍数	引起爆仓的下跌幅度
1.5	66.6%	4	25%
2	50%	5	20%
3	33%	10	10%

如果是 10 倍杠杆，只要下跌 10% 就爆仓了，而 10% 的下跌，属于很平常的波动，但这足以引起 10 倍杠杆的投资者爆仓。

而 20% 的调整，对于沪深 300、标准普尔指数等主流指数，也是比较常见的，而 20% 的跌幅，足以引爆 5 倍杠杆的投资者。

不少加杠杆的投资者会这样考虑，我投的是综合性指数，而且我没有加那么高的杠杆，所以不会爆仓。下面看一看最近几年主流指数的暴跌会引爆多少倍杠杆，见表 9-2。

表 9-2　主流指数暴跌引爆的杠杆倍数

下跌事件	引爆的杠杆倍数
2015 年沪深 300 三个月从 5380 点跌到 2950 点，跌幅 45%	> 2.2 倍杠杆
2018 年沪深 300 一年中从 4400 点跌到 2960 点，跌幅 32.7%	> 3 倍杠杆
2018 年四季度标普 500 指数从 2940 点跌到 2340 点，跌幅 20.4%	> 5 倍杠杆
2020 年一季度标普 500 指数从 3330 点跌到 2190 点，跌幅 34%	> 3 倍杠杆

综合性指数沪深 300 和标普 500 跌起来幅度也一点都不小，不少行业指数、风格指数，其波动幅度和波动频率远远超过沪深 300 和标普 500。

当然看了这张表格之后不少人会反驳，"你看，这么大跌幅，都是几个月、一年，那时候我早就跑了。"

举个例子，投资者上 5 倍杠杆，大盘忽然发生暴跌，跌幅 7%，此时，由于杠杆的放大作用，投资者的实际损失是 35%，面对这样一个损失，一般投资者的心态极有可能会崩，心态崩了会做出各种不理性的行为，典型的是希望次日出现反弹，趁反弹再出局。次日，是不确定的。几种典型的情况：

（1）次日反弹。但是投资者一定会出局吗？未必。为什么不让大盘再反弹一下呢？

（2）次日不反弹，继续暴跌 7%，此时投资者的损失达到 70%，看上去似乎走不走都差不多了，大势已去。

5 倍杠杆在身和没有加杠杆的投资者，面对暴跌，其心态截然不同，所以，不能以常理来看待杠杆。投资不仅仅是一个技术和操作层面的过程，也是一个心理的过程。

剧烈波动是杠杆的天敌，而剧烈波动是股市天然的属性，所以不要借钱炒股，输完了重新再来只会更困难。

爆仓只是杠杆的一层风险，此外，融资通常是要成本的，尤其是我国融资融券的利率特别的高，通常达 5% 以上。可能读者对 5% 没概念，投资大师约翰·涅夫执掌温莎 31 年的年化收益为 13.7%，跑赢大盘 3.5%。如果在国内融资融券，投资者将付出 5% 以上的成本。而如果涅夫的年化收益减少 5%，就跑不赢大盘了。由此可见，5% 的融资成本不可谓不高。

对于高杠杆类公司，尤其是经营不太稳健的高杠杆类公司，一般不要参与，这类公司一旦出问题，跌幅 50% 都算少的。在香港市场，一旦高杠杆类公司出问题，直接跌到零头，甚至跌到退市都不罕见，投资者血本无归。

2. 公司的产品或服务被取代

这方面经常被举的一个例子，是数码相机取代传统相机的案例。传统相机巨头柯达，其实是数码相机的发明者，但最终它被自己的发明打败了。一个公司被自己的发明打败，非常具有典型意义，所以这个例子总是被引用。数码相机使用的便利性和成本比传统相机有压倒性的优势，前者取代后者是必然的，有投资者拿《三体》一书中的降维打击来比喻这种现象，十分形象生动。

电动汽车正在逐渐取代燃油汽车，这也是大势所趋。电动汽车生产成本低廉，成本还在进一步下降，此外其性能优于燃油车、每公里行使成本低于燃油车、保养成本低于燃油车，再加上各个国家对节能减排的要求，这一趋势不可逆转。如果某汽车公司固执于燃油车，不发展电动车业务，难免步柯达的后尘。

电商对传统商超的优势目前已经充分显现。快递业务越来越高效，隔日达、当日达概念变成现实之后，电商最重要的短板被弥补，其效率高、成本低的优势充分体现，传统商超的领地会逐渐被侵蚀。

如果公司的主要产品或者服务被逐渐取代，这种情况需要留意，如果公司无法转型，那么公司此前的技术指标就算再靓丽，也不值得投资。

进入 21 世纪后，新技术的应用层出不穷，传统的技术、领域，不断被新的形式取代，投资者需要保持对前沿技术的关注，避免对衰落行业的投资。

3. 诚信危机

关于诚信危机，想必投资者都心知肚明。需要强调的是，一旦上市公司出现诚信危机，那么立刻排除，不需要再看了，有时间，还是去跟踪、研究优秀公司吧。A 股上市公司超过 4,000 家，为什么不和好公司为伍呢？

投资者对上市公司失信行为的零容忍，有利于建设诚信的投资环境，对国家有很大的好处。

4. 周期性

可以参考本书前面第六章第三节的"不适用 PE 估值的场景"小节，其最大的风险是，股价在高位，但是其 PE 很低，看上去很便宜。

周期性的行业、公司，可以说是投资世界里另类的存在，所以本书在讨论各种技术指标的时候，都把周期性单独拿出来讨论。

可以这么说，对周期性行业、公司的理解，是投资者的必修课。有的投资者说，"我不碰周期性行业、公司。"即使如此，投资者也要知道哪些行业、公司是有周期性的，才能避开吧。

5. 产能过剩

产能过剩并不是我国特有的现象，只是由于我国特定的体制、做事习惯，其影响被放大了。产能过剩通常和周期性有关。

以钢铁行业为例，美国也出现过产能过剩的现象，而且用了十几年的时间，才恢复正常。我国在 2005 年之前，由于经济高速发展，而且基础设施不完善，这个阶段是基建相关产业的黄金年代。

钢铁行业作为基建的中流砥柱，其业绩十分靓丽。例如武钢股份，在 1999 年上市后开始的十几年里，一直是绩优股。但基建不可能一直火热下去，由于此前积累的过量产能无法消化，从 2010 年前后整个钢铁行业开始陷入产能过剩的泥潭。

笔者 2008 年才入市，而且入市前 5 年虽然对价值投资有所倾向，但并不具备足够大的能力圈。2010 年，武钢股份的股价已经比高点打了对折，笔者从此刻开始抄底这只绩优股，一直抄了 3.5 年，没有抄到底。以下是笔者抄底的经历：

2010-01-08 买入价格 7.79

2010-01-22 买入价格 7.08

2010-04-21 买入价格 6.00

2010-04-27 买入价格 5.55

2010-05-07 买入价格 5.05

2010-06-25 买入价格 4.50

2010-07-07 买入价格 4.25

2010-09-07 买入价格 4.93

2010-12-09 买入价格 4.50

2011-07-06 买入价格 4.16

2011-08-09 买入价格 3.45

2012-03-05 买入价格 3.21

2012-09-03 买入价格 2.50

2013-05-06 买入价格 2.59

历时 3.5 年，一共抄底 14 次，最终，笔者没有熬到武钢股份和宝钢股份合并后 2015 年的牛市，割肉离场。

产能过剩行业在去产能的过程中，是前景展望负面类的典型，不应对其抱有期望。所幸的是，笔者的资金都是以类似定投的方式逐渐投入股市的，开始几年资金量并不大，亏损的绝对金额不算多。虽然资金量不大，但仓位很高，亏损比例很大。所以，这是非常重要的一课。

笔者每每回顾这个例子，一方面惊讶于自己居然犯过这种错误；另一方面也感叹，如果这个抄底的过程，抄底的对象是消费 ETF 那该有多好。

看得见的风险有很多，别人踩过的陷阱，应该尽量规避。本书仅仅列举了几种典型的风险点，供投资者参考，具体应对风险的能力，需要投资者通过学习和实践逐渐积累。

"黑天鹅"和"灰天鹅"

看不见的风险，也叫"黑天鹅"，"黑天鹅"是指没有任何人能预测的风险，下面举几个例子说明。

1. 新冠肺炎疫情

2020 年开始席卷全球的新冠肺炎疫情，属于突发公共卫生事件，没有人能预测，所以，这只"黑天鹅"是全人类的"黑天鹅"。

这次疫情何时结束，截至笔者写下这个章节已经过去两年半，仍然无法预测，该疫情对投资也影响深远。由于各国控制人口流动，和出行有关的产业，受到很大的负面影响，机场、高速公路、酒店、旅游受影响最大。疫情期间，股神巴菲特割肉航空股。

2. 美股 10 天 4 次熔断

疫情期间，美股出现了 10 天内 4 次熔断的事件，疫情并不是唯一的因素，但疫情肯定是一个重要的因素。

股市暴跌，并不罕见，但没有人能预测美股会跌得如此猛烈。股神巴菲特坦诚，"自己活了 89 岁，也没见过这个场面。"既然美股 10 天 4 次熔断没人能预测，那么这也是成色十足的"黑天鹅"。

3. 负油价事件

2020 年 4 月 20 日，5 月美国 WTI 原油期货价格发生暴跌，最低达到－ 40.32 美元 / 桶，收于－ 37.63 美元 / 桶。

负油价事件的导火索依然是新冠肺炎疫情。虽然油价大幅下跌在投资者预料之中，不过收盘收在－ 37.63 美元 / 桶，这是没有任何投资者能预料到的。

以上列举的例子，都是没有任何投资者能预测的，对所有人而言，都是不可知的，属于"黑天鹅"事件。

此外，还有一类不可知事件，本书称为"灰天鹅"。

举个例子，上一小节笔者投资武钢股份的例子，武钢股份的风险是明摆在那里的，但是笔者那时候并不知道。所以，武钢股份的风险对于笔者来说是暗的，是"灰天鹅"。但武钢股份的风险，对于懂得钢铁行业周期性的人则不是风险。

归根到底，"灰天鹅"是认知缺陷导致的，属于能力圈的问题。随着能力圈的扩大，曾经的"灰天鹅"，会逐渐演变为可控的风险。投资是一场修行，走在正确的道路上，投资者的能力圈会越来越大。

能力圈无法无限制地扩大，对一个人而言，世界上的绝大多数事情是未知的，个人能掌握的知识只是微不足道的一小部分。

不必要考虑的风险

6,500 万年前，恐龙是地球的主宰。一颗小行星光临地球，并且和地球产生了一次激情碰撞，这次碰撞导致恐龙灭绝。

那颗小行星并不是专门冲着恐龙去的。现在，人类是地球的主宰，人类和恐龙一样面临着小行星撞击地球的风险。

但这样的风险，就没有必要去考虑了。首先其概率极低，6,500 万年来都没有再次出现影响如此严重的撞击事件；其次，就算来了，投资者也无法防范。过度考虑此类风险，除了引发焦虑，没有任何意义。

小行星撞击地球的风险，还是交给国家航天局这样的机构去操心吧，我们只要足额纳税即可。

三、净值回撤

本节重点讨论净值回撤。净值回撤，可以理解为投资者账户或投资组合净值最高点下跌的幅度。

净值回撤过大是重要风险

弥补亏损所需上涨的百分比和亏损的百分比是不对称的。例如账户亏损20% 之后，净值想要恢复到原来的数值，需要上涨 25%，而不是 20%，其关系见表 9-3。

表 9-3　净值下跌后回到原来数值所需上涨比例

净值下跌幅度	恢复下跌前净值需要上涨幅度	净值下跌幅度	恢复下跌前净值需要上涨幅度
5%	5.2%	50%	100%
10%	11.1%	75%	400%
20%	25%	90%	1,000%
30%	42.9%	99%	10,000%
40%	66.6%	100%	无法恢复

由上面的表格可见，净值回撤幅度越大，就越难恢复，因此，净值回撤过大，也是重要的风险。

净值稳稳向上的模式

本书提到的投资大师，包括巴菲特、沃尔特·施洛斯、约翰·涅夫，均在超过 30 年的投资生涯里，亏损的年份寥寥无几，即使某些年份亏损，其亏损幅度也不大。

大幅亏损之后，人的心理会受到极大的影响，而每个人心理的承受能力是不同的，对于净值下跌 75% 这样的事件，心理上能承受的投资者寥寥无几。

此外，如果投资者是基金经理，就算他本人的心态不崩，基金投资者的心态早就崩了，这样他管理的基金也会因为基金被赎回而崩溃。

一般投资者，还是净值稳稳向上的模式比较合适，先寻找到净值稳稳向上的交易系统，净值曲线斜率低一些也无妨，然后再慢慢地提高收益率。这就好比举重，科学的方法，总是从低到高，100kg、110kg……150kg，这样循序渐进地练习。

四、风险控制

要想在投资的道路上走得远，风险控制是必不可少的，没有风控意识的投资者，本质上是在股市撞大运。防范风险，可以从两个方面入手，一是扩大自己的能力圈，二是仓位管理。

扩大能力圈

扩大能力圈，主要手段是学习和实践，缺一不可。比如价值投资理论，是被百年历史证明有效的理论，关于价值投资的书很多，互联网上也有大量关于价值投资心得的文章，这些都是很好的资料，可以让投资者快速入门，快速了解价值投资原理，少走弯路。

除了学习理论知识之外，也要参考别人走过的弯路、吃过的亏，避免自己犯同样的错误，毕竟一个人的经历有限，不可能踩遍所有的坑。比如别人在互联网分享的上杠杆爆仓的经历，就是非常好的学习材料。

投资，只有理论，只看教材是不行的，投资是实践的艺术。价值投资，说来说去就几条简单的原则，但不同的投资者做起来，收益千差万别。

举个例子，投资者事后了解上证指数从 6124 点跌到 1664 点的过程，和亲历此过程，收获完全不同，投资领域，实践是不可替代的。

2008 年上证指数从 6124 点跌到 1664 点的过程，笔者涉市不深，只是作为旁观者从财经新闻里观摩了这个过程。而 2015 年沪深 300 三个月从 5380 点跌到 2950 点，笔者有一个很大的仓位参与此事。2015 年的跌幅虽然不如 2008 年，但 2015 年的那次下跌，对笔者的教育意义远胜 2008 年那次。

芒格的经典言论"四十岁之前鲜有价值投资者"，说的就是在投资领域，理论无法取代实践的道理。

扩大能力圈是一名优秀的投资者一生的修为，学无止境，止于至善。股神巴菲特和他的搭档查理·芒格都年逾九旬，还在不断学习。芒格有个经典言论，"我这辈子遇到的聪明人，来自各行各业的聪明人，没有不每天阅读的。沃伦读书之多，我读书之多，可能会让你感到吃惊。我的孩子们都笑话我，他们觉得我是一本长了两条腿的书。"

事实上，本书的写作目的，也正是为了能让希望学习价值投资的投资者得以迅速理解 ROE 等几个重要技术指标，迅速扩大能力圈。

选择优质的投资标的

俗话说"近朱者赤，近墨者黑"，投资的时候，选择好公司、优质的指数就是最好的风险控制手段，这种考量和体育运动里面的选择适合本项运动的人才加以培养非常类似。

一个优秀的公司，不断为投资者创造利润，资产不断增厚，这是价值投资赚钱的根基。优秀的好公司和不断走下坡路的公司有天壤之别。

优质股也会暴跌，但优质股即使暴跌之后，通常几年后又会创出新高，这是因为他们的业绩在增长，而股市长期来看是称重机，所以优质股必定不断创出新高。

从数千只股票里面把绩优股选出来，需要的正是能力圈。投资者需要做的事情，正是依靠自己的能力圈，从众多股票之中选出优质的标的，在它们不贵的时候买入，长期持有。与优秀公司为伍，是最佳的风控，换一个更形象一点的说法：

（1）乘坐一条船底有一个破洞的船，但船长承诺时刻盯紧这个破洞，一旦渗入水量过多，立刻排水，并承诺船只必定到达彼岸。

（2）乘坐一条坚固的、完整无缺的船，这条船有一套严格的规章制度，可以保证船只平稳航行到彼岸。

相信乘客不难做出选择。做投资，要想顺利到达彼岸，就要选择优秀的公司，这样不必为公司走下坡路而时时刻刻提心吊胆。

仓位管理

一个人，无论如何努力，由于受限于精力和经历，其能力总是有限的，就算股神巴菲特也常常犯错。

仓位管理，正是用来管理投资者由于自身无知带来的风险的有效方法。无知二字让人不适，但事实上，如果全人类的全部知识是 100%，那么每个人都只能掌握其中很小的一部分，远远小于 1%。人类个体，对于绝大部分领域是无知的。此外，仓位限制是减小不可知影响的唯一方法。比如前面讨论过的"黑天鹅"，就是不可知的，不可能通过学习消除。

仓位管理，通常包含两层，一是保留部分现金，二是分散持仓。保留部分现金，可以理解为和满仓上杠杆对立的做法，不但不上杠杆，还要保留部分现金，留足安全裕度。

仓位管理最经典的策略是价值投资鼻祖格雷厄姆的股债 25%~75% 平衡方法，其核心思想是，根据股市的估值高度，动态调整股票和债券的仓位比例。股市整体高估的时候，股票仓位低于 50%，但不低于 25%。股市整体低估的时候，股票仓位高于 50%，但不高于 75%。

格雷厄姆的股债 25%~75% 平衡仅仅是仓位管理的一种方式，读者可以根据自己的喜好，制定适合自己的仓位管理原则。

仓位管理的第二层是分散，分散就是鸡蛋不放在一个篮子里面。分散分为三个层面，行业的分散、股票的分散、策略的分散。

1. 行业分散，股票分散

行业的分散，即不要把所有资金分配在一个行业里面。确定了某行业配置的仓位后，这部分仓位还可以分配给不止一只股票，这便是股票的分散。

大多数"黑天鹅"事件，不会对所有行业造成重大负面影响，因此分散有利于对冲未知事件的不利影响。以起始于 2020 年的新冠肺炎疫情为例：

（1）和出行有关的行业，由于各国控制人口流动，受到很大的负面影响，机场、高速公路、酒店、旅游受影响最大。

（2）疫苗行业，则是最直接受益的行业。

（3）生产抗疫物资的行业，也是直接受益的行业。

（4）由于人的活动受限，线上购物也得到了更快速地普及，属于受益行业。

要论分散，指数是最典型的。事实上，沪深 300 指数的部分公司受到负面影响，部分公司受到正面影响，互相之间有抵消作用，因此沪深300指数受疫情的影响很小，这就是行业分散、股票分散对不可预知事件影响的抵消作用。

投资是不是一定要像指数一样分散呢？那肯定没有必要，如果这样，不如直接买沪深300指数，放弃超额收益。

那么，岂不是说分散和收益天生是有矛盾的？答案是否定的，可以看如下两个情形：

（1）所有资金集中到一只ROE持续大于20%的股票上。

（2）找到10只ROE持续大于20%的股票，这些股票分散在5个不同行业，每只股票分配10%的仓位。

从数学期望上看，由于平均ROE等同，两种配置方式的预期收益是一样的，而方案（2）的风险远远低于方案（1）。越是分散，风险越是低，只不过投资者根本找不到300只ROE持续大于20%的股票，如果仓位分散到和沪深300同样规模的300只股票，则只能降低ROE的入围标准，收益必定会降低到和沪深300收益接近，从而丧失获取超额收益的机会。

2. 策略分散

策略分散，是和行业分散、股票分散不同维度的分散。通过策略分散来降低风险，平滑收益，是笔者的偏好。笔者正在经营的主要策略如下：

（1）高ROE策略；

（2）低PE策略，低PB、高股息率策略，俗称两低一高策略；

（3）以获取股息为目标的定投策略；

（4）可转债轮动策略。

把资金按照一定的比例分配给这些策略，就是策略分散。每一种策略，都会阶段性的失效，不可避免地产生一定程度的回撤，多种策略分散之后，有利于平滑收益，降低回撤。

分散也不是无懈可击，碰到2018年这样的从年初跌到年尾的年景，还是会产生亏损，但成熟的投资者肯定很清楚，2018年的暴跌绝对是机会而不是风险。事实也证明，对于成熟的价值投资者而言，此后2019、2020年的超额收益，足以弥补2018年的亏损，并获得超额收益。

五、投资大师如何防范风险

本节以此前提及的投资大师格雷厄姆、巴菲特、沃尔特·施洛斯、约翰·涅夫为参照，分析这些大师级人物的风险控制方法。

格雷厄姆的风险控制方法

格雷厄姆的风险控制方法包括选择市值远低于内在价值的公司、股债 25%~75% 平衡方法。格雷厄姆是价值投资的开创者，其主要投资策略，用现在的观点看就是买入大幅破净的公司。

例如，格雷厄姆发现某家公司旗下一项资产的价值比公司整体市值还高，那么格雷厄姆会买下那家公司，取得控制权，然后要求公司出售那项资产，把得到的现金分配给股东，这样可以稳稳获利。格雷厄姆的这种做法其实就是现在所说的套利，几乎没有风险。

但不是所有的破净公司都正好有那么一项值钱的资产可以出售，也不是所有破净公司都可以让格雷厄姆轻易控股的，所以，大幅度的破净能给格雷厄姆提供一些保护，但并不是绝对可靠。

股债 25%~75% 平衡的仓位控制方法上一节已经介绍过了，在防范股市极端波动风险层面，有很重大的意义。

巴菲特的风险控制方法

股神巴菲特留下了很多经典名言，下面结合他的名言，一窥股神的风控方法。巴菲特风控最大的特点是坚守能力圈。

"我不会想要跳过七英尺高的围栏，我到处寻找的是我可以跨过去的一英尺高的围栏。"巴菲特的这句话是对坚守能力圈最好的诠释，未知是最大的风险。举一个最简单的例子，一个未经探索的山洞，没人知道山洞里有什么，那么绝大部分非专业人士是不敢贸然进入山洞的，这是常识，人类的本能是厌恶风险。但到了股市，根本不知道公司主营业务贸然买入股票的投资者比比皆是，这便是缺乏风控意识的典型。

"对你的能力圈来说，最重要的不是确定能力圈的范围大小，而是你如何能够确定能力圈的边界所在。如果你知道了能力圈的边界所在，你将比那些能力圈虽然比你大 5 倍却不知道边界所在的人要富有得多。"除了通过不断学习扩大能力圈，还需要明确自己知道什么，然后在自己知道的范围内投资。人的能力圈总是有限的，巴菲特也不例外，扩大能力圈是为了发现更多的机会，而坚守能力圈则是执行力的体现。

投资本质上是认知的变现，扩大认知，在自己的认知范围内投资，这是成功投资的根本，也是风控的根本。

沃尔特·施洛斯的风险控制方法

沃尔特·施洛斯的投资原则在第六章介绍过，下面结合施洛斯的投资原则，讨论他的风险控制原则：

（1）"喜欢诚实的管理层，不喜欢聪明而贪婪的管理层。"这很明显是一条风险控制原则，诚信的管理层对公司的重要性不言而喻，这是所有价值投资大师坚持的风控原则。

（2）"不喜欢亏损。"这是一条风控的倾向，或者说施洛斯的偏好。

（3）"不购买大规模负债公司。"这是一条非常重要的风控原则。施洛斯买的公司大多数都是破净的公司，属于不受市场欢迎的品种，如果负债率太高，则其资产的可靠性大打折扣，资产质量确认难度大幅提升。对于足不出户的施洛斯而言，难度太大。所以，对于施洛斯而言，排除大规模负债的公司是正确的选择。

（4）"购买资产简单的公司。"巴菲特也有类似的论述，类似于坚守能力圈的原则。施洛斯购买股票的参照主要是市净率，资产简单的公司更容易确认其资产的可靠性。

（5）"关注公司历史，排除历史上有污点的公司。"这是一条很明显的风险控制原则，和第（1）条类似，没有人希望自己持有的公司出问题。

（6）"倾向于购买股价低于公司账面价值的股票，其实就是破净股，师承格雷厄姆。"这是施洛斯的投资风格，不是风控原则。

（7）"偏爱公司的管理层大量持有本公司的股票的公司。"这是一条风险控制原则，和管理层坐一条船，资产更安全。

（8）"不试图预测未来，未来是虚无缥缈的，不可预测。"这是施洛斯的投资风格，而不是风控原则。

（9）"从不在一只股票投入太多，施洛斯大多数时间持有100多只股票。"这是施洛斯至关重要的一条风控原则。施洛斯买的是破净股，这些公司并不是明星公司，当然也不可能是市场上最优秀的公司，换个角度看，施洛斯买的公司的确定性远远不如巴菲特买的公司。施洛斯不拜访公司管理层，不控股公司，所以他买入的公司的确定性远不如巴菲特的，而分散正是对冲施洛斯对公司研究不如巴菲特深入的问题的，其结果是施洛斯的持仓远比巴菲特分散。所以，高度分散是和施洛斯的投资策略相匹配的风控策略。一个好的投资策略，必须有相匹配的风控策略。

（10）"觉得某个股票很好，非常看好，会投入 20% 的仓位，20% 是上限。"同上一条，这是施洛斯至关重要的一条风控原则，非常看好才会投入 20% 的仓位。

（11）"喜欢生产产品的公司。"类似于（4），通常生产产品的公司的业务比较简单，资产质量确认的难度也较小。

（12）"喜欢卖出公司的股票，而不是像巴菲特长期持有，买入就是为了获利，持股时间一般为 3~4 年。"这是施洛斯的投资风格，而不是风控原则。

（13）"总是远离麻烦。"这是一条风控的倾向，或者说施洛斯的偏好。

（14）"喜欢从股价创新低的股票中寻找机会。"这是施洛斯的投资风格，而不是风控原则。

总结一下，上述投资原则中的（6）（8）（12）（14）是施洛斯的投资风格，其中（6）是施洛斯投资风格的核心特征；而（1）（3）（4）（5）（7）（9）（10）（11）这八条，主要是风控原则，是为施洛斯的投资风格服务的。

约翰·涅夫的风险控制方法

本小节结合《约翰·涅夫的成功投资》一书推荐序里面给出的涅夫 7 条原则，讨论涅夫的风控原则：

（1）"低市盈率。"这是涅夫的核心投资风格，低市盈率确实是一种保护措施，所以这一条是投资风格兼风控原则。

（2）"基本增长率超过 7%。"这是涅夫的核心投资风格，增长是最好的风控，所以这一条是投资风格兼风控原则。

（3）"收益有保障。"这是一条风控原则。涅夫很重视股息率，认为分红收益是投资总收益的重要组成部分。"分红是股东看得见的回报"，这句话是对分红的意义很好的诠释。"低市盈率和高股息率通常不可分割，两者就像同一张唱片的 AB 两面"，可见涅夫对分红的重视。"分红是零成本的收入"，涅夫的这个观点的含义是，如果分红之后并不影响公司的经营，那么分红就好像是股东额外的福利。分红就是公司把自由现金流的部分或全部交给股东处置。

（4）"总回报率相对于支付的市盈率两者关系绝佳。"这是涅夫的核心投资风格，同时兼具风控意义，本质还是买得便宜。涅夫一直致力于寻找市盈率数值是总回报率一半的股票。举个例子，某股票股息率 3%，盈利增长率为 7%，那么涅夫认为其回报率是 10%，如果该股票的 PE<5，则是涅夫追寻的目标，可见涅夫的投资风格非常的保守。

（5）"除非从低市盈率得到补偿，否则不买周期性股票。"这是一条风控原则，除非估值极低，否则不碰周期性股票。周期性股票最大的问题是，不知道何时步入景气周期，例如有色金属，2008 年以后进入萧条周期，10 年都没有起色，这是很大的风险。

（6）"成长行业中的稳健公司。"这是涅夫的投资风格，也是风控原则，是对"低市盈率"的补充。

（7）"基本面好。"这是涅夫的投资风格，也是风控原则，也是对"低市盈率"的补充。

总结一下，涅夫的投资策略是紧紧围绕"低市盈率"来设计的。

综合几位投资大师的投资策略，可见一个靠谱的投资风格，通常都会配套一个相应的风控体系，两者相辅相成，融为一体。

六、概率思维

概率是投资最底层的数学原理，投资归根结底是一场概率游戏，无论是巴菲特还是沃尔特·施洛斯，最终在数学原理的层面上是一致的。本书写到这里，接近尾声了，本节主要探讨投资哲学。

投资的世界，没有 100%

疫情期间，巴菲特割肉航空股，说明他看错了航空股，主动认错了。巴菲特的成功率虽高，但不是 100%。

股神巴菲特尚且会出错，所以投资者每次买入股票，都要考虑这一笔投资可能是失败的投资，并且为失败做好准备。

如何为失败做准备呢，其实就是控制投入资金比例。如果投资者满仓一只股票，或者满仓加杠杆押注一只股票，那就是孤注一掷，没有给自己留有余地。

凯利公式的启示

举个极端的例子，假设某投资者有一笔资金用来投资，每次都是全仓买入股票，买入这个股票后的一个月内，不是亏完就是翻倍，投资的成功率高达 90%。那么，从数学角度上看这个 90% 的极高的成功率，会导致投资者每投资 10 次，会成功 9 次，失败 1 次，而失败的 1 次意味着赔完，也就是说，不论投资者曾经盈利多少，理论上 10 个月内投资者会赔完。

事实上，常识告诉我们，如果真有每次投资 1 个月内出结果、每次盈亏金额相等、成功率达到 90% 的场景，是非常值得参与的，这就和上面的分析矛盾了。问题出在哪里呢？正是投资者每次都是全仓买入，全仓这个因素，导致投资者爆仓，无法笑到最后。

凯利公式正是解决这个问题的数学原理，凯利公式如下：

$$f = p - \frac{q}{b} = p - \frac{1-p}{b}$$

其中，f 是最佳买入仓位，p 是胜率，q 是败率，$q = 1 - p$，b 是盈亏比。如果考虑用凯利公式解决上面的困惑，这里把每次投资 1 个月内出结果、每次盈亏金额相等、成功率达到 90% 这个条件可以转换为：

$$p = 0.9$$
$$q = 1 - p = 0.1$$
$$b = 1$$

可以求得：

$$f = 80\%$$

这个结果表明，如果投资者每次买入 80% 仓位，可以获得理论上的最大收益。凯利公式计算的结果，不仅能避免赔完，而且这个买入仓位还能取得理论上的最大收益。凯利公式是可以严格证明的数学理论，是不可战胜的。生活经验告诉我们，对于本小节的例子，即使胜率降低到只有 60%，依然值得参与，只要胜率大于 50%，这个投资场景就是对投资者有利的。

还是上面的例子，把胜率降到 60%。把每次投资 1 个月内出结果、每次盈亏金额相等、成功率达到 60% 这个条件转换为凯利公式的因子：

$$p = 0.6$$
$$q = 1 - p = 0.4$$

$$b = 1$$

可以求得：

$$f = 20\%$$

这个结果表明，如果投资者的胜率下降至 60%，那么每次最佳买入仓位只有 20% 了，这符合预期，胜率下降，投资者就不能那么激进了。如果胜率下降到 50%，那么这个投资就不值得参与了，虽然也不至于亏钱，但这等于浪费时间。

把每次投资 1 个月内出结果、每次盈亏金额相等、成功率为 50% 这个条件转换为凯利公式的因子：

$$p = 0.5$$
$$q = 1 - p = 0.5$$
$$b = 1$$

可以求得：

$$f = 0$$

每次买入仓位为 0，意味着这样的投资场景不值得投资者参与。

假设成功率是 100%，把每次投资 1 个月内出结果、每次盈亏金额相等、成功率为 100% 这个条件转换为：

$$p = 1$$
$$q = 1 - p = 0$$
$$b = 1$$

可以求得：

$$f = 100\%$$

如果成功率是 100%，那么每次可以全仓买入，但事实表明，股神巴菲特的成功率都不是 100%，因此，全仓买入一只股票是不理性的行为。

读到这里，投资者可能会觉得这个凯利公式既然是数学规律，那么按照凯利公式投资岂不是必胜？事实不是这样的，因为上面的投资场景包含诸多假设，这种理想的情况，在证券投资领域是不存在的。本小节的例子包含的假设如下：

（1）1个月内出结果，也就是不管输赢，投资者的单次投资在1个月内结束。这一条假设，投资者是可以人为达成的。

（2）不是翻倍，就是赔完，每次盈亏金额相等。这个就很难了，实际的投资，没有那么理想的场景，每次投资，盈亏比一般是不固定的。

（3）成功率固定为90%或其他数值。固定成功率在实际投资中是不存在的，事实上，投资者真实的成功率极难估计。

（4）投资游戏可以无限制玩下去。凯利公式证明的过程，是假设游戏的局数趋向于无穷大的，但投资者实际投资的时候，投资的次数总是有限的，毕竟人的生命有限。

由于（2）（3）存在不确定性，（4）也不可能达成，那么凯利公式的 p 和 b 就不可能是固定的数值，投资者就无法直接应用凯利公式。

虽然在一般情况下，凯利公式无法直接应用于投资，这是一个遗憾，但凯利公式对于提高投资者的素养非常有帮助。投资者如果对该公式感兴趣，可以多找一些资料学习。

本小节引用凯利公式是为了给仓位控制的必要性引入一个科学的解释，为风险控制的必要性引入一个科学的解释。

凯利公式和杜邦公式

本章前面小节中命题的每次投资1个月内出结果、每次盈亏金额相等、成功率为百分之多少，这样的投资场景，其收益率取决于两个变量，一是成功率，二是投资的月数，也就是投资次数。

假设成功率是60%，如果投资100次，其数学期望是胜60次，败40次，净胜20次。如果投资1,000次，其数学期望是胜600次，败400次，净胜200次。

假设成功率是80%，如果投资100次，其数学期望是胜80次，败20次，净胜60次。如果投资1,000次，其数学期望是胜800次，败200次，净胜600次。

结论是相同投资次数，胜率越高，赚得越多。相同的胜率，投资次数越多，赚得越多。回顾一下杜邦公式：

净资产收益率＝销售净利率 × 资产周转率 × 权益乘数

参考本小节的分析，由于投资者也可以借钱投资，所以从凯利公式的角度看，投资者的收益率也是由三个因子决定，即成功率、投资次数、自有资金占比。笔者对杜邦公式和凯利公式做一个对照表，见表9-4。

表9-4　杜邦公式和凯利公式

杜邦公式的三个因子	凯利公式推导出来的决定投资者收益的三个因子
销售净利率	成功率
资产周转率	投资次数
权益乘数	自有资金占比

再来比较巴菲特和施洛斯的投资策略。施洛斯的收益率虽然不如巴菲特，但其年化收益也达到了20%，在长达50年的时间背景下，总收益高到令人咂舌。那么施洛斯为什么能和巴菲特抗衡呢？粗略地看，应该是巴菲特的成功率高于施洛斯，而施洛斯的投资次数远远高于巴菲特。

注意：凯利公式还有一个重要的因子赔率，本书讨论问题的时候，为了避免把事情变复杂，一直假设赔率是1。本节的分析，目标是进一步让读者理解杜邦公式，理解ROE，让读者充分理解ROE是本书写作最主要的目标。对凯利公式感兴趣的读者，可以找相关资料进一步研究。

学会科学管理失败

投资的第一目标肯定是盈利，所以，每次买入都包含了投资者"这次肯定赚"的美好愿望，这是人之常情。千万不要拿"我投资是为了陶冶情操"之类的谎言欺骗自己，就算是下围棋，一直输给隔壁老王，心里也吃不消啊。投资的过程中，只有持续地赚钱，才能陶冶情操。

但投资者不能被那种"这次肯定赚"的直觉给蒙蔽，投资肯定会有成功、有失败，说到底是一个概率问题。意识到自己的投资有一定的概率会失败，是成功投资的基础。成功的投资者，能学会科学地管理失败，而不是回避失败。

勇于认错

金融大鳄索罗斯说过，"犯错并不丢脸，不能改正自己的错误才丢脸。"犯错之后，一是要积极纠错，二是要善于总结、吸取教训。

巴菲特曾经耗费超过 20 亿美元买入英国零售巨头特易购（Tesco），他买入的时候，特易购在英国如日中天，此后，特易购被发现存在财务虚构问题，陷入信用危机。巴菲特果断卖出特易购，亏损接近 50% 也不能阻挡他卖出的决心。

此外，新冠肺炎疫情期间，巴菲特果断割肉航空股。他买入航空股的初衷是，航空业经过多年的竞争，已经迈入寡头竞争格局，竞争是利润的杀手，而寡头格局下，竞争大为减少，正是这一点吸引了股神。但新冠肺炎疫情的到来，航空股暴跌，巴菲特又觉得自己根本看不清楚航空股的未来，于是果断卖出。值得一提的是，巴菲特在航空股上栽了不止一次。

巴菲特和索罗斯在认错的果断态度上，值得广大投资者学习。每个人都会错，千万不要死不认错，否则会越陷越深。

如何认错，这也很有学问。笔者总结了认错的三个层次：

1. 清仓

通常有两种情形需要清仓。第一种是确认自己错了，例如持有的标的公司经营恶化，这种情况，不需要一丝一毫的犹豫，果断清仓。上述巴菲特卖出特易购，就是属于这个类别。遇到这一类情形，千万不可有侥幸心理，亏 50% 还能剩一半，犹豫不决，有可能让投资者输个干净。

第二种情形，持有的标的不再符合投资者的投资原则，或者投资标的性质改变，判断投资标的前景超出了投资者的能力圈。巴菲特卖出航空股，应该属于这个类别。航空产业不会消亡，但巴菲特觉得自己无法看清航空业的未来，所以果断清仓，这种情况，无关乎对错，就算没有卖出，而且此后确实赚了，但赚能力圈外的钱，不具备持续性。

投资者由于能力持续提升，发现了更好的标的，持仓的品种前景不如新的标的，也可以清仓换股，但这种情况，不应该太频繁。

2. 限制买入

举个例子，某股票买入之后，大幅下跌，比如跌 40%，那么此时，不要忙着补仓，而是要先看一看，自己是不是买错了，或者买入之时没有看懂公司。本书此前提及的笔者抄底武钢股份就是一个十分鲜活的例子，那个例子，毫无疑问，笔者并没有看懂武钢股份。

如果买入股票后大幅下跌，首先要分析下跌的原因，是买贵了，还是股票背后的公司竞争力出现问题，或者公司的前景黯淡。

无论如何，买入股票大幅下跌，都说明投资者的判断出现了问题，至少也是买贵了，那么此时需要限制买入，通常有两种方案：

（1）不再买入。这种做法，适用于对持仓标的产生疑虑的情景，防止犯更大的错误。

（2）限制买入。一是给标的设定仓位上限，到达设定的仓位上限，不再买入。二是把加仓的周期拉长，例如限定一个季度只能加仓 1 次。三是把加仓需要满足的估值指标要求更加严格一点，例如此前认为 0.8PB 可以加仓，可以调整为 0.5PB 才能加仓。总而言之，限制买入，是为了防止自己看错，让错误不断扩大。

最稳妥的做法，买入股票后大幅下跌，不再买入便是。沪深 300 指数这样的不死之身，可以考虑越跌越买。

3. 仓位控制

仓位控制，是风险控制策略，更是一种认错的方式，这意味着，每一笔买入之时，已经意识到可能出错，买入之时已经包含了认错的因素，属于提前认错，这也是认错的终极方式。比如沃尔特·施洛斯，单次错误对于施洛斯的系统而言，影响不大。仓位控制，主要是限定单个标的的仓位上限，例如：

（1）单只 ETF 仓位 <15%；

（2）单只可转债仓位 <10%；

（3）单只股票仓位 <5%。

这里的 15%、10%、5% 不是固定的，投资者可以按照自己的习惯设定仓位上限。

量子力学的启示

机械决定论曾经盛行一时，其核心思想是只承认自然界的因果性、必然性、客观规律，否认人的主观能动性和偶然性。牛顿发明了微积分和力学方程之后，不少学者认为一个系统的初始条件一旦确定后，其后发生的一切属于必然，因为可以用力学方程把后续系统的状态计算出来。从哲学的角度看，这个论调显然是站不住脚的，因为人的主观能动性是客观存在的，不可能被精确计算出来。

量子力学出世后，海森堡提出了测不准原理（Uncertainty Principle），这个理论表明，不可能同时知道一个粒子的位置和它的速度。粒子的位置，更像是一种概率。

按照目前人类的认知，粒子是构成世界的底层要素，如果粒子测不准，就意味着世界的底层要素，是无法精确观测的。

如此一来，至少对于人类而言，基于人类目前对世界的认知水平，世界是不确定的，万事万物皆概率。

投资每次买入股票，其背后的公司面临着经营的不确定性因素、外部环境的不确定因素，不可能被完全厘清，其结果是不确定的，最好以概率思维看待每笔操作。

投资成功的概率

天气预报的生产过程非常复杂，简单说来，就是先通过观测得到当前大气状态的初值，然后通过求解流体力学和热力学的方程组，预测未来气象。看到这里，读者自然而然产生一个疑惑，既然是解方程，为什么天气预报还会常常失准呢？

在计算机问世之前，虽然已经有了方程，但天气预报方程求解计算量非常大，依靠人力求解流体力学和热力学方程组来做天气预报依然不太现实。在大型电子计算机问世以后，电子计算机的先驱冯·诺依曼曾经预言，随着计算机性能的提升，未来有望让 30 天到 60 天的天气预报成为可能。

现在，距离冯·诺依曼的预言已经过去大半个世纪，但天气预报的准确性在 72 小时之后，依然会急剧下降，远未达到冯·诺依曼的预期。后续研究表明，天气预报失准的根源是混沌。

混沌是某一类微分方程组的特性，方程组本身没什么问题，如果初值 100% 准确，那么就可以做出完美的预测。但混沌的方程组的特点是初始值极其微小的误差，在微分方程求解的过程中，偏差会被无限放大。

量子力学原理揭示，人类无法 100% 准确地测定大气的初始状态，而用来做天气预报的流体力学和热力学的方程组又是混沌的，所以现在已经没有人奢望能预报 60 天后的气象了。

投资者买入一家公司的时候，对公司的初始状态能了解多少呢？无论如何阅读财务报表、拜访上市公司管理层，投资者得到的肯定是一个粗条框的上市公司信息，无法洞悉上市公司的运作细节。不要说投资者，就算是公司的 CEO，也无法洞悉公司未来的走势。

所以，投资的时候，最好有概率思维，我们可以通过不断的学习和实践，提高投资成功的概率，但永远无法达到 100%。所以，再说一次，切忌满仓加杠杆买一只股票。

布莱克－斯科尔斯方程

既然大气运动如此复杂的事情都可以用一个方程组来求解，那么能不能发明一个方程，去指导投资呢？

这个事情早就有人做过了，而且做这个事情的人名气不小，他们是美国经济学家费希尔·布莱克和诺贝尔奖得主迈伦·斯科尔斯、罗伯特·默顿。布莱克-斯科尔斯方程如下：

$$\frac{\partial V}{\partial t} + \frac{1}{2}\sigma^2 S^2 \frac{\partial^2 V}{\partial S^2} + rS\frac{\partial V}{\partial S} = rV$$

列出这个公式，并不是为了解释清楚它，而是为了表明它很复杂，而且是非线性的。乍一看，这是一条数学公式，是不可战胜的，但它和凯利公式一样，有它的假设。

凯利公式其实不能直接指导投资。布莱克-斯科尔斯方程在一般情况下运作良好，但它有个致命的缺陷，即面对大的波动，也就是极端事件，它会失灵。

以数学原理为指导思想的大名鼎鼎的长期资本管理公司，在连续几年良好运作的情况下，在 1998 年金融危机中，输了个彻底。

用了三节，就为了说一个道理，有方程指导都无法精确预测未来，投资者仅凭年度报表、实地调研获知的这些粗略的信息，更别想精确预测公司未来的走势了。概率思维是投资最合理的思维方式。

七、本章小结

总结一下本章内容：

（1）没有完美的指标，不要过分依赖选股指标、估值指标。

（2）没有完美的分析，无论多么细致的分析，都有可能会出错。

（3）不要认为净值回撤不是风险，大幅回撤是重大风险。

（4）风险控制是成功的投资不可或缺的组成部分。

（5）向巴菲特、沃尔特·施洛斯、约翰·涅夫等投资大师学习风险控制思想。

（6）用概率思维看待投资。要成功投资，最好持续做大概率赢的买卖。

第十章

关于你的 ROE

从经济生活的角度，每个人每年都有一个 ROE，只不过大多数人把这个 ROE 忽略了，本章主要讨论关于家庭和个人的 ROE 概念。

主要涉及内容如下：

- 家庭的 ROE。每个家庭每年都会产生一个 ROE。
- 证券账户的 ROE。每个证券账户，每年都有一个 ROE。
- 财务自由。讨论财务自由观。

一、家庭的 ROE

一个家庭，其实和公司一样，也有净资产的概念。本书前面有一小节"让人迷惑的资产"，说明了上市公司资产的精确核算其实是很不容易的，其实不但是公司的资产很难彻底核算清楚，就算小到一个家庭，净资产的确切数字，也是很难核算清楚的。

家庭 ROE 的核算

比如，家里有一台使用了 3 年的电饭锅，购入价格 500 元，预期使用寿命 5~10 年，那这个电饭锅应该折算为多少净资产呢？这就很让人为难，毕竟无法知道电饭锅报废的确切日期。

为了简化，可以近似地把在流通市场变现的资产减去负债得到的数值作为家庭的净资产。汽车、电饭锅之类的生活必须用具，如果报废还是要再买一个新的，就不计算在内了。那么简化版的家庭净资产主要包括现金、理财产品、有价证券、房产，减去房贷、车贷等，至于少量黄金等贵金属，如果是防范风险的，也可以不计入统计。

举个例子，某投资者 2019 年底的主要资产、负债清单如下：

（1）现金——5 万元；

（2）理财产品——30 万元；

（3）有价证券——20 万元；

（4）房产——400 万元；

（5）房贷——240 万元。

那么 2019 年底投资者的家庭净资产为 5 ＋ 30 ＋ 20 ＋ 400 － 240 ＝ 195（万元）。假设到了 2020 年底，投资者的主要资产、负债清单如下：

（1）现金——5 万元；

（2）理财产品——35 万元；

（3）有价证券——30 万元；

（4）房产——420 万元；

（5）房贷——220 万元。

那么 2020 年底投资者的家庭净资产为 5 ＋ 35 ＋ 30 ＋ 420 － 220 ＝ 270（万元）。投资者 2020 年度的 ROE 为（270 － 195）÷195 ＝ 38.5%。

从变化上看，投资者资产的增长主要有两块，其一是收入，这些收入用来购买理财产品和有价证券，归还了一部分房贷；其二是房产的增值、有价证券的增值。

关于家庭 ROE 的思考

顺着这个思路看，一个刚刚大学毕业不久的年轻人，其 ROE 的大部分是由工作所得带来的，占主导地位，这个阶段投资者应该努力工作，争取成为行业专家，获得加薪的机会。过了十几二十年，如果投资者累积了不小的资产，薪水相对于资产的比例会逐渐减小，这个阶段，如果还想让资产快速增长，就需要依靠投资了。这个策略，在各个阶段，投资者积累资产的效率都是相对高效的。

二、证券账户的 ROE

家庭资产的确切数字比较模糊，但其中的有价证券部分，通常是放在某个证券账户里面的，这部分资产的净值，是非常容易核算的，通常券商每天收盘都会有一个净资产的参考数值，这个数值是很准确的。

证券账户 ROE 的核算

例如，某投资者 2019 年底证券账户净值是 100 万元，2020 年底证券账户的净值是 120 万元，多出来的 20 万元，10 万元是投资者的追加投入，10 万元是持有证券的增值，那么可以近似认为该投资者有价证券类部分资产 2020 年的 ROE 为 20%。

关于证券账户 ROE 的思考

证券账户净值的增长，也是靠两方面，一方面是投资收益，另一方面是投资者的追加资金投入。对于一个年轻人来说，如果白手起家，其证券账户的开始几年，增长主要靠追加投入。如果投资有成，随着时间的流逝，追加投入占证券账户资产比例会越来越小，到某个时间点，可以结束追加投入，此时相当于证券账户封闭运作。等投资者退休之后，这个账户可以用来改善生活。对于一个普通人来说，这是一个相对靠谱的演变过程。

三、财务自由

财务自由这四个字，包含了众多投资者美好的愿望。网上有不少人在推演，在某座城市，拥有多少钱就够生活了，就财务自由了。

财务自由的误区

财务自由这个话题一直非常吸引眼球，这个推演里面，其实有很多误区。

首先，不同的人虽然拥有同样多的钱，但由于投资水平不同，所以，他们财务自由所需的资产也是不同的。

其次，真正财务自由的人，根本不会去做这样的计算，而还在计算自己是否财务自由的人，肯定还没有财务自由。财务自由者的根本特征是不为生活费操心，也不会去算。

最后，财务自由往往被和"提前退休""不用工作"等做了不恰当的关联，如果真是靠自己的奋斗获得财务自由的人，大多数达到财务自由之后，工作会比以前更加努力，这样的例子数不胜数，比如巴菲特，比如雷军。

关于财务自由的浅见

读者不妨想一想，退休的下一站是什么？想想都毛骨悚然，笔者希望自己永远都不要退休。巴菲特的那句"跳着踢踏舞去上班"或许才是对财务自由最好的诠释。

真正的财务自由者，应该是能决定自己做什么工作，然后快乐地工作的人。

四、本章小结

总结一下本章内容：

（1）普通人有必要关注一下自己的财务生活，改善家庭的财务状况。

（2）证券账户的 ROE，体现了投资者证券投资领域的财务状况。

（3）探讨对财务自由的合理预期。

参考文献

［1］ 清崎，莱希特 . 富爸爸穷爸爸 [M]. 萧明，译 . 成都：四川文艺
出版社，2014.

［2］ 克拉森 . 富爸爸巴比伦最富有的人 [M]. 刘祥亚，译 . 成都：四
川人民出版社，2017.

［3］ 唐朝 . 手把手教你读财报 [M]. 北京：中国经济出版社，2015.

［4］ 安道全 . 可转债投资魔法书 [M]. 2 版 . 北京：电子工业出版社，
2012.

［5］ 聂夫，明茨 . 约翰·聂夫的成功投资 [M]. 吴炯，谢小梅，译 . 北
京：机械工业出版社，2008.

［6］ 渔阳 . 乱世华尔街 [M]. 北京：中国人民大学出版社，2015.

［7］ 麦肯齐 . 无言的宇宙 [M]. 李永学，译 . 北京：北京联合出版公
司，2015.

后 记

书终于写完了。

这本书的原型是笔者以"流浪行星"这个 ID 在雪球上连载的文集《文集 1：ROE —— 理解技术指标》，目前可以在笔者"流浪行星"的雪球主页的置顶文章里找到该文集，这个文集从 2016 年一直写到 2018 年，写了 50 篇文章，记录了笔者为理解价值投资的基础知识而奋斗的心路历程，是笔者几年前努力理解财务指标过程中的沉淀，呈现的是一个投资新手把包括 ROE 在内的一个个财务指标理解清楚的过程，相信对正在试图理解清楚财务指标的读者，有一定的参考价值。

在雪球写作的过程中，得到了雪球的大力推广和球友的大量意见，特此感谢雪球，感谢和我探讨过问题的球友！本书写作的过程中，得到了家人的大力支持，他们一直是我前进的动力。

由于编者水平所限，错误在所难免，恳请读者包容和指正。

最后，谢谢您读我的书！

流浪行星
2022 年 10 月 30 日 于 南京

读 者 意 见 反 馈 表

亲爱的读者：

感谢您对中国铁道出版社有限公司的支持，您的建议是我们不断改进工作的信息来源，您的需求是我们不断开拓创新的基础。为了更好地服务读者，出版更多的精品图书，希望您能在百忙之中抽出时间填写这份意见反馈表发给我们。随书纸制表格请在填好后剪下寄到：北京市西城区右安门西街8号中国铁道出版社有限公司大众出版中心 王宏 收（邮编：100054）。此外，读者也可以直接通过电子邮件把意见反馈给我们，E-mail地址是：17037112@qq.com。我们将选出意见中肯的热心读者，赠送本社的其他图书作为奖励。同时，我们将充分考虑您的意见和建议，并尽可能地给您满意的答复。谢谢！

所购书名：_____

个人资料：

姓名：_____ 性别：_____ 年龄：_____ 文化程度：_____

职业：_____ 电话：_____ E-mail：_____

通信地址：_____ 邮编：_____

您是如何得知本书的：

□书店宣传 □网络宣传 □展会促销 □出版社图书目录 □老师指定 □杂志、报纸等的介绍 □别人推荐
□其他（请指明）_____

您从何处得到本书的：

□书店 □邮购 □商场、超市等卖场 □图书销售的网站 □培训学校 □其他

影响您购买本书的因素（可多选）：

□内容实用 □价格合理 □装帧设计精美 □带多媒体教学光盘 □优惠促销 □书评广告 □出版社知名度
□作者名气 □工作、生活和学习的需要 □其他

您对本书封面设计的满意程度：

□很满意 □比较满意 □一般 □不满意 □改进建议

您对本书的总体满意程度：

从文字的角度 □很满意 □比较满意 □一般 □不满意
从技术的角度 □很满意 □比较满意 □一般 □不满意

您希望书中图的比例是多少：

□少量的图片辅以大量的文字 □图文比例相当 □大量的图片辅以少量的文字

您希望本书的定价是多少：

本书最令您满意的是：

1.
2.

您在使用本书时遇到哪些困难：

1.
2.

您希望本书在哪些方面进行改进：

1.
2.

您需要购买哪些方面的图书？对我社现有图书有什么好的建议？

您更喜欢阅读哪些类型和层次的书籍（可多选）？

□入门类 □精通类 □综合类 □问答类 □图解类 □查询手册类

您在学习的过程中有什么困难？

您的其他要求：